현장중심의

방과후 아동교육과정

FIELD-FOCUSED AFTER SCHOOL CURRICULUM FOR CHILDREN

현장중심의 방과후 아동교육과정

박정빈 · 김나원 · 김영주 · 정명자 · 황은희 공저

dm 동문사

머리말

최근 여성의 사회참여 증가로 인한 맞벌이가정 등 가족의 형태가 다양해지면서 방과후 아동의 양육과 보호를 가정에서 수행하기 어려워 사회와 정부가 방과후 아동지도에 관심을 가지게 되었다. 이러한 사회적 변화와 요구에 현 시대는 새로운 시각으로 가정양육기능과 역할 대행, 아동보호의 문제를 고민하게 되었다. 그러나 교육부, 보건복지부, 여성가족부는 각 부처별로 단절되어 아동 돌봄 정책을 추진해 왔으나 부처 간 서비스 중복, 사각지대 문제를 효율적으로 관리하거나 문제점들을 해결하지 못하고 있는 실정이었다. 이에 정부에서는 '온종일 돌봄체계 구축'을 국정과제로 확정하고 교육부, 보건복지부, 여성가족부 등에서 추진되고 있는 영유아 및 초등 방과후 돌봄을 보다 촘촘하고 내실 있게 추진할 것을 계획하였다. 이를 해결하기 위해서 방과후 아동의 효율적이고 체계적인 지도에 관심을 가지게 되었고, 이는 아이돌보미(여성가족부, 한국건강가정진흥원), 초등돌봄교실(교육부), 지역아동센터(보건복지부), 청소년 방과후아카데미 사업(여성가족부) 등으로 활발하게 전개되고 있다. 더 나아가 방과후 아동지도라는 개념은 제한된 대상에서 그 대상이 전반적으로 확대되고, 단순한 보호나 양육이 아니라 보다 질적으로 전인발달을 지원할 수 있는 방과후 아동지도 교수방법이 요구되는 시점이다. 즉, 보편화된 양육에서 벗어나 어떤 내용을 어떻게 지도할 것인가가 중요한 화두가 된 것이다.

따라서 이 책은 기존의 방과후 교실 및 운영에 대한 접근성과 전문성을 함양할 뿐만 아니라 특히 현장이 요구하는 부분을 보완하여 이론을 실제에 적용하는 데 도움이 되도록 편찬하였다.

이 책의 구성은 총 6부로 구성하였으며, Ⅰ~Ⅳ부는 방과후 아동지도를 위한 전반적인 이론과 Ⅴ~Ⅵ부는 이론을 실제에 적용할 수 있도록 집필

하였다. Ⅰ부는 방과후 아동지도에 대한 이해, Ⅱ부는 아동안전 및 아동학대 예방교육, Ⅲ부는 아동발달의 이해, Ⅳ부는 교수-학습방법에 대한 내용으로 구성하였다. Ⅴ부는 방과후 활동의 이론과 실제를, Ⅵ부는 최근 영유아 중심·놀이 중심의 다양한 방과후 프로그램의 운영으로 구성하였다.

안전한 보호와 교육을 기반으로 한 방과후 아동지도가 강조되고 있는 현 시대에서 가정의 부모, 교육기관의 교사, 지역사회 및 방과후 지도교사, 아이돌보미 교사가 연계하여 밝고 건강한 아동 성장환경을 마련해 주어야 할 것이다.

마지막으로 이 책을 마주하는 사람들이 부모를 대신해서 보살피고 사랑을 전달하는 부모와의 양육 공동체가 되기를 바라며, 일과운영의 안내서로서 유익하게 활용되기를 기대한다.

2022년 6월

청계산 자락에서 저자 일동

차례

Contents

III 아동발달의 이해

IV 교수-학습방법

차 례

V 방과후 활동의 이론과 실제

VI 영유아 중심·놀이중심의 다양한 방과후 프로그램의 운영

I

방과후
아동지도에 대한 이해

1 방과후 아동지도에 대한 이해

- 방과후 아동지도에 대해 이해한다.
- 방과후 아동지도 유형과 현황에 대해 이해한다.

1) 방과후 아동지도에 대한 이해

(1) 방과후 아동지도의 개념

우리 사회는 산업의 발전에 따라 가족의 구성과 형태가 바뀌어 왔다. 가족의 형태는 몇 대가 함께 거주하며 살아가는 대가족 형태에서 지금의 핵가족 형태로 변화해 왔으며, 이러한 가족 형태의 변화로 가족 내에서 발생하는 돌봄 수요를 해결하는 데 어려움을 겪고 있다. 과거 대가족 형태에서는 아동이나 노약자 등 돌봄을 필요로 하는 가족 구성원을 가족 내에서 돌봄을 자연스럽게 분담하였으나, 현대 핵가족 형태에서는 여러 가지 형태의 돌봄서비스가 필요하게 되었다.

방과후 아동지도의 개념을 알아보기 위해 누가, 왜, 언제, 어디서, 무엇을, 어떻게 관점에서 다음과 같이 생각해 볼 수 있다. 방과후 아동지도는 학교교육이 없는 방과 전후 및 방학 때 등의 시간 동안 아동이 건강 및 행복을 영위할 수 있도록 학교를 포함한 공적인 기관에서 아동지도 전문가를 통해 정규적으로 일정 시간을 보호·교육하는 것을 의미한다(서영숙 외, 2014). 이는 학교제도교육과는 차별화된 자발적이며 자율적인 동시에 휴식의 기능도 포함한 활동으로 가정과 학교를 효율적으로 연결하는 역할을 한다(서영숙 외, 2014). 또한 방과후 아동지도는 아동이 학교수업이 후 집에 갔을 때 가정에서 성인의 적절한 보호의 유무와 방과후 시간을 좀 더 적극적으로 활용하고자 하는 목적에 따라 그 성격과 활동내용이 달라질 수 있다. 전자는 협의적 개념으로 돌봄서비스를 일차적인 목적이라 볼 수 있고, 후자는 학교의 정규 교육과정 외 각종 교육활동에 참여하는 것으로 보는 광의의 개념이다.

방과후 활동이 어떻게 이루어지는지에 따라 방과후의 지도의 개념을 설명할 수도 있다. 돌봄 활동(식사나 간식 제공)의 유무, 최소한의 교육활동(숙제지도 등)과 다양한 교육활동 및 사회참여활동을 실시하는지, 아동 자율성의 활동과 교사주도적인 수업 등 다양한 측면에서 바라볼 수 있다. 이러한 측면의 고려는 방과후 아동지도 프로그램의 목적과도 많은 연관성을 보인다.

방과후 아동지도를 누가 책임지는가 하는 것도 개념이해에서 중요한 요인이 된다. 즉, 방과후 아동지도 활동을 친인척 및 일반 성인이 실시하는지 방과후 아동지도에 대한 전문적인 교육과 훈련을 받은 방과후 교사 및 방과후 아동지도사가 지도하는지에 따라 방과후 아동지도의 성격이 달라질 수 있다.

따라서, 방과후 아동지도란 공식적인 학교 교육을 제외한 방과 전후 및 방학 때 등의 일정 시간 동안 아동이 건강하고 행복하게 생활을 영위해 나갈 수 있도록 아동지도 전문가가 정기적으로 일정 시간을 학교 및 공적으로 인정받은 기관이나 장소에서 보호, 교육하는 것을 말한다. 방과후 아동지도는 제도교육과는 달리 자발적이고 자율적인 동시에 휴식의 기능도 포함되어 있어 학교와 가정을 효율적으로 연결하는 역할을 한다.

(2) 방과후 아동지도의 필요성

우리 사회는 과거 어느 때와 비교할 수 없는 다양한 사회적 변화를 겪고 있으며 이러한 많은 사회적 변화 속에서 가정교육 기능의 약화가 가장 큰 문제가 되고 있다. 또한 사회가 다양화되면서 부모의 자녀 양육 및 기능이 약화되어 가고 있는데 이는 핵가족화, 소자녀화 현상 등의 다양한 원인이 있겠지만 그 중에서도 여성의 경제활동이 가장 큰 영향을 미치고 있다. 여성의 사회적 진출은 자녀를 돌보는 절대 시간 부족을 야기하여 모성실조(mother deprivation) 현상이 일어나게 되었다.

핵가족화와 맞벌이의 증가로 시간에 쫓기며 사는 현대 부모들로 인해 유아교육의 대상 연령이 점차 낮아지고, 방과후에 아이들이 보살핌을 받지 못하는 문제가 많이 발생하고 있다. 이에 방과후 아동지도의 요구는 학령기 아동이 방과후 시간에 성인의 적절한 돌봄을 받을 수 있는 보호차원에서 출발하였다. 이후 점차 정책적 관심이 높아지며 여성노동력의 활용과 저 출산 문제 해결을 위해 초등학령기 자녀의 돌봄 및 높은 사교육비로 인한 사회적 양극화 현상을 방지하기 위해 정부 차원에서 방과후 아동지도 대책이 마련되고 있다.

이와 함께 많은 연구의 결과를 보면 방과후 아동지도 사업은 청소년 범죄의 감소에도 긍정적인 효과가 크고 상관관계가 높은 것으로 언급하고 있다(서영숙 외, 2014). 특히 Halpern(1992)의 연구에서는 성인의 적절한 돌봄 없이 혼자 지내는 아동은 사고 발생 확률이 높아지고, 특히 학령기 아동의 경우 유괴, 성폭행 등으로 인해 신체적 정신적 상해를 입는 경향이 높아진다고 하였다. 이와 더불어 자기 보호 아동의 경우에도 외로움 및 지루함을 더 갖게 되고 격리감을 비롯해 불안감도 커 간다고 하였다. 따라서 방과후 아동지도는 단편적인 측면에서 요구되기보다는 아동발달의 특성에 따른 요구, 가정의 변화 및 사회적 변화에 따른 요구 등의 다양한 측면에서 바라볼 필요가 있다.

① 아동의 발달 특성에 따른 요구

학령기 아동은 학습지도 및 또래 관계와 사회성 그리고 심리적 안정이 요구되는 시기이다. 또한 기본 생활습관과 학습습관 등이 형성에 있어 주요한 시기로 적절한 방과후 아동지도가 국가적, 사회적으로 절실하게 요구된다. 또한 아동의 또래 관계와 또래 문화 형성, 가족과 이웃을 연결하는 공동체 문화 육성 등의 방과후 아동지도가 요구된다.

② 가정의 변화에 따른 요구

첫째, 기혼 여성의 사회적 진출 및 경제활동 증가로 혼자 지내는 아동이 증가하며 방과후 돌봄이 요구되고 있다.

둘째, 산업화 및 도시화로 인해 자녀 양육의 기능의 약화와 한부모가정, 빈곤가정, 다문화 가정 등 다양한 가정의 형태가 나타나며 방과후에도 적절한 돌봄과 교육이 요구된다.

③ 사회적 변화에 따른 요구

첫째, 여성의 사회 참여 확대로 인해 맞벌이 부부가 증가하고 있다.

둘째, 많은 아동이 방과후에 여러 유해 환경에 그대로 노출되어 있다. 약물과 식품, 그리고 장난감 등 일상용품의 유해 요인 및 대중 매체로부터 아동의 보호가 요구된다.

셋째, 아동권리에 대한 인식의 증가이다. 세계적으로 아동은 보호받아야 할 권리가 있으며, 민주시민으로 성장할 수 있도록 가정과 지역사회, 국가가 아동권리에 대한 인식을 가져야 한다는 점이 부각되고 있다.

넷째, 저 출산 고령화로 인해 인구 절벽화 시대에 성장 동력의 근간이 되는 인구의 견실한 성장을 위해 아동들의 학교부적응, 비행, 중도탈락의 예방과 회복이 요구된다. 따라서 아동이 건강하고 우수한 인재로 성장할 수 있도록 삶과 교육을 돌아보고 조정할 수 있는 질 높은 방과후 아동지도가 필요하다.

(3) 방과후 아동지도의 목적

방과후 아동지도의 교육활동 목적은 개인의 적성이나 소질을 발견하고 신장하는 데 기여하는 것이며, 필요한 프로그램을 제공하여 자유로운 집단 활동을 통해 협동심, 자주성, 책임감 등 민주시민으로서의 자질을 형성하는 데 도움을 주는 것이다. 또한, 교육에 대한 선택권을 넓혀 주어 전인교육의 이상을 실현하도록 하며, 지나친 교과 중심의 학교 교육을 보완하여 학교뿐만 아니라 지역사회 및 유관기관의 자원까지 교육에 활용하는 것이다.

이러한 목적에 따라 방과후 아동지도의 내용은 크게 3가지로 나눠볼 수 있는데(김민경 · 정영모, 2018), 첫째, 보육기능으로 방과후 프로그램은 교육적이고 안전한 환경에서 돌보고 보호하는 '돌봄과 보호'의 기능을 수행하는 것이다. 둘째, 보충심화적 기능으로 정규교육과정에서 충족되지 않는 특기, 적성과 소질을 계발하기 위한 수요자 중심의 다양한 프로그램을 제공하는 것이며, 셋째, 자기주도적 학습능력 신장으로 학생의 희망에 따라 무학년, 수준별로 선택하여 교과 프로그램에 참여할 수 있는 기회를 부여하는 것이다. 또한 한국여성개발원(2000)에서는 방과후 아동지도의 목적을 네 가지로 제시하고 있다. 먼저, 아동을 안전한 환경에서 보호를 한다. 둘째, 학교교육 보완을 통해 아동의 흥미와 욕구를 충족시키는 활동과 생활 지도를 통해 아동의 사회발달 및 정서발달을 도모한다. 셋째, 아동의 학업 성취능력 향상을 도모한다. 넷째, 부모 및 가족 전체의 안정 및 아동의 건전한 생활을 지원한다.

이러한 결과들을 종합해보면 방과후 아동지도는 가정에서 느낄 수 있는 편안함과 안락함이 최대한 반영된 분위기가 조성되어야 할 것이다. 이를 위해서는 방과후 아동지도는 아동의 자질을 개발을 위한 교육의 장을 마련하는 교육적 기능 및 가족을 대신하여 아동을 적절히 돌보는 정서적 기능이 포함된 종합적인 목적을 지녀야 할 것이다.

2) 방과후 아동지도의 유형과 현황

사회적 변화와 요구에 의해 시행되고 있는 방과후 아동지도의 효율적 및 체계적인 지도를 위해서 교육부의 초등돌봄교실, 보건복지부의 지역아동센터, 여성가족부의 청소년 방과후 아카데미 사업 등이 활발히 진행되고 있다.

교육부의 초등돌봄교실은 초기에는 초등학교 저학년이 주요 대상이었으나 2016년부터 전 학년을 대상으로 확대하여 방과후 돌봄교실에서 교육서비스와 함께 돌봄서비스를 제공하고 있다. 이는 아이돌봄서비스에 대한 사회적인 요구는 크게 증가하고 있으나, 초등학생 대상의 돌봄 지원은 영유아 보육지원에 비해 상대적으로 부족한 것이 현실이다. 또한, 부처 간, 중앙과 지방정부와 돌봄 기관 간에 분절적으로 사업이 추진되어 가정과 아이 중심의 통합적 지원이 어려운 것이 또한 현실이다. 따라서 온종일 돌봄체계를 통해 방과후 돌봄 대상을 늘리고, 학교와 지역사회, 부처 간 협력체계를 구축해 돌봄 사각지대를 줄여나가야 할 것이다.

아이돌봄서비스는 여성가족부의 아이돌봄지원사업, 교육부의 초등돌봄교실, 보건복지부의 지역아동센터, 여성가족부의 청소년 방과후 아카데미 등으로 추진되고 있으나, 각 사업 간의 협력체계를 구축하여 온종일 돌봄체제로 운영한다. 아이 돌봄의 방과후 돌봄 등을 강화해 온종일 돌봄체제로 운영함으로써 일을 가진 부모들의 실질적인 양육부담을 경감 및 아이돌봄의 실효성을 확보하기 위한 빈틈없는 돌봄체계를 구축하고자 하고자 하였다.

온종일 돌봄체계는 학교를 마친 아이들에게 '언제, 어디서나 원하는 시

촘촘한 온마을 아이돌봄 체계

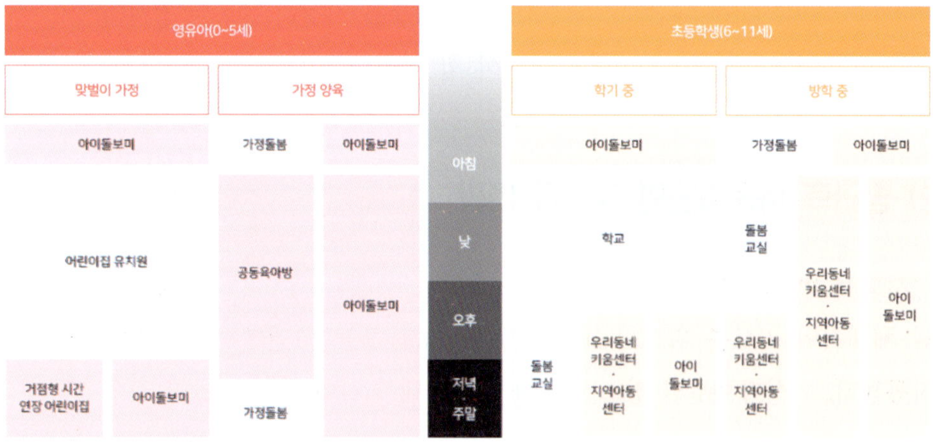

출처: https://icare.seoul.go.kr/icare/dolbomSVC/dolbomSVC_1.jsp

간에' 돌봄을 제공하는 서비스를 의미한다. 이는 방과후에 지역주민이 접근하기 편한 학교와 지역사회 내 공공시설에서 아이들을 돌보고 흥미·적성·진로를 고려한 다양한 방과후 프로그램을 제공하는 형태이다. 이는 학교와 지역사회가 연계해 아동 중심의 돌봄서비스를 제공해 빈틈없는 돌봄체계를 완성하는 공공성 강화 정책의 일환이라 볼 수 있다. 이때 온종일 돌봄체계의 목표는 모든 아이가 행복한 돌봄서비스를 제공받는 것으로 추진 방향은 다음과 같이 제시할 수 있다.

첫 번째, 초등 돌봄에 대한 국고 지원을 확대하여 국가 책임을 강화하는 것이며, 두 번째, 학교 안팎의 다양한 자원을 활용해 지역 중심 돌봄을 확대하고 학교 및 지방자치단체의 연계·협력을 통해 빈틈없는 돌봄체계를 마련하는 것이다. 즉, 공급 확대 목표로 2017년 33만 명에서 2022년에는 53만 명을 수용하는 것을 목표로 하고 있다. 대상 아동으로는 돌봄이 필요한 모든 아동의 이용을 보장하는 것으로 초기에는 1, 2학년 위주에서 초등학교 전 학년으로 확대해 가고 있다.

보건복지부에서 지원하고 있는 지역아동센터는 지역사회 아동의 보호, 교육, 건전한 놀이와 오락을 제공하고 보호자와 지역사회가 연계되어 종합적인 아동복지 서비스를 제공하고 있다. 또한 여성가족부에서 지원하고 있는 청소년 방과후 아카데미는 학교와 가정, 지역사회가 연계하여 방과후 돌봄이 필요한 '나 홀로 청소년'을 대상으로 가정과 공교육의 기능을 보완하는 공적 서비스이다. 주관 부서는 다르나 정부 부처와 지역사회가 방과후에 호로 있는 아동을 대상으로 다양한 사업을 수요자 중심으로 전개하고 있는 것은 의미 있는 시도라고 볼 수 있다.

각 부처에서 운영되는 교육부의 초등 돌봄, 보건복지부의 지역아동센터, 여성가족부의 청소년 방과후아카데미를 구체적으로 살펴보면 다음과 같다(교육부, 2019b; 보건복지부, 2018a).

(1) 초등 돌봄

① 개념

초등돌봄교실과 방과후 학교연계형 돌봄교실로 나누어 보면, 초등 돌봄은 별도 시설(전용 또는 겸용교실 등)이 갖춘 공간에서 돌봄이 요구되는 아동들을 대상으로 정규수업 이외 실시하는 돌봄 활동을 의미한다. '방과후 학교 연계형 돌봄교실'은 방과후 돌봄이 필요한 3~6학년 맞벌이, 저소득층, 한부모가정 등의 학생 중 방과후 학교 프로그램에 참여하며 돌봄교실을 이용하지 않는 아동을 대상으로 일반 교실 및 특별활동 공간 등에서 이루어지는 방과후 돌봄 활동을 말한다.

② 대상

- 오후 돌봄: 1~2학년은 돌봄교실에서 맞벌이, 저소득층, 한부모가정 등의 돌봄이 필요한 학생을 대상이며, 3학년 이상은 학교 여건에 따라 우선순위(예: 저학년 우선, 방과후 학교 참여 여부, 저녁 돌봄 참여 여부 등)를 정해 실시한다.
- 저녁 돌봄: 오후 돌봄에 참여한 맞벌이, 저소득층, 한부모가정 등의 추가 돌봄이 필요한 학생을 대상이다.
- 방과후 학교 연계형 돌봄교실: 방과후 돌봄이 필요한 3~6학년 맞벌이, 저소득층, 한부모 가정 등의 학생 중 방과후 학교 프로그램에 참여하며, 1~2학년 중심 돌봄교실을 이용하지 않는 학생 등을 대상으로 한다.

③ 운영시간

학기 중 오후 및 저녁까지 운영되는 돌봄교실은 학부모의 수요를 반영하여 방학 등 휴일 및 오전부터 운영하도록 적극 권장하고 있다. 또한 시작시간과 종료시간은 학부모의 수요와 학교의 여건을 바탕으로 조정될 수 있다.

④ 프로그램

매일 1개 이상 무상프로그램을 제공하며, 학부모 수요 및 학교 여건을 바탕으로 수익자 부담 방과후 학교 프로그램과 연계해 운영이 가능하다.

(2) 지역아동센터

① 목적

지역아동센터에서는 방과후 돌봄이 필요한 지역사회 아동의 건전육성을 위한 보호, 교육, 건전한 놀이와 오락의 제공, 보호자의 지역사회의 연계 등 종합적인 복지서비스를 제공한다.

② 대상

지역사회 내 방과후 돌봄서비스가 요구되는 18세 미만의 아동이 원칙이나 18세 이상인 경우에도 재학 중인 아동은 포함된다. 신고정원의 90% 이상을 우선보호아동으로 유지하되, 일반아동은 10% 이내에서 이용 가능하다. 이때 우선보호아동이란 중위소득 100% 이하로 지역사회의 방과후 돌봄이 필요한 18세 미만의 아동을 말하며, 일반아동이란 지역사회의 방과후 돌봄이 필요한 아동을 의미한다.

③ 운영시간

운영시간은 월요일에서 금요일까지 주 5일로 하루에 8시간 이상을 상시 운영한다. 학기 중 및 방학의 기본운영시간은 센터별 여건 등에 따라 운영 시간의 조정이 필요한 경우 지방자치단체에 보고 후 변경하여 운영 가능하다.

(3) 청소년 방과후 아카데미

① 목적

방과후 돌봄이 필요한 취약계층 청소년에게 (기초생활보장 수급가정, 한부모가정, 장애 등) 체험활동, 학습지원, 상담 등 종합서비스를 제공한다. 또한 복지, 보호, 지도 등 다양한 지원을 통해 건강한 성장과 스스로 자립할 수 있는 역량 배양 및 취약계층 청소년의 사교육비 절감 및 방과후 비행 노출을 예방하고자 한다.

② 지원 대상

저소득층 맞벌이 가정 자녀와 부모의 실질, 파산, 장애 등으로 가정형편이 어려운 초등학교 4학년부터 중학교 2학년까지의 청소년이 대상이다. 우선순위 지원대상은 저소득층(기준중위소득 60% 이하), 한부모가정, 조손가정, 다문화가정, 장애가정, 세 자녀 이상 가정 등 방과후 돌봄이 필요한 청소년 및 기타 지원대상은 학교장 및 지역사회 추천서와 추천내용 증빙자료를 기준으로 청소년 방과후 아카데미 지원협의회에서 승인받은 청소년을 의미한다.

③ 운영형태

지역 특성에 적합한 운영 유형으로 기본지원형, 농산어촌형, 특별형(장애형, 다문화형)이 있으며, 혼합지원형은 무료 참가(취약계층) 50%와 유료 참가(일반청소년) 50%로 구성하여 운영한다.

④ 운영방법

청소년 방과후 아카데미별 기본형의 경우 시설당 40명(반당20명 구성)으로 구성하고, 1일 5시간 내외로 운영한다. 토요일(월 1회 야외활동) 운영과 방학 운영도 실시한다.

⑤ 운영내용

자기주도 학습, 주요 과목 보충, 전문체험활동, 상담지원, 캠프, 부모교육, 급식 및 건강지원, 귀가 차량지원 등을 한다.

2 돌봄서비스의 이해와 직업윤리

- 아이돌봄지원사업에 대해 이해한다.
- 아이돌보미의 직업윤리에 대해 이해한다.

1) 아이돌봄서비스의 이해

(1) 아이돌봄서비스 개요

아이돌봄서비스는 12세 이하 아동을 둔 맞벌이 가정 등에 아이돌보미가 방문하여 아동을 안전하게 돌봐주는 아이돌봄서비스이다. 사업의 목적으로는 가정의 아이돌봄을 지원함으로써 아이의 복리증진과 부모의 일·가정 양립을 통한 가정의 삶의 질 향상과 양육친화적인 사회환경을 조성하기 위함이다(「아이돌봄지원법」 제1조). 지원대상으로는 중위소득 150% 이하의 취업한 한부모 가정이나 맞벌이 가정 그리고 다자녀 가정 등 양육공백이 발생하는 가정에 지원하는 사업이다.

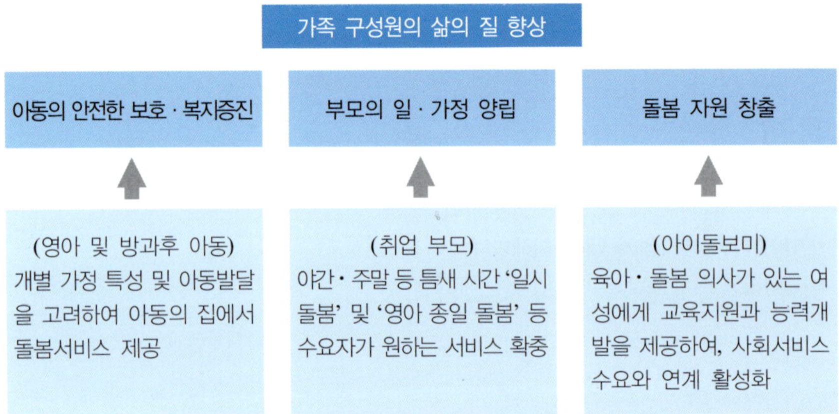

그림 I-1 아이돌봄서비스의 사업목적

출처: 여성가족부(2022). 2022년 아이돌봄지원사업안내.

(2) 아이돌봄서비스 신청

서비스 신청은 정부지원을 요하는 가정은 읍·면·동주민센터 등에 신청하며 정부지원 결정 및 소득 유형 결정 후 지역 서비스센터에 서비스 연계신청을 해서 서비스를 받는다. 정부 미지원 가정은 정부지원 유형이나 소득 결정 없이 아이돌봄 홈페이지에서 서비스 가입 후 이용이 가능하다.

(3) 아이돌봄서비스 종류

아이돌봄서비스는 네 종류로 서비스된다. 첫 번째, 영아종일제서비스는 만 3개월 이상 36개월 이하 영아에게 제공되는 서비스이다. 두 번째, 시간제서비스이다. 만 3개월 이상 12세 이하의 아동에게 제공되는 서비스로 일반형과 종합형이 있다. 일반형은 일반적인 아이돌봄서비스이고, 종합형은 아이돌봄에 필요로 하는 약간의 가사가 포함된 형태이다. 세 번째, 질병감염 아동을 위한 지원서비스인데 법정 전염병 및 유행성 질병에 감염된 만 12세 이하의 시설을 이용하는 아동에게 시설에 전염을 예방하기 위해 불가피하게 가정에서 제공하는 서비스이다. 네 번째, 기관연계서비스이다. 사회복지시설이나 학교, 유치원, 보육시설 등의 만 0세에서 12세 이하의 아동에게 제공하는 서비스이다.

(4) 아이돌봄서비스 정부지원

① 지원기준

소득기준에 따른 가구 유형별로 차등하여 정부지원율 적용

② 가구유형

- '가~다'형: 양육공백이 발생하는 가정 중에서 기준 중위소득이 150% 이하인 가구
- '라'형: 양육공백이 발생하지 않는 가정(전업주부 등) 또는 기준 중위소득이 150%를 초과하는 가구

③ 가구유형 판정기준

건강보험료 본인부담금 부과액 기준(노인장기요양보험료 제외)으로 월평균 가구소득 금액 산정

(5) 아이돌보미의 주요 직무

① 아동의 안전한 보호 및 돌봄 업무 수행

- (영아종일제서비스) 이유식 먹이기, 젖병 소독, 기저귀 갈기, 목욕 등 영아 돌봄과 관련된 활동 전반(건강, 영양, 위생, 교육 등)
- (시간제서비스 일반형) 부모가 올 때까지 임시보육, 놀이 활동, 준비된 식사 및 간식 챙겨주기, 보육시설, 학교, 등·하원, 준비물 보조 등(36개월 이하 영아 대상 시간제 돌봄 제공 시 영아종일제 업무 병행)
  - (종합형) 아동과 관련한 가사 병행

- (질병감염아동지원서비스) 질병 아동의 병원 이용 동행 및 재가 돌봄 서비스 제공
  - 질병감염아동을 돌본 아이돌보미는 당일 다른 가정의 돌봄활동 불가
- (기관연계서비스) 기관 내에 설치된 보육시설 이용 아동 돌봄 보조

② 아동의 건강관리 및 응급조치 등 안전배려

- 돌봄대상 아동 보호자의 육아방침을 존중하고, 식사와 간식은 부모가 조리하거나 지정한 음식 제공
- 이용자에게 아동이 접근할 수 없는 안전한 장소에 응급조치를 위한 비상약품 등을 비치할 것을 요청
- 질병 · 사고 또는 재해 등으로 인하여 위급상태가 발생한 경우 즉시 응급의료기관에 이송 후 부모에게 연락 및 서비스제공기관에 보고
- 식중독 및 전염병으로 의심되는 증상 발견 시 즉시 부모에게 연락, 병원 방문 등 진료 조치하고 서비스제공기관에 보고
  - 해당 서비스제공기관은 시 · 군 · 구 및 관할 보건소에 보고한다.

③ 아동학대 예방 및 신고의무 수행

- (아동학대의 정의) 보호자를 포함한 성인이 아동의 건강 또는 복지를 해치거나 정상적 발달을 저해할 수 있는 신체적 · 정신적 · 성적 폭력이나 가혹행위를 하는 것과 아동의 보호자가 아동을 유기하거나 방임하는 것을 말함[「아동복지법」 제3조제7호]
- (아동학대범죄) 아동학대 중 "보호자"에 의한 아동학대를 아동학대범죄로 규정[「아동학대범죄의 처벌 등에 관한 특례법」 제2조제4호]

보호자

- 친권자, 후견인, 아동을 보호·양육·교육하거나 그러한 의무가 있는 자 또는 업무·고용 등의 관계로 사실상 아동을 보호·감독하는 자를 말함[「아동복지법」 제3조제3호]. 아이돌보미는 아동학대 대상자로 신고 될 수 있는 "보호자"인 동시
- 아동학대범죄 신고의무자이기도 함

아이돌보미는 아동학대 대상자로 신고될 수 있는 "보호자"인 동시 아동학대범죄 신고 의무자이기도 함

- (아동학대범죄 신고의무) 아이돌보미는 아동학대범죄 신고의무자로서 직무를 수행하면서 아동학대범죄를 알게 된 경우나 그 의심이 있는 경우에는 즉시 아동보호전문기관 또는 수사기관에 신고하여야 함

아동학대범죄의 처벌 등에 관한 특례법 제10조

- 신고의무를 이행하지 않을 경우 1,000만 원 이하의 과태료 부과[동법 제63조]
- 신고인의 신분은 보호되며 그 의사에 반하여 신원이 노출되지 않음
  - ▶ 아동학대 신고 : 관할 경찰서 또는 112, 아동보호전문기관

④ 성범죄 등 신고의무

- 아이돌보미는 보호하는 사람이 성폭력 범죄의 피해자인 사실을 안 때에는 즉시 수사기관에 신고하여야 함[「성폭력 방지 및 피해자보호 등에 관한 법률」 제9조]
- 아이돌보미는 직무상 아동 대상 성범죄가 발생한 사실을 알게 된 때 즉시 그 사실을 수사기관에 신고하여야 함[「아동·청소년의 성보호에 관한 법률」 제34조]
  - 신고를 하지 않거나 거짓으로 신고한 경우 300만 원 이하의 과태료 부과[「아동·청소년의 성보호에 관한 법률」 제67조]

⑤ 기타

- 이용가정의 가족문제에 대한 건강가정지원센터 갈등개선 프로그램 연계
- 서비스 대상 또는 인근가구 중 생계곤란 등의 위기상황에 처한 가구 발견 시 읍·면·동 또는 시·군·구에 신고하여 긴급지원 등 복지서비스를 받을 수 있도록 조치

2) 아이돌보미의 직업윤리

(1) 마음가짐

아이돌보미는 부모를 대신하여 아이의 가정이나 일정한 장소에서 아이를 돌보아 주는 사람이다. 우리 사회의 내일의 희망이자 꿈나무들을 부모를 대신해서 보살피고 사랑을 전달하는 부모와의 양육 공동체이다. 아이돌봄 업무를 하는 사람은 직업의식이 다른 어떤 직업보다도 사명감과 인간적인 자질이 성숙하여야 한다.

아이들은 부모의 돌봄이 꼭 필요한 시기에 하루에 많은 시간을 부모와 떨어져 새로운 돌보미와 생활하게 된다. 신체발달과 정서발달 과정에 아이에게 주는 영향은 부모가 주는 영향만큼이나 중요하다. 따라서 아이돌보미는 어린 생명을 돌보는 일에 사랑과 열정과 확신과 자부심이 존재해야 한다. 아이돌보미의 마음가짐은 내 아이를 키운다는 자세로 양육의 조력자의 자세로 사회적 책임의식을 가지고 봉사하고 기여하는 자세로 시작되어야 한다.

(2) 직업윤리

아이돌보미는 육아 경험을 바탕으로 자녀양육에 대한 전문적인 지식과 아이돌보미의 양성 과정을 이수한 전문직업인이다(아이돌봄양성교재, 2022). 어린 아동들을 보호하고 양육하며 건강과 안전에 책임을 지며, 영유아 등

의 특성에 맞게 대리 양육자로서의 돌봄뿐만 아니라 영유아 등 아동들에게 신체·정서·인지발달에 큰 영향을 준다. 따라서 아이돌보미는 직업적인 윤리의식을 가지고 아이돌봄서비스에 임하여야 한다.

① 보육인 윤리강령

보육은 영유아를 건강하게 양육하고 안전하게 보호하며, 발달특성에 적합한 교육을 제공하는 복지서비스이며, 보육인은 사랑과 존중과 전문지식을 바탕으로 영유아의 전인적 성장에 영향을 미치는 전문직업인이다.

그러므로 보육인은 윤리적 의식과 태도를 가지고 사회적 본분에 임해야 한다. 어린이집 원장과 보육교사는 스스로 책무성을 발현하여 윤리강령을 제정하고 공포하였다(한국보육진흥원, 2021). 아이돌보미도 가정에서 돌봄서비스를 하는 전문가로서 보육인 윤리강령을 기준 가치를 참고하여 직업적 윤리를 무장해야 한다.

② 아이돌보미의 직업윤리

가. 아동의 보육을 위한 전문적 지식의 습득 노력

아이돌보미는 돌봄전문가로서 소정의 교육과정을 거쳐 활동한다. 아이돌봄 관련 업무를 좀 더 전문성을 가지고 서비스를 수행하기 위해서는 지속적으로 서비스에 필요한 지식의 습득이나 기술의 개발에 참여해야 하고, 보수교육이나 집담회 등에도 적극적으로 참여하여 사례를 공유하고 자기계발의 기회로 삼아야 한다.

나. 서비스 가정에 편견 없이 수행

아이돌보미는 다양한 유형의 가정에 방문하게 된다. 방문하는 가정의 종교, 소득, 가족 관계, 생활양식, 문화, 출신지역 등이 다양하고 다르다. 방문하는 가정이 남과 다른 특성을 가졌다고 편견을 갖거나 차별해서는 안 되며, 가정마다의 개별성을 존중하는 자세를 갖는다.

다. 이용자가정의 양육방식을 최대한 존중

아이돌보미는 부모가 없는 동안의 아이의 보호자이고 대리 양육자이다. 부모가 위임한 기간 동안의 자녀 양육을 조력하는 역할을 한다. 그러므로 부모의 양육방식을 존중해야 하며 아이가 즐겁고 안전하게 지낼 수 있도록 지원해야 한다. 부모가 바람직하지 않은 양육 태도를 보일지라도 부모에게 훈계하거나 아이에게 부모의 역할을 부정하는 태도를 보여서는 안 된다. 서로 수용하는 방안과 기본적인 양육의 원칙들을 먼저 논의하는 것이 매우 중요하다.

라. 부모에게 아동의 상태, 특성에 대한 정보를 정확하게 제공하고 충분히 의사소통

아이돌보미는 단순히 아이를 길러 보았다는 경험에 기초하기보다는 최근에 제시되고 있는 아동발달에 대한 정확한 이해와 지식에 근거하여 아동을 평가하고 판단해야 한다. 만약 문제가 있다고 판단될 경우 부모에게 이를 알릴 의무가 있다.

마. 업무상 알게 된 가정의 비밀을 지킴

아이돌보미는 업무상 자연스럽게 아동이나 가족의 비밀에 대하여 알게 될 때가 많다. 이때 알게 된 비밀을 공개해서는 안 되며, 가정의 사생활을 존중하고 보호해야 한다. 다만 아이의 인권 침해 상황이나 가정의 위기 상황이 발생할 경우에는 소속기관이나 지역 내의 건강가정지원센터, 상담기관 등의 가족상담 전문가에게 상담을 의뢰하거나 아동보호전문기관에 신고해야 한다.

바. 아이돌보미로서의 지켜야 할 준수사항

아이돌보미가 지켜야 할 준수사항

1 아이돌보미 신분증소지

아이돌보미는 활동 시 아이돌보미 신분증을 반드시 소지해야 한다. 특히 이용자 가정에 첫 방문을 할 경우 이용자에게 신분증을 보여주고 아이돌보미임을 확인할 수 있어야 한다.

2 활동시간 엄수

활동시간은 정확히 지킨다. 통상 우리들은 시간을 정확히 지키는 것으로 그 사람의 신용을 평가하는 경우가 있다. 그러므로 아이돌보미는 활동 시작시간 5~10분 전에는 미리 도착해서 아이와 관련된 내용과 부모의 요구사항 등을 듣고 아이를 부모로부터 인계받도록 해야 한다. 부득이한 사정이 생겨 활동시간보다 늦을 경우에 반드시 이용자에게 사전에 연락하여 양해를 구하고 행동해야 한다.

3 옷차림 등의 예절 준수

옷차림은 가능한 한 편안한 복장으로 돌봄활동을 하는 것이 좋다. 개인이나 소속기관에서 준비된 앞치마, 활동복을 가지고 가서 아이를 돌보는 데 무리가 없도록 한다. 머리를 길게 기른 경우라면 묶거나 짧게 자르는 게 좋다. 긴 손톱, 짙은 화장, 화려한 장신구 등은 돌봄아동에게 상처를 입힐 수 있으므로 바람직하지 못하다. 아이들과 부모에게 호감을 줄 수 있도록 양육전문가로서 품위를 갖추도록 한다.

4 친절한 행동 상냥한 말 사용

아이돌보미는 이용자 가정에 활동하러 갔을 때 친절하게 이용자에게 인사하고, 상냥한 말투로 함께 대화를 나눈다. 상냥한 말로 대화하는 것은 대단히 쉬운 일이지만 습관화되지 않으면 실천에 옮기기 어렵다. 평상시 연습을 통해 긍정적인 인상을 심어 줄 수 있도록 노력을 해야 한다. 아이들에게도 친절하게 대하고, 사랑스럽고 다정하게 대해 주도록 한다. 이용자들은 아이들과 잘 지내고, 잘 놀아주는 아이돌보미를 신뢰하고 아이들을 위해 오랜 기간 동안 활동해 주기를 바란다.

5 건강관리

아이돌보미는 자신의 건강관리에 만전을 기하며 전염병에 걸리지 않도록 하여야 한다. 그럼에도 불구하고 정신적이나 육체적으로 건강상 이상이 발생하여 아이돌보미의 업무의 수행이 어려울 때나 전염병이나 감염증의 발병 시에는 소속기관에 알려야 하며 활동을 중단해야 한다.

⑥ **준수 사항을 반드시 지킴**

- 아이돌보미 활동 중에는 절대로 음주, 흡연을 할 수 없다.
- 이용자의 허락을 받은 사람 외에 다른 사람을 이용자 집에 불러들여서는 안 된다.
- 활동 중 이용자의 승인이 없거나 대체 인력이 도착하기 이전에 아이를 혼자 두고 이용자 가정을 나오거나 퇴근해서는 안 된다.

사. 아이돌보미로서의 사명감과 책임감 소유

직업인으로서 사회적 역할과 직무를 성실히 수행하고 책임을 다하는 자세를 가져야 한다. 공적 서비스를 전달하는 역할을 한다는 점에서 아동양육의 전문가라는 점에서, 우리 사회 미래의 성장의 꿈나무들을 키워내는 데 일조한다는 점에서, 가정이 건강하게 기능할 수 있도록 지원하고 있다는 점에서 사명감과 책임감을 갖고 직무에 임해야 한다. 교육과정이나 훈련과정을 통해 얻게 되는 전문지식, 기술, 능력도 중요하지만, 자신의 역할과 직무에 대해 긍정적으로 평가를 하고 자부심을 갖는 것도 중요하다.

3 방과후 교사의 역할 및 자질

- 방과후 교사의 역할에 대해 이해한다.
- 방과후 교사의 인성과 자질에 대해 이해한다.

1) 방과후 교사의 역할

방과후 교사의 역할은 단순히 아동을 보호해 주는 것이 아니라 아동이 가정 밖에서 지내는 동안 놀면서 배울 수 있도록 연령에 맞는 적절한 활동과 환경을 제공하고 격려와 지원, 지도와 보호, 감독을 하는 것이다. 방과후 프로그램은 가정을 내체하는 것이 아니라, 가정을 연장하는 것으로서 방과후 교사는 아동과 부모 모두를 방과후 아동지도 교실의 한 일원이라고 여겨야 한다. 그러므로 방과후 교사는 아동의 가정에서 중시하는 가치관을 존중해야 한다. 또한 아동의 성장·발달에 대해 이해하고, 아동의 성장·발달을 촉진하는 경험을 할 수 있도록 해야 하며, 안전에 대한 책임감도 가져야 한다.

방과후 교사는 초등학교 학령기 아동들을 대상으로 정규학교 과정 이외의 시간 동안 방과후 아동지도 프로그램을 계획하고 실행하여 아동들에게 보호와 교육활동을 제공하고 부모와 지역사회와의 매개역할을 하는 등 프로그램 운영의 실제적인 역할을 한다(김장수, 2002). 특히, 방과후 교사는 한 가정의 부모 역할을 대신하기도 하고 특기나 취미 활동을 지도하기도 한다. 뿐만 아니라 학교 공부의 보조자 역할까지 해야 하며 무엇보다도 아동의 안전을 책임져야 한다. 이러한 관계로 방과후 아동지도교사의 역할은 기존의 초등학교 교사의 역할과는 다소 구분된다고 볼 수 있다.

초등학교 시기의 아동은 심리적인 변화의 폭이 큰 시기이므로 방과후 교사는 방과후 아동에 대한 이해와 인정, 애정을 가지고 대함으로써 아동의 정서적 안정을 도모할 수 있어야 한다. 또한 부족한 학습문제와 학교에서 부과 과제를 도와주고 다른 사람과의 관계형성을 어려워하는 경우에는 관심을 갖고 해결할 수 있도록 도와주어야 한다. 그리고 아동의 개성을 존중하며 그들의 개인차와 욕구에 맞도록 지도하고 프로그램 운영 기간 중 부모교육을 실시하며 부모모임을 가질 여건이 되지 않을 경우에는 가정통신을 통해 전달하는 등의 역할을 수행해야 한다(김장수, 2002).

이렇듯 방과후 교사는 상호작용자로서의 역할, 안전 교육자로서의 역할, 역할모델로서의 역할을 해야 한다. 더욱이 방과후 교사는 아동의 사회화 과정에서 교사의 가치관과 생활양식이 모델링된다는 측면에서 방과후 교사의 역할은 매우 중요하다고 할 수 있다. 또한, 학습조력자로서의 방과후 교사의 역할은 단순히 지식을 전달하는 데 그치지 않고 학령기 아동들의 새로운 지식에 대한 이해하고 탐구는 과정과 이미 습득한 지식을 적용하는 과정에서 문제해결능력을 기를 수 있으므로 학습과정에서 교사는 유능한 조력자로서의 역할을 수행해야 한다.

방과후 교사는 역할을 구체적으로 살펴보면 다음과 같다(서영숙 외, 2014).

첫째, 가정에서 부모가 하는 역할을 대행하면서, 학교에서 교사들의 손이 미치지 못하는 부분을 중심으로 도움을 주어야 한다.

둘째, 아동기는 심리적으로 변화의 폭이 크기 때문에 안정된 환경에서 생활할 수 있도록 하는 것은 필수적인 일이다. 그러므로 아동들을 이해하고 인정하며, 애정을 가지고 대함으로써 정서적 안정을 도모할 수 있어야 한다.

셋째, 방과후 아동지도 프로그램 전반에 대한 기획, 관리, 평가하는 업무를 수행해야 한다. 즉, 방과후 아동지도의 업무를 총괄한다.

넷째, 아동의 연령과 대상에 따라 방과후 운영에 필요한 연간, 주간, 일일 생활을 계획하고 수행하는 업무를 한다.

다섯째, 아동의 생활습관, 학습, 놀이 및 특별활동 지도, 안전사고 예방 및 환경을 조성한다. 또한 아동 발달에 필요한 영양 공급과 건강관리를 위한 급식도 담당하며 보건위생 환경을 제공한다.

여섯째, 전체 프로그램을 이끄는 주교사와 특별활동을 지도하는 교사, 또 급식이나 간식 및 교육활동을 보조하는 보조교사나 자원봉사자가 있을 경우 이들 또한 관리한다.

2) 아이돌보미의 역할

돌봄활동을 하고 있는 모든 아이돌보미는 근본적으로 아이를 좋아하고 사랑하는 마음이나 성향이 있어야 한다. 아이돌보미의 역할을 살펴보면 다음과 같다.

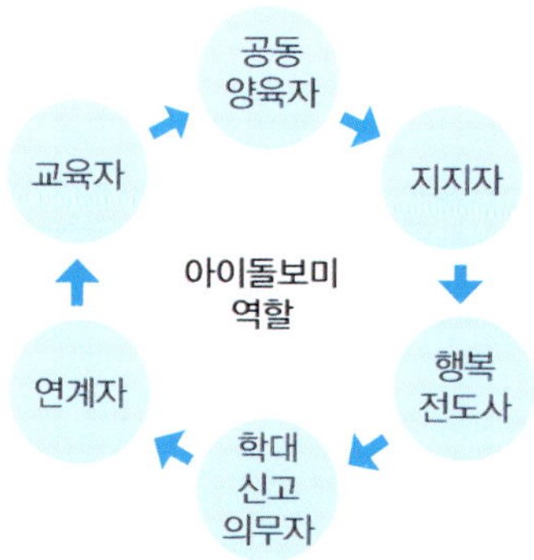

그림 I-2 아이돌보미의 역할

(1) 공동양육자

아이돌보미는 아동에게 양육자의 역할을 대신하는 매우 중요하고 의미 있는 성인이다. 아이돌보미 스스로 자신을 아동의 양육자에게 고용되어 잠시 아이를 돌봐주는 베이비시터로 생각하기보다는 양육자와 함께 아동의 건강한 발달을 지원하는 전문가이자 공동양육자의 자세를 갖는 것이 중요하다.

(2) 지지자

아이돌보미는 아동의 성장발달을 지지하고 알맞은 환경을 조성해 주어야 한다. 아이돌보미는 양육자가 아동과 안정적인 관계를 유지할 수 있도록 지지해 주는 역할을 할 수 있다. 맞벌이하거나 학업 또는 취업준비 등으로 돌봄활동에 공백이 생기는 양육자에게 아동의 건강상태나 발달수준에 대해 구체적으로 설명하고 아동의 성장을 도울 수 있도록 양육을 돕는다.

(3) 교육자

아이돌보미는 영아기 · 유아기 · 학령기의 돌봄 아동이 좋은 생활습관을 형성할 수 있도록 교육자 역할을 할 수 있다. 또한, 아이돌보미는 양육자가 아동과 상호작용하는 방법에 미숙하거나 잘못된 양육방식을 사용하고 있는 경우에 양육자를 대상으로 교육자 역할을 할 수도 있다. 하지만 아이돌보미가 자신의 양육방법을 고수하기보다는 양육자의 방식을 존중하고 양육자와 대화를 통해서 어떻게 하면 아이를 건강하게 키울 수 있을지 고민하는 것이 좋다.

(4) 연계자

아이돌보미는 돌봄서비스를 제공하는 것이 주요 업무이지만, 실제로 현장에서 다양한 가족을 만나 그들을 지역사회에 연계시키고 복지 사각지대에 있는 대상을 발굴하는 역할을 한다.

(5) 행복전도사

아이돌보미는 한 가족의 행복을 증진시킬 수 있다는 점을 항상 기억해야 한다. 제2의 양육자로서 부모와 아동 간의 관계를 매개할 뿐만 아니라 양육자를 격려하고 아동을 행복하게 하여 가정의 화목을 돕는 행복전도사의 역할을 수행할 수 있다.

(6) 아동학대 신고의무자

아이돌보미는 돌보는 아동을 폭력으로부터 보호하는 감시자 역할을 한다. 만약, 돌봄아동이 보호자로부터 신체적 · 정신적 · 성적 폭력 또는 가혹행위 및 유기와 방임으로 위험에 처해 있다고 판단되는 경우, 즉시 소속기관에 알리고 아동보호 전문기관(아동학대예방센터)으로 신고하는 등의 적절한 조치를 취해야 한다.

3) 아이돌보미의 인성과 자질

(1) 아이돌보미의 인성

① 아이돌보미 인성의 중요성

아이들은 발달특성상 타인을 모방하면서 성장하고 발달한다. 아이돌보미는 아이의 사회화 과정에서 장시간 아동과 함께 생활하기 때문에 아동들에게 인성 발달에 많은 영향을 준다. 또한, 아이돌보미에게 보호를 받으며 성장하는 아이들이 인성이 부족한 아이돌보미로부터 아이들의 권리가 침해당해도 아이들은 저항하기 어렵기 때문에 아이들에게 미치는 피해가 더 심각할 수 있다. 그러므로 발달적으로 미성숙한 아이들을 돌보는 아이돌보미의 인성은 매우 중요하게 요구되고 있다.

② 아이돌보미의 인성

아이돌보미로서의 인성은 보편적 인성처럼 인간이면 누구에게나 기대되는 인성이 아니라 아이돌보미이기 때문에 특별히 요구되는 인성을 의미한다.

가. 직업관

직업관은 아이돌보미라는 직업에 삶의 의미와 목적을 부여하고, 아이돌보미로서 사회적으로 부여된 책무를 인식하며, 아동을 돌보는 것에 기여의 직업적 보람을 느끼는 것을 말한다. 그러므로 아이돌보미로서 직업관이 없다면, 직무 만족도가 낮아질 수 있고 근무태도도 저하되고 이직 확률이 높다. 따라서 아이돌보미로서 전문성을 개발하고 성장하는 데 한계가 있다고 할 수 있다.

나. 수용성

수용성이란 타인의 현재 수준을 이해하고, 고정관념과 편견을 갖지 않고, 있는 그대로 받아들이는 태도를 의미한다. 수용성은 보편적 인성인 타인존중과도 밀접한 관련이 있는 요소로 아이돌보미는 개별 아동의 기질과 특성, 사회·문화적 차이를 정한 기준으로 평가해서는 안 된다. 아이돌보미는 인종이나 국가나 민족, 종교, 장애, 성, 직업, 경제적 수준 등에 대한 고정관념과 편견을 없애고 다양성의 차원에서 열린 마음으로 수용하는 태도를 가져야 한다.

다. 민감성

민감성은 아이가 아이돌보미에게 전하는 다양한 언어적·비언어적 요구를 이해하고, 그 요구에 신속하고 적절하게 대처하는 것을 의미한다. 특히, 언어적 표현이 미숙한 아이를 돌보는 아이돌보미에게 민감성은 매우 중요하다.

아이돌보미는 항상 아이를 주의 깊게 관찰하고 이들의 눈빛, 표정, 손짓, 단어들이 뜻하고 원하는 바가 무엇인지 빨리 알아차리고 즉각 반응을 해 주어야 한다. 아이는 민감하게 반응하는 아이돌보미에게 신뢰감을 느끼고 애착을 갖게 되어 심리적으로 안정감을 가지고 즐겁고 편안하게 생활할 수 있기 때문이다.

라. 공감적 이해

공감적 이해는 타인이 느끼고 생각하는 바를 이해하는 인지적 공감과 타인의 정서를 대리 경험하는 정서적 공감을 모두 포함하는 개념이다.

아이돌보미는 아이의 입장에서 느끼고 이해해야만 아동과 소통하고 요구에 적절하게 대응할 수 있으며, 공감능력이 높은 아이돌보미는 아동의 감정도 존중하면서 갈등을 중재해 나갈 수 있을 것이다.

마. 아동에 대한 열정

아동에 대한 열정은 기본적으로 아동에게 많은 애정과 관심을 갖고 아동의 성장과 발달에 도움이 되는 일을 적극적으로 수행하는 것을 의미한다. 그리고 아이의 입장에서 필요한 사항을 파악하고, 아이의 상황에 적합한 지원을 하는 것을 의미한다.

열정이 많은 아이돌보미는 돌보는 아이가 흥미를 보이는 것에 관심을 가지고, 아이의 흥미가 지속되고 확장될 수 있도록 지도할 것이며, 활동을 준비하는 데 열정적으로 많은 준비와 노력으로 아이를 위하여 준비하고 수행할 것이다.

(2) 아이돌보미의 인간적 자질

① 아이돌보미의 자기 이해

자신의 신체적·심리적 건강상태에 대한 이해가 필요하다. 아프거나 스트레스를 받고 있는 상황에서는 돌봄의 질이 떨어질 수밖에 없고, 직업적 소명감이 떨어질 가능성이 높아진다.

특별히 자신이 대하기 어려운 아동, 즉 너무 폭력적인 아동이나 너무 어린 영아, 조부모가 함께 살고 있는 가족이나 외국어로 대화해야 하는 가족 등의 특성을 이해하고, 그런 아동이나 가족을 만났을 경우에 의식적으로 최선을 다해야 한다. 자신이 힘들게 느끼는 아동과 가족의 특성을 알고 있어야 무의식적으로 부정적인 말이나 표정으로 대하지 않고, 돌봄 활동 이외의 서비스 요청을 받을 경우에도 갈등 없이 정당한 사유를 들어

거절할 수 있다.

② 다양한 가족과 아동을 있는 그대로 수용하기

아이돌보미는 매번 다양한 가정의 아동과 양육자를 만나게 된다. 사회가 변화하면서 한부모가족, 다문화가족, 조손가족 등 그동안 많이 접하지 못한 가족 유형을 만날 수 있다. 그러한 가족에 대해 편견을 갖고 있거나 자신이 가지고 있는 기준에 따라 평가하는 태도는 바람직하지 않다. 열린 마음을 가지고 다양한 유형의 가족과 긍정적인 관계를 경험한다면 이를 바탕으로 나 자신이 좀 더 인격적으로 성숙해질 수 있다. 평가나 판단을 유보한 채 아동과 가족을 있는 그대로 받아들일 필요가 있다.

③ 긍정적인 삶의 태도 갖기

아이를 돌보는 일은 신체적으로나 정신적으로 힘든 일이다. 그러나 그만큼 분명히 보람을 느낄 수 있는 일이다. 만약 너무 지치고 힘이 들어 마음의 여유를 잃는다면 아이들이 주는 행복감을 느낄 수 없을 것이다. 긍정적인 삶의 태도로 마음의 여유를 가진다면 아이들이 아이돌보미와 함께 보내는 시간을 손꼽아 기다린다는 것, 아이돌보미의 돌봄을 받으면서 성장하고 변화해간다는 것을 느낄 수 있을 것이다.

(3) 아이돌보미의 전문적 자질

① 연령별 발달수준 이해와 발달단계에 맞는 돌봄 제공

양육경험이 있는 아이돌보미라 해도 전문성을 갖출 필요가 있다. 과거에 내 자녀를 돌보던 방식과 요즘의 양육방식은 많은 면에서 달라졌으며, 부모 역시 전문성과 돌봄서비스에 대한 요구가 다양해졌다. 따라서 아이돌보미는 양성교육과 매년 정기적으로 보수교육을 받아 전문성을 점검하고 유지할 필요가 있다.

아이의 발달과 돌봄활동에 대한 전문적인 지식과 기술은 부모에게도 신뢰감을 줄 뿐만 아니라 자신 스스로 전문가라는 마인드를 갖게 해 주어

돌봄서비스의 질이 높아진다.

② 돌봄서비스에 대한 자긍심과 사명감 갖기

서비스를 이용하는 부모들은 국가에서 신원을 보장하는 믿을 만한 아이돌보미에게 자녀를 맡기고 가정의 생계를 이어가거나 자기계발을 통해 꿈을 실현시키기도 한다. 아이돌보미로서 단지 몇 시간 동안 아이만 봐주면 된다고 생각하거나 이 일이 그 가정에 얼마나 도움이 될까를 의심하지 말아야 한다. 국가에서 인정하고 역할을 부여한 만큼 일에 대한 소명의식을 가져야 한다.

어떠한 일이든 사명감을 가지고 임한다면 최선을 다해야겠다는 내적인 동기가 일어나고, 사명감을 가지고 임하는 사람은 같은 일을 해도 능률이 달라진다. 돌봄활동에 대한 사명감을 가진 아이돌보미는 자신이 하는 일에 몰입하고 최선을 다함으로써 전문가로 인정받을 수 있고, 이는 아이돌보미로서 자신의 가치를 높게 평가하고 믿는 자긍심으로 이어진다.

③ 공공서비스 활동가로 봉사마인드 갖기

직업인은 직업을 통해 돈을 버는 것뿐만 아니라 사회적으로 효용성 있는 일을 함에 따라 사회에 봉사하고 기여하는 사회적 책임을 가지고 있다. 아이돌봄서비스는 맞벌이 가정의 일·생활 균형을 가능하게 하고, 육아로 지친 여성들의 건강을 증진시킬 뿐만 아니라 한국의 미래를 이끌어갈 아이들을 양육하는 등 사회적으로 중요한 역할을 수행하는 대표적인 공공서비스이다. 이 서비스의 주체인 아이돌보미는 돌봄활동을 통해 자연스럽게 사회에 봉사하고 기여하고 있다.

자신이 돌보는 아이가 나의 활동으로 인해 안전하고 건강하게 발달하고 이용자 가정의 삶의 질이 높아질 뿐만 아니라 이를 통해 아이돌보미 자신 역시 기쁨과 보람을 느낄 수 있다는 사실을 기억해야 한다.

4 아이돌보미의 구체적 활동과 실제

- 다양한 가정과 아동에 대해 이해한다.
- 실제 돌봄활동은 어떻게 이루어지는가에 대해 이해한다.
- 다양한 아동과 아이돌보미의 자세에 대해 이해한다.

1) 아이돌보미의 자세

우리 사회는 이제 공동체가 된 지구촌의 한 나라로서 글로벌한 사회 환경에서 살아간다. 따라서 주변에는 다양한 유형의 가정과 그 가정 속에 살고 있는 아이들이 있다. 한 아이를 이해하고 발달을 지원하기 위해서는 그 아이를 둘러싼 환경에 대해 이해해야 한다. 아이가 어떤 가정에서 살고 있는지, 가족 구성원은 어떤 사람들인지, 아이들은 어떤 양육 환경에서 자라났는지 등을 알면 우리는 그 아이를 보다 잘 이해할 수 있다.

(1) 양육자의 근무시간이 긴 가정

양육자의 근무시간이 긴 가정은 아이를 돌볼 충분한 시간과 여유가 없다. 이러한 가정의 양육자 중에는 아이에 대한 관심은 높은 상태이나 상대적으로 아이들과 많은 시간을 함께 보낼 수 없기 때문에 아이에게 미안한 마음을 갖고 있는 경우가 많다. 양육자의 근무시간이 긴 가정을 위해 아이돌보미는 다음과 같은 역할을 하는 것이 좋다.

- 양육자가 아이에 대한 걱정과 염려를 내려놓고 직장에서 자신의 일에 전념할 수 있게 돕는 공동양육자로서의 역할을 수행해야 한다.
- 문자나 전화로 양육자와 아이에 대해 지속적으로 소통하고 정보를

교환해야 한다.

- 활동일지를 적극적으로 활용하여 그날 있었던 에피소드, 건강상태, 아이의 발달상황, 특이 사항 등을 비교적 상세히 양육자에게 전달해야 한다.

(2) 양육자가 재택근무하는 가정

요즘은 가정에서 재택근무를 하며 아이돌보미의 도움을 받아 아이를 양육하는 사례가 늘어나고 있다. 재택근무는 가정과 직장이 분리되어 있지 않다는 것이 특징이다. 아이돌보미가 돌봄활동을 하는 도중에 아이가 언제든 집에 있는 양육자를 찾을 수 있다. 재택근무 가정을 위해서 아이돌보미는 다음과 같은 역할을 하는 것이 좋다.

- 집에 근무하는 양육자가 일에 집중할 수 있는 근무 환경을 만들도록 도와주어야 한다.
- 아이돌보미가 활동하는 중에 집에서 근무하는 양육자가 언제든지 양육에 참여할 수 있기 때문에 자신의 양육방법을 고수하기보다는 양육자와 대화를 통해서 어떻게 하면 아이를 건강하게 키울 수 있을지 지속적으로 상의해야 한다.
- 아이가 재택근무 중인 양육자를 찾고 도움을 요청하는 경우에는 억지로 아이를 데려오기보다는 아이의 흥미를 유발할 수 있는 재미있는 놀이나 활동을 통해 아이가 스스로 다시 오게 하는 방법이 효과적이다.

(3) 조부모가 아이를 양육하는 가정

할아버지나 할머니 한쪽, 혹은 두 분과 아이들이 함께 살고 있는 가정 중에는 부모가 맞벌이해서 아이가 조부모와 살고 있는 경우도 있지만, 부모가 이혼, 재혼, 사망, 가출 등의 이유로 아이를 양육할 수 없는 상황에서 조부모가 아이의 양육을 책임지고 있는 경우도 많다. 조부모가 아이를 훌륭하게 양육하고 있는 경우도 있지만, 그렇지 않은 경우 아이는 우울, 불안, 부적응 행동 등의 심리·정서적 문제를 가지고 있기도 하고, 학습적인 어려움, 대인관계에서의 어려움을 호소하기도 한다. 아이에게 가장의 역할이 부여된 경우에는 '성인아이 성향'을 갖게 되기도 한다. 조부모가 아이를 양육하는 가정을 위해 아이돌보미는 다음과 같은 역할을 하는 것이 좋다.

- 아이가 자신이 가진 강점과 자아존중감을 잃지 않고 보다 안정된 상황에서 자라날 수 있도록 아이와 대화를 많이 나누어야 하며 심리적·정서적 지지자가 되어야 한다.
- 아이의 나이에 맞는 놀이나 활동을 준비하여 성인처럼 행동해야 한다는 심리적 압박감에서 벗어나 놀이하는 기쁨을 느낄 수 있게 도와야 한다.
- 아이가 다양한 경험을 할 수 있도록 현장학습, 영화나 공연관람 등의 문화체험 기회를 갖도록 도울 수 있다.

(4) 갈등이 많은 가정

갈등이 많은 가정이 있다. 가족 구성원이 서로 말로 다투거나, 오랜 기간 서로 말을 안 하고 침묵 속에서 지내기도 하며, 심한 경우에는 폭력이 동반되기도 한다. 이처럼 갈등이 많은 가정 속 아이들은 주눅 들어 있거나, 눈치를 보고, 자신의 감정을 억누르는가 하면, 공격적인 모습을 보이거나, 자신으로 인해 갈등이 일어났다는 잘못된 죄책감을 갖기도 한다. 갈등이 많은 가정 속 아이돌보미는 아이가 자신이 처한 상황 속에서도 건강한 몸과 정신을 가지고 자라날 수 있도록 노력해야 한다. 갈등이 많은 가정 속 아이돌보미는 다음과 같은 역할을 하는 것이 좋다.

- 아이돌보미는 아이가 자신의 감정을 억누르거나 부정적인 방식으로

감정을 표출하지 않고 바르게 정서를 표현하는 방법을 가르쳐 주어야 한다.

- 양육자와 아이 간에 정서적 간극을 메워주는 메신저가 되어야 한다(예: 이메일, 메모, 문자 등을 적극적으로 활용하기).
- 양육자가 갈등으로 인한 어려움 속에도 아이에 대한 사랑과 애정을 잃지 않도록 용기를 북돋아 주어야 한다.
- 가정 내에서 아동에게 가해진 행위로 인하여(우연한 것은 제외) 아동의 건강 혹은 복지를 해치거나 정상적인 발달을 저해할 수 있는 모든 신체적·정신적 상해, 성적 행위 및 방임이 일어났다고 판단될 경우에는 센터에 알린 후, 국번 없이 112로 신고하여야 한다.

(5) 다문화가정

다문화가정은 국제결혼을 한 부부와 그 자녀로 이루어진 가정이다. 과거 다문화가정은 동남아 국가 출신 어머니와 한국인 아버지로 이루어진 경우가 많았지만, 지금은 이러한 구분 없이 다양한 국가 출신의 가정이 늘어나고 있는 추세이다. 다문화가정이 겪는 가장 큰 어려움은 언어적인 문제이다. 다문화가정을 위해 아이돌보미는 다음과 같은 역할을 하는 것이 좋다.

- 한국말이 낯선 경우 아이를 키우는 데에 필요한 육아 정보를 얻고, 커뮤니티를 형성하는 데에 어려움이 생긴다. 그렇기 때문에 다문화가정의 아이돌보미는 아이를 돌보는 것에서 나아가 양육자와 소통하고 정보를 제공해 주는 역할을 수행해야 한다.
- 아이돌보미 자신의 경험과 가치관을 우선으로 내세우고 양육자를 가르치려고 하는 태도는 좋지 않다. 양육자가 가진 교육 철학, 가치관, 경험 등을 존중해 주어 양육자가 자신이 살아오면서 형성한 고유한 정체성을 아이에게 잘 전달할 수 있도록 도와야 한다.

(6) 장애아 가정

아이돌보미는 장애에 대한 지식과 이해가 필요하다. 장애아동에 대한 조기진단, 치료, 교육, 훈련은 자조능력의 조기발달을 촉진하여 조기복귀가 가능하게 한다. 따라서 아이 능력의 제한점을 감안하여 가능한 범위에서 정상적인 생활을 할 수 있도록 관심을 집중시켜야 한다. 장애아동에 대한 돌봄활동은 특별히 부모와 긴밀하게 소통하면서 많은 노력을 필요로 하게 된다.

- 아동의 능력 이상의 것을 요구해서는 안 된다.

아동에게 능력 이상의 것을 강요하게 되면 아동의 실패감이나 열등감에 빠지며 거부적이 되거나 반항적인 태도를 보일 수도 있다.

- 한결같은 애정으로 대하며 칭찬을 아끼지 않는다.

장애아동을 대할 때 아이돌보미 자신의 감정에 좌우되어 애정을 주는 동시에 귀찮아하거나 분노감을 표현하게 되면 아동은 더 큰 상처를 받게 되며 진심 어린 애정 표현과 칭찬을 받으면서 아동은 의욕을 갖게 된다.

- 인내심을 갖도록 아이돌보미 스스로 자기훈련을 하여야 한다.

아이돌보미가 초조한 마음으로 진전을 기대하게 되면 장애아동은 더욱 긴장하고 불안감을 가중시킨다. 인내심이 쉽게 갖추어지는 것은 아니지만 지속적으로 그러한 태도를 갖도록 노력해야 한다.

2) 돌봄활동의 사례별 대응

(1) 오늘은 아이돌보미로 처음 활동하는 날이다. 이용자 가정과 첫 대면 시 어떻게 해야 할까?

- 이용자 가정에 첫 방문을 할 때 친절하게 이용자에게 인사하고,

상냥한 말투로 함께 대화를 나눈다. 이용자에게 신분증을 보여주고 아이돌보미임을 확인할 수 있도록 한다.

(2) 이용자 가정에 도착하여 보니 거실, 방, 부엌 등이 너무 어질러져 있다. 또한 위험 요소들이 구석구석에 있어 아이의 안전사고도 우려된다. 이때 아이돌보미는 어떻게 해야 할까?

- 보호자가 부재 시 돌봄 장소는 간단하게 정리정돈 한 후 서비스를 제공한다. 보호자에게 직접 말하기 곤란한 경우에는 센터에 알려 이용자 가정에 안내가 될 수 있도록 하며 보호자에게 정리정돈이 되어 있지 않을 때 아동과 활동 시 어려운 점을 상냥한 말투로 이야기한다.

(3) 이용자 가정에서 아이돌보미에게 아이의 학습을 지도해 줄 것을 요구한다. 이때 아이돌보미는 어떻게 해야 할까?

- 아이돌보미 활동에 학습지도는 포함되어 있지 않음을 상냥하게 이야기한다. 아이돌보미는 아이가 숙제나 학습을 스스로 할 수 있도록 도와주는 조력자임을 이용자 가정에 설명해 준다.

(4) 아이와 함께 놀이를 하다가 아이가 넘어져 무릎을 다치는 사고가 발생하였다. 이때 아이돌보미는 보호자에게 어떻게 전달해야 할까?

- 사고가 발생한 경우 이용자 가정과 기관에 즉시 알린다. 이용자 가정에 알릴 때는 이용자 가정에 대한 미안한 마음이 전달될 수 있도록 하며, 아이의 상태와 상황을 자세하게 설명하여 불안감이 발생되지 않도록 한다.

5 아동관찰 및 기록의 실제

- 영유아의 발달상황을 이해할 수 있는 다양한 관찰방법에 대해 안다.
- 다양한 상황에서 영유아를 관찰하여 적절한 지원을 한다.
- 방과후 아동지도의 전반적인 평가에 대해 안다.

1) 관찰의 목적

관찰의 사전적 정의는 사람, 사물, 또는 현상을 주의하여 자세히 살펴보는 것이다. '주의하여 살펴보는 것'은 인간이 삶을 영위하면서 매순간 의식 또는 무의식적으로 하는 행위이다. 관찰은 일상적으로 이루어지며, 교사들은 영유아들의 말과 행동을 보면서 어떻게 지도할지를 순간적으로 판단하기도 하고, 관찰한 것을 기록으로 남겨 다양한 목적으로 사용하기도 한다(김희진 외, 2017: 9).

관찰은 영유아를 대상으로 하는 연구방법 중에서 가장 오랜 역사를 지닌 방법 중의 하나이다. 일상생활 속에서 가장 자연스럽게 사용할 수 있는 방법이 바로 관찰이며, 관찰은 일반적으로 관찰하는 사람에게 다음과 같은 다양한 정보를 제공해 준다(김희진 외, 2017: 10).

첫째, 관찰대상의 발달을 이해할 수 있도록 해 준다.

둘째, 관찰은 관찰대상을 이해하는 데 필수조건이 되지만 관찰자 자신을 이해하는 데도 도움을 준다.

셋째, 관찰에서 얻어진 자료는 다음 활동을 계획하는 데 기초가 된다.

즉, 관찰은 영유아의 전인적 성장과 발달에 도움을 주며, 교사는 수업에 대한 질적인 향상을 위해 도움을 받을 수 있다. 또한 부모와의 의사소통에 유용하게 활용될 수 있으며, 부모에게 필요한 이해자료를 제공하는 목적도 있다. 마지막으로, 영유아교육기관의 교육 목표의 달성 정도도 파악할 수 있는 순환적 · 상호적 관계라고 할 수 있다.

2) 주관적 관찰과 객관적 관찰

관찰을 처음 해 보는 사람들이 가장 어렵게 느끼는 것은 관찰할 대상과 내용을 정하고 이를 기록하는 것이다. 아무 목적 없이 영유아를 바라보고 있을 때는 별로 많은 사건이 진행되고 있는 것 같지 않으나 막상 영유아에게 일어나고 있는 일들을 모두 적으려고 하면 대개는 그 엄청난 정보의 양에 당황하게 된다. 주제가 정확하게 주어진다면 무엇을 볼 것이냐에 대한 염려는 줄어들지만 아직도 그것들을 어떻게 객관적이고 자세하게 옮겨 담을 것인가의 문제는 남는다. 다음에 제시된 관찰 기록 1과 2는 똑같은 유아가 똑같은 시간에 똑같은 활동을 하는 것을 관찰하고 기록한 것이다(김희진 외, 2017: 13).

관찰 기록 1

지수는 역할놀이 영역에서 책상 위에 놓인 공룡을 가지고 한참 동안 혼자 놀고 있다. 지수는 친구가 있는 것 같지 않다. 한참 동안 놀던 지수는 재미가 없어진 듯 다른 바구니에 있는 또 다른 공룡을 가지러 간다. 여러 공룡을 가지고 놀던 지수는 선생님에게 제일 큰 공룡이 대장이라고 말한다. 지수는 선생님의 관심을 끌려 하는데 아마 선생님이 지수의 말을 들어주는 유일한 사람이기 때문인 것 같다.

관찰 기록 2

(지수는 역할놀이 영역에서 15분째 놀고 있는 중). 지수는 지금까지 가지고 놀던 공룡 두 마리를 책상의 오른쪽 가장자리에 놓고 곧장 영역 오른쪽 구석에 있는 장난감 상자 앞으로 간다. 오른쪽 무릎을 꿇고 두 손으로 장난감 상자 속을 휘젓더니 플라스틱 공룡 하나를 왼손으로 꺼낸다. 오른손으로 바닥을 짚으면서 몸을 일으켜 선다. 공룡의 머리를 왼손으로 잡고 책상으로 급하게 걸어가서는 책상에 있는 두 마리의 공룡 옆에 세운다. 그리고는 큰 소리로 "여기 가만히 있어야 돼." 하고 외치고 선생님에게로 달려간다. "선생님, 저기 보세요." 지수는 오른손 두 번째 손가락으로 공룡들

을 가리키며 "티라노사우루스가 대장이에요. 왜냐하면 제일 크니까요. 스테고사우루스가 다음 대장인데요. 왜냐하면 그다음으로 크거든요. 디메트로 졸병이에요. 디메트로는 별로 크지 않아요."라고 말한다.

출처: 김희진 외(2017: 13-14). 영유아교육기관에서의 관찰. 서울: 창지사.

일반적으로 관찰에 영향을 주는 요소로는 관찰자의 성별, 성격 등과 같은 개인적 특성, 이전 교육을 통하여 얻어진 교육에 대한 신념(자녀 여부 등), 관찰할 당시의 상황, 관찰 대상의 특성 등을 들 수 있다. 그 밖에 관찰자가 가지고 있는 선입견이나 미리 알고 있던 다른 정보들이 판단에 영향을 끼치는 경우도 있다.

객관적인 관찰을 저해하는 요소들이 매우 다양하기 때문에 주관적인 기록을 피하기 위해 주의를 기울여야 한다. 관찰자가 사용할 수 있는 전략에는 다양한 것이 있다(김희진 외, 2017: 16-17).

첫째, 관찰대상이 실제로 행동한 것만을 적어야 한다.

둘째, 관찰대상의 말을 사실 그대로 직접화법(" ")으로 기록한다.

셋째, 관찰대상의 행동을 구체적으로 기술한다. 그러나 모든 행동을 다 기록하는 것은 불가능하므로 기록할 가치가 있는 것이 무엇인지 잘 판단해야 한다.

넷째, 행동의 질을 설명한다. 주관적 관찰 기록은 관찰자의 느낌이나 판단을 포함하는 기록을 의미하는 것이지만 행동의 질을 설명한다는 것은 관찰하는 대상의 행동이 다른 사람의 행동과 어떻게 구분되는지를 정확하게 설명해 주는 것이다.

3) 관찰의 단계(기록-해석-평가)

서술적인 관찰을 할 때 가장 주의해야 하는 것은 '기록-해석-평가' 이 세 가지를 분명히 구분할 줄 알아야 하며, 해석이나 평가는 반드시 객관적이고 충분한 관찰 기록에 근거해야 한다.

표 Ⅰ-1 관찰의 단계 및 내용

관찰의 단계	내용
기록	기록은 관찰자 앞에서 일어나고 있는 장면을 가능한 한 자세하고 객관적으로 적는 것
해석	해석은 눈앞에 보이는 것을 넘어서서 행동의 원인, 그 행동을 할 때의 감정 등을 추측해 보고 기록된 자료의 의미를 찾아보는 과정
평가	축적된 관찰 자료를 바탕으로 현재의 상태와 앞으로의 방향에 대한 결론을 내리는 단계

4) 관찰방법

관찰방법에는 표본식 기술법, 일화기록법, 시간표집법, 사건표집법, 행동목록법, 평정척도법 등이 있다.

일화기록법이란 한 가지 행동이나 상황에 초점을 맞추어 관찰하고 간결한 형태로 기록하는 관찰방법이다. 일화기록은 여러 가지 직접적인 관찰방법 중에서 현장에서 교사가 가장 쉽고 간단하게 사용할 수 있는 방법으로, 특별한 준비나 시간제한 없이 관찰자가 중요하거나 흥미롭거나 의미 있다고 생각되는 것이면 어느 것이나 그때그때 기록하면 된다(황해익 외, 2014: 65). 일화기록은 사건이 관찰된 직후에 바로 적는 것이 가장 바람직하지만 상황이 여의치 않으면, 간단하게 주요 단어들을 육하원칙에 따라 언제, 어디서, 누가, 어떤 일을, 왜, 어떻게 했는지 메모해 두고 일화 후 자세하게 기록하는 것도 한 가지 방법이 될 수 있다.

일화기록법의 관찰지침은 다음과 같다(황해익 외, 2014: 65-66).

첫째, 관찰대상의 주행동 한 가지에만 초점을 맞춘다.

둘째, 기록은 객관적이고 사실적으로 이루어져야 하며, 관찰자의 추론과 해석은 배제되어야 한다.

셋째, 관찰대상이 한 말은 인용부호(" ") 안에 넣어 직접화법으로 기록한다.

마지막으로, 발달영역 등의 중요 포인트를 적어 놓는다.

시간표집법은 관찰대상의 특정 행동을 정해진 시간 동안 일정한 시간 간격으로 반복적으로 관찰하여 행동의 출현빈도를 기록하는 방법이다. 즉, 시간표집법에서 관찰을 실시하는 기준은 시간으로, 정해진 시간 동안 계속 관찰하는 것이 아니라, 시간 간격에 맞추어 행동을 관찰하고 그 결과를 기록하는 것을 여러 번 반복하므로 특정 행동이 얼마나 발생했는지를 양적으로 측정할 수 있다(황해익 외, 2014: 81 재인용).

사건표집법은 서술식 사건표집법과 빈도 사건표집법으로 나눌 수 있다. 서술식 사건표집법은 관찰하고자 하는 행동이나 사건이 발생하기를 기다렸다가, 그 행동이나 사건이 일어나면 일정한 형식에 따라 행동의 순서를 자세히 기술하는 방법이다. 즉, 관찰하고자 하는 사건이나 행동이 일어나기 전의 상황과 관찰하고자 하는 사건이나 행동 그 자체, 그리고 사건이나 행동이 일어난 후의 결과를 순서대로 기록하는 것이다. 이러한 관찰방법은 어떤 행동의 원인을 알고자 하는 데 관찰목적을 두고 있다면 가장 적합하게 사용할 수 있는 방법이라고 볼 수 있다(황해익 외, 2014: 68). 빈도 사건표집법은 관찰하고자 하는 행동이나 사건이 일어날 때마다 그 빈도를 기록하는 방법이다. 서술식 사건표집법이 질적인 정보를 제공해 준다면 빈도 사건표집법은 행동에 대한 양적인 정보를 제공해 주는 관찰의 방법으로 어떤 행동이나 사건이 얼마나 자주 일어나는가를 알아보고 하는 데 관찰의 목적을 두는 경우 가장 유용하게 사용할 수 있는 방법이다(황해익 외, 2014: 76 재인용).

행동목록법 혹은 체크리스트란 관찰하고자 하는 특정 행동의 목록을 선정해 두고, 이 행동의 출현 유무를 관찰하여 기록하는 방법이다. 일반적으로 행동목록을 사용하는 목적은 어느 한 시점에서 특정 행동의 출현 유무를 관찰함으로써 관찰대상의 현재 상태를 평가하는 데 있지만, 시간에 따른 발달의 변화를 알고자 할 때도 사용될 수 있다(황해익 외, 2014: 86 재인용).

평정척도법은 사전에 준비된 범주에 따라 특정 행동을 관찰하고, 이 행동의 특성, 특질, 혹은 성격을 몇 등급으로 구분하여 기록하는 방법이다. 이는 특정 행동의 출현 유무를 기록하는 데 그치지 않고, 행동의 질적인 특성을 알아보기 위해 연속성이 있는 단계로 수량화된 점수나 가치가 부여된 기록지에 평정하는 방법으로 행동목록법의 한계점을 보완한 것이라고 할 수 있다(황해익 외, 2014: 88 재인용).

5) 관찰의 실제

일화기록법 관찰양식의 예시는 다음과 같다.

표 I-2 일화기록법의 예

관찰대상	한지유	생년월일	2014년 5월 3일(여)
관 찰 자	김유채	관 찰 일	2018년 10월 13일
관찰장면	자유놀이 시간(미술영역)	관찰시간	오전 9시 20분~9시 30분(10분)
기록	자유놀이 시간에 역할놀이 영역에 있던 지유가 자기의 이름표를 떼어서 붙인다. 그림을 그리고 있는 혜정이와 다연이를 팔짱을 낀 채 서서 쳐다본다. 지나가던 선생님이 혜정이의 그림을 오른손으로 가리키며 "와 정말 잘 그렸네, 꽃을 참 예쁘게 그렸구나, 우리 혜정이가."라고 말한다. 지유는 선생님을 한 번 올려다보고 혜정이의 그림을 쳐다본다. 선생님은 쌓기놀이 영역으로 이동하고, 지유는 혜정이의 맞은편에 앉는다. 잠시 후, 지유는 "엄혜정, 너 그림 안 예뻐!"라고 이야기한다. 옆에 있던 다연이가 "야! 한지유, 친구에게 이야기 그렇게 말하면 안 돼. 그건 나쁜 거야."라고 이야기한다. 지유가 다연이를 흘겨보며, "네 것도 하나도 안 예뻐. 엄혜정도 엄청 이상해. 바보 같아."라고 말한 후에, 지유는 자기 이름표를 역할놀이 영역에서 떼고 쌓기놀이 영역으로 걸어간다.		
해석	• 고의적으로 친구에게 상처를 주는 언어적 공격성이 나타났다. • 자유놀이 시간에 한 영역에 들어가서 놀이를 하는 것이 아니라, 영역을 돌아다니면서 친구들의 활동을 지켜보기만 한다. • 교사의 행동과 말에 관심이 많으며, 자유놀이 시간에 교사를 따라 다닌다.		
평가	• 친구에게 상처를 주는 말을 하면 왜 안 되며, 자신의 말로 인해 친구가 어떤 감정을 갖는지 이해할 수 있는 기회를 지유에게 제공하여, 이러한 행동을 고쳐나갈 수 있도록 지도할 필요가 있다. • 적절한 지도방향을 정하기 위해서 지유가 왜 그런 행동을 하게 되었는지 원인을 알아볼 필요가 있다. 즉, 지유가 친구들과 어울리고 싶지만 적절한 상호작용 방법을 모르는 것인지, 아니면 선생님에게 관심을 받고 싶어 하는 마음에서 그런 행동을 한 것인지 관찰해야 한다. 또한 지유 부모님의 양육태도는 어떠한지, 집에서도 언어적 공격성이 나타나는지 등에 대해서도 살펴볼 필요가 있을 것이다.		

출처: 황해익 외(2014: 66). 아동관찰 및 행동연구. 경기: 공동체.

6) 방과후 아동지도의 평가

방과후 아동지도의 평가는 아동에 대한 평가와 시설의 운영 및 환경 전반에 관한 평가, 프로그램에 관한 평가, 교사와 학부모 및 지역사회에 관한 평가로 나뉜다.

첫째, 아동에 대한 평가는 주로 표본식 기술법, 일화기록법, 시간표집법, 사건표집법, 행동목록법, 평정척도법, 포트폴리오 등의 평가방법으로 이루어진다. 방과후 아동지도는 그 활동내용과 방법이 다양하고 광범위하여 아동 개개인에 대해서 여러 교사가 접촉하여 지도를 담당하며, 관찰·기록하게 되므로, 여러 교사로부터 한 아동의 활동상황에 관한 정보와 자료를 얻을 수 있게 된다. 둘째, 부모는 자녀의 발달과 성장, 학습활동에 관해 관심이 많다. 왜냐하면, 방과후 아동지도를 받는 아동의 부모들은 무엇보다도 아동과 함께 하는 시간이 적기 때문에 아동에 대한 전반적인 사항이나 발달과정을 알려주는 것이 필요하므로 방과후 아동지도기관에서는 부모용 자료로써 교사와 부모와의 관계에 대한 부분을 공유하도록 해야 한다. 부모용 자료의 보고 양식은 주로 가정통신문이나 서술적 표현의 서신을 사용한다. 셋째, 방과후 현장에서 프로그램 평가는 운영되고 있는 프로그램의 질적 수준의 효과를 평가하는 것을 의미하며, 정기적으로 실시하여 그 결과를 다음 활동의 계획수립에 활용하도록 하여 교육과정의 질을 개선하고, 프로그램의 효율성을 높이는 데 의의가 있다. 마지막으로, 프로그램에 대한 평가방법으로는 전문가의 판단, 교사·학부모·지역사회 등의 의견 공유, 관찰법, 검사법, 실험법 등이 있다.

Ⅱ

아동안전 및
아동학대 예방교육

1 아동권리 및 아동학대 예방교육

- 아동권리에 대하여 바르게 이해하고 아동권리를 실현하고 보장한다.
- 아동학대의 정의, 유형별 징후, 신고의무교육을 이해한다.
- 아동학대 예방을 위한 바람직한 돌봄방법을 알고 실천능력을 기른다.

1) 아동권리의 개념

(1) 인권의 개념

인권이란 사람이라면 누구나 태어나면서부터 가지고 있는 생명·자유·평등 등에 관한 기본적 권리이다. 그리고 태어날 때부터 하늘로부터 부여받은 것이며, 다른 사람에게 양도할 수 없는, 인간이면 마땅히 가져야 할 자유와 권리를 말한다. 또한, 특정한 자격이나 조건을 가진 사람들에게 부여되는 권리가 아닌 모든 인간에게 차별 없이 부여되는 권리를 말한다.

(2) 아동권리의 개념

아동의 권리란 성인에게 주어지는 인권은 그대로 아동에게도 적용되고, 그에 덧붙여 아동은 생존을 스스로 보장할 수 없는 특별한 존재이므로 보호권과 양육보장권이 추가된다. 즉, 아동에게 인권은 사람으로서 이 세상에서 성장하고 발달하고 차별 없이 살아갈 권리를 말한다.

① 아동권리의 내용

- **생존권**: 아동이 생존하고 생활하는 데 필요한 제반 조건의 확보를

요구하는 권리로서, 건강의료의 권리, 양육지정의 원리, 사회보장의 권리, 생활수준 향유권이 있다.

- **보호권**: 보호권은 모든 아동이 보호받을 권리와 특별히 곤란한 조건에 있는 아동이 보호받을 권리가 있다. 성인과 달리 스스로를 보호할 수 없는 아동은 성장할 때까지 안전하게 양육될 권리를 가지며 부모로부터 방임이나 학대와 같이 가정환경이 아동의 발달에 부적절할 경우 대리보호자에 의해 건강한 대리환경에서 보호받을 권리가 있고 천재지변과 같은 재난, 전쟁, 자연재해 등 위기 상황에서 아동은 최우선으로 보호되어야 한다.
- **발달권**: 아동이 성장하면서 가질 수 있는 모든 권리를 말하는 것이며, 아동은 성인과 달리 신체적으로 성장하고 정신적으로 발달해야 할 과업이자 권리를 가지고 있다.
- **참여권**: 아동이 하나의 인격체로서 그리고 권리행사의 주체로서 여러 가지 사항에 참여할 수 있는 권리를 말한다.

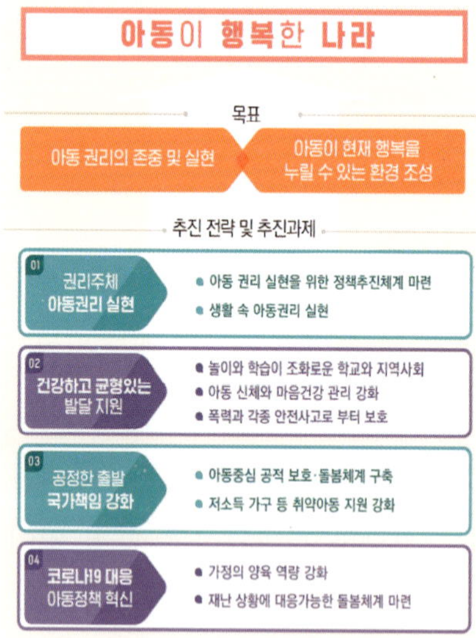

출처: 보건복지부 · 아동권리보장원(2020). 제2차 아동정책기본계획.

② 유엔아동권리협약의 기본원칙

제2조	무차별의 원칙	모든 아동은 **동등한 권리**를 누려야 한다.
제3조	아동 최선의 이익 원칙	아동에게 영향을 미치는 모든 것을 결정할 시에는 **아동의 이익을 최우선으로 고려해야** 한다.
제6조	생존 및 발달 보장의 원칙	생존과 발달을 위해 **다양한 보호와 지원**을 받아야 한다.
제12조	참여의 원칙	아동 자신의 능력에 맞게 **적절한 사회활동에 참여할 기회**를 가지며, 자신의 생활에 영향을 주는 것에 대하여 **의견을 말할 수 있어야 하며**, 그 의견은 존중받아야 한다.

2) 아동학대 예방교육

(1) 아동학대의 이해

① 아동학대의 정의

「아동복지법」 제3조제7항

아동학대란 보호자를 포함한 성인이 아동의 건강 또는 복지를 해치거나 정상적 발달을 저해할 수 있는 신체적·정신적·성적 폭력이나 가혹행위를 하는 것과 아동의 보호자가 아동을 유기하거나 방임하는 것

② 아동학대 예방교육의 목적

- 학대의 위험에 노출되어 있는 아동을 보호하고, 모든 아동이 학대받지 않도록 예방함으로써 아동의 권익 및 안전을 추구하고, 아동이 건강하게 성장할 수 있도록 지원한다.
- 가족 전체의 기능을 강화하고 가족지원 서비스를 제공하여 가정 내 아동학대 예방이나 재학대 발생을 억제함으로써 아동의 권익을 최우선으로 하는 사회적 인식을 조성하여 가족과 아동이 모두 행복한 사회를 이루는 데 있다.

(2) 아동학대 발생현황

- 보건복지부의 「2019 아동학대 주요통계」에 따르면 아동보호전문기관 신고접수 건수는 총 41,389건으로 전년도 36,417건보다 약 13.7% 증가하였다.
- 이 중 아동학대 사례로 판단된 결과는 총 30,045건으로 전년도 24,604건보다 약 22.0% 증가한 것으로 해마다 증가하고 있다.

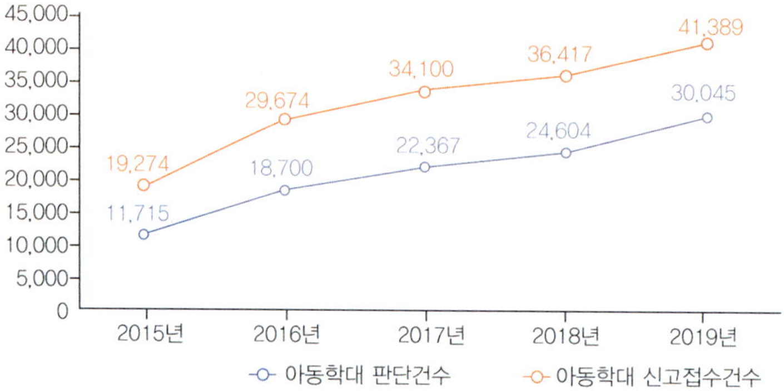

그림 Ⅱ-1 아동학대 판단건수 · 신고접수건수

출처: 보건복지부(2019c). 아동학대 현황.

(3) 아동학대의 법적 개념과 유형

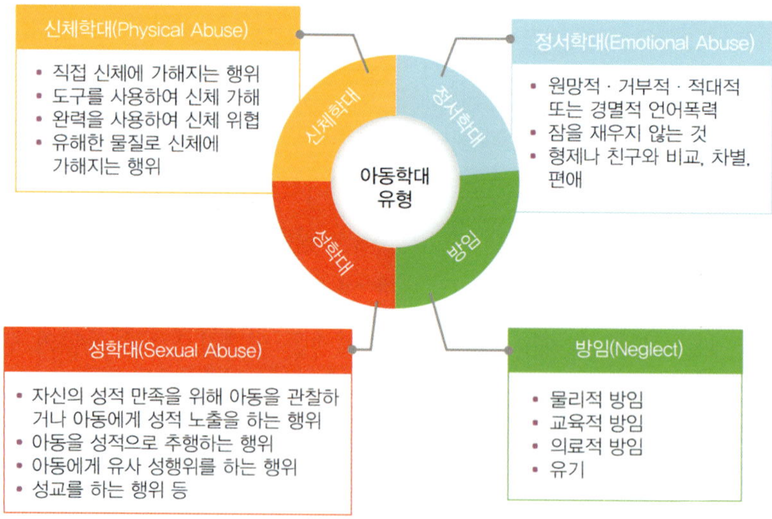

① 아동학대 유형과 징후(출처: 여성가족부·한국건강가정진흥원, 2019)

가. 신체학대 유형 및 징후

유형	직접적으로 신체에 가해지는 행위	손, 발 등으로 때림, 꼬집고 물어뜯는 행위, 조르고 비트는 행위, 할퀴는 행위 등
	도구를 사용하여 신체를 가해하는 행위	도구로 때림, 흉기 및 뾰족한 도구로 찌름 등
	완력을 사용하여 신체를 위협하는 행위	강하게 흔드는 행위, 신체부위를 묶는 행위, 벽에 밀어 부딪히게 하는 행위, 떠밀고 움켜잡는 행위, 아동을 던지는 행위, 거꾸로 매달리게 하는 행위, 물에 빠뜨리는 행위 등
	신체에 유해한 물질로 신체에 가해지는 행위	화학물질 혹은 약물 등으로 신체에 상해를 입히는 행위, 화상을 입히는 행위 등

신체적 징후	행동적 징후
• 설명하기 어려운 신체적 상흔 • 발생 및 회복에 시간차가 있는 상처 • 비슷한 크기의 반복적으로 긁힌 상처 • 사용된 도구의 모양이 그대로 나타나는 상처 • 담뱃불 자국, 뜨거운 물에 잠겨 생긴 화상 자국, 회음부에 있는 화상 자국, 알고 있는 물체모양(다리미 등)의 화상 자국, 회복속도가 다양한 화상 자국 • 입, 입술, 치은, 눈, 외음부 상처 • 긁히거나 물린 자국에 의한 상처	• 어른과의 접촉 회피 • 다른 아동이 울 때 공포를 나타냄 • 공격적이거나 위축된 극단적 행동 • 주양육자에 대한 두려움 • 집에 가는 것을 두려워함 • 위험에 대한 지속적인 경계

나. 정서학대 유형 및 징후

유형	언어적 폭력행위	소리를 지르거나 아동을 시설 등에 버리겠다고 반복적으로 위협, 무시·모욕·원망·거부·적대·경멸적인 언어폭력
	아동에 대한 비현실적 기대 또는 강요를 하는 행위	다른 아동을 학대하도록 강요하는 행위, 아동의 정서발달 및 연령상 감당하기 어려운 것을 강요
	정서적 위협	공포 분위기 조성, 좁은 공간에 혼자 가두어 놓는 행위, 미성년자 출입금지 업소에 지속적으로 아동을 데리고 다니는 행위, 집 밖에 세워두는 행위, 벌거벗겨 내쫓는 행위, 잠을 재우지 않는 행위, 아동을 시설 등에 버리겠다고 위협하는 행위

신체적 징후	행동적 징후
• 발달지연 및 성장장애 • 신체발달 저하	• 특정 물건을 계속 빨고 있거나 물어뜯음 • 행동장애(반사회적, 파괴적 행동장애) • 신경성 기질 장애(놀이장애) • 정신신경성 반응(히스테리, 강박, 공포) • 언어장애 • 극단행동, 과잉행동, 자살시도 • 실수에 대한 과잉반응 • 주양육자와의 접촉에 대한 두려움

다. 성학대 유형 및 징후

유형	자신의 성적 만족을 위해 아동을 관찰하거나 아동에게 성적인 노출을 강요하는 행위	아동의 옷 벗는 모습 또는 아동의 신체를 관찰하는 관음적 행위, 성관계 장면 또는 자위행위를 노출하거나 강요하는 행위, 나체 및 성기를 노출하는 행위, 음란물에 노출되게 하는 행위 등
	아동을 성적으로 추행하는 행위	구강·성기·항문, 기타 신체 부위를 추행하는 행위
	아동에게 유사성행위를 하는 행위	드라이성교 등
	아동과 성교를 하는 행위	성기삽입, 구강성교, 항문성교

신체적 징후	행동적 징후
〈신체적 지표〉 • 학령 전 아동의 성병 감염 • 임신 〈생식기의 증거〉 • 아동의 질에 있는 정액 • 찢기거나 손실된 처녀막 • 질에 생긴 상처나 긁힌 자국 • 질의 홍진 • 배뇨곤란 • 요도염 • 생식기의 대상포진 〈항문 증후〉 • 항문 괄약근의 손상 • 항문 주변의 멍이나 찰과상 • 항문 내장이 짧아지거나 뒤집힘 • 항문 입구에 생긴 열창 • 항문이 좁아짐	〈성적 행동지표〉 • 나이에 맞지 않는 성적 행동 • 해박하고 조숙한 성지식 • 명백하게 성적인 묘사를 한 그림 • 타인과의 성적인 상호관계 • 동물이나 장난감을 대상으로 하는 성적인 상호관계 〈비성적인 행동지표〉 • 수면장애 • 유뇨증/유분증 • 위축, 환상, 유아적 행동(퇴행행동) • 자기파괴적 또는 위험 무릅쓴 모험적인 행동 • 충동성, 산만함 및 주의집중장애 • 특정 유형의 사람들 또는 성에 대한 두려움 • 방화/동물에게 잔혹함 • 섭식장애(폭식증/거식증) • 비행, 가출

신체적 징후	행동적 징후
• 회음부의 동통과 가려움 • 변비 • 대변에 혈액이 나옴 〈구강 증후〉 • 입천장의 손상 • 인두임질(pharyngeal gonorrhea)	• 자기파괴적 행동(자살시도) • 범죄행위 • 우울, 사회관계 단절

라. 방임 유형 및 징후

유형	물리적 방임	• 기본적인 의식주를 제공하지 않는 행위 • 불결한 환경이나 위험한 상태에 아동을 방치하는 행위 • 아동의 출생신고를 하지 않는 행위, 보호자가 아동들을 가정 내 두고 가출한 경우 • 보호자가 친족에게 연락하지 않고 무작정 아동을 친족 집 근처에 두고 사라진 경우 등 • 상해와 위험으로부터 아동을 보호하지 않는 행위
	교육적 방임	• 보호자가 아동을 특별한 사유 없이 학교에 보내지 않거나 아동의 무단결석을 방치하는 행위
	의료적 방임	• 예방접종이 필요한 아동에게 예방접종을 실시하지 않는 행위 • 아동에게 필요한 의료적 처치 및 개입을 하지 않는 행위 • 장애아동의 치료를 거부하는 행위

신체적 징후	행동적 징후
• 발달지연 및 성장장애 • 비위생적인 신체상태 • 예방접종과 의학적 치료 불이행으로 인한 건강상태 불량 • 아동에게 악취가 지속적으로 나는 경우	• 계절에 맞지 않는 부적절한 옷차림 • 음식을 구걸하거나 훔침 • 비행 또는 도벽 • 학교에 일찍 등교하고 집에 늦게 귀가함 • 지속적인 피로 또는 불안정감 호소 • 수업 중 조는 태도 • 잦은 결석

② 아동학대의 결과

- 아동학대는 아이를 사망에 이르게 할 수 있다.
- 아동학대는 아이에게 신체적 · 심리적으로 깊은 상처를 준다.

- 학대받은 아이는 자신에 대해 무가치하게 느낀다.
- 아동학대는 신뢰를 파괴하여 다른 사람을 믿지 못하게 한다.
- 학대 행동은 그다음 세대로 전수된다.

3) 아동학대 신고의무

아동학대 신고의무 규정은 학대행위자 처벌보다는 아동의 보호에 목적이 있으며, 아동이 미성숙하여 스스로 학대 사실을 인지하지 못할 뿐만 아니라 스스로 신고하지 못하므로 아동을 보호하는 입장에 있는 사람이 책임져 주어야 한다는 데 근거를 두고 있다.

- **목적** : 아동학대를 쉽게 발견할 수 있는 직종에 종사하는 사람을 신고의무자로 지정함으로써 학대피해아동 조기발견 및 보호
  ※ 「아동학대범죄의 처벌 등에 관한 특례법」 제10조제2항 각 호에 따른 시설(예시 : 유치원, 아동복지시설, 어린이집 등)의 장과 종사자
- **근거** : 「아동학대범죄의 처벌 등에 관한 특례법」 제10조
- **내용** : 신고의무자는 직무 수행 과정에서 아동학대범죄를 알게 된 경우나 그 의심이 있는 경우 수사기관 등에 즉시 신고해야 함
- **과태료** : 정당한 사유 없이 미신고 시 500만 원 이하의 과태료 부과
  ※ 보육교직원 – 아동학대 신고의무자가 아동학대를 신고하지 않을 경우, 1,000만 원 이하의 과태료 부과(2021. 1. 26. 시행)
- **아동학대 신고의무자 보호**
  - 신고자의 신분은 「아동학대범죄의 처벌 등에 관한 특례법」 제10조의2, 「공익신고자 보호법」 제12조, 「특정범죄신고자 등 보호법」 제8조, 「영유아보육법」 제46조에 의해 보호규정이 마련되어 있다.
  - 누구든지 신고자의 인적사항 또는 신고인임을 미루어 알 수 있는 사실을 다른 사람에게 공개하거나 또는 신고의무자에게 불이익 조치를 취하는 자는 징역 또는 벌금에 처한다.

(1) 아동학대 신고절차

학대 의심징후 발견 (상흔, 증언 등)	응급상황 시, 아동의 안전 확보	아동학대 신고 112	현장조사 및 사례개입 협조	사후지원 및 서비스 협조

출처: 중앙육아종합지원센터(2021). 2021 보육교직원 안전교육.

- 아동학대를 알게 된 경우, 학대 의심이 있는 경우에는 112 신고
  - 학대가 의심만 되어도 112 신고 가능(아이지킴콜앱 활용 가능)
  - 아동학대 의심 정황과 지역/구체적인 응급상황(아동의 안전 여부, 학대의 심각성 등), 피해아동 및 행위자의 인적사항(이름, 성별, 나이, 특징, 주소 등) 설명
  - 아동이나 학대행위자의 정보를 모르는 경우에도 신고 가능
- 아동에게 치료적 개입이 필요한 상황 또는 응급상황 발생 시 등 긴박한 상황에는 아동을 병원에 데려간 후 신고
- 아동과 친밀한 관계가 있는 경우 교사가 함께 아동 조사에 참여 가능(필요한 경우 아동학대 전담공무원과 협의하여 진행)

누구든지 아동학대범죄를 알게 된 경우나 그 의심이 있는 경우에는 112 또는 관할시 · 군 · 구청에(아동학대전담공무원) 신고할 수 있다.

다음 각 호의 어느 하나에 해당하는 사람이 직무를 수행하면서 아동학대범죄를 알게 된 경우나 그 의심이 있는 경우에는 아동보호전문기관 또는 수사기관에 즉시 신고하여야 한다(2019. 1. 15. 개정).

(2) 아동학대 발견 시 대응방법

① 사건을 알게 된 직후, 침착하게 대처한다.

② 아이에게 피해 사실을 충분히 표현할 수 있도록 편안한 분위기를 조성한다.

③ 아이의 말을 있는 그대로 받아 적거나 핸드폰으로 이용하여 있는 그

대로 녹취한다.

④ 피해 사실에 대해 아이에게 반복해서 묻거나 강요하지 않는다.

⑤ 아이를 비난하는 언행을 삼가고 잘못은 가해자에게 있음을 명확하게 알린다.

⑥ 아이가 자발적으로 피해 사실을 말하면 막지 말고, 잘 듣고 공감해준다.

⑦ 임의로 사건을 처리하지 않는다.

⑧ 아이에게 피해 사실의 심각성을 부각시키지 않는다.

⑨ 가능한 한 빨리 일상생활로 돌아갈 수 있도록 격려해 준다.

⑩ 사건을 해결해주고 도움을 줄 협조 기관이 있음을 알리고 안심시킨다.

(3) 아동학대 신고 시 유의사항

① 가능한 한 증거사진 등을 확보한다.

② 아동이 불안에 빠지지 않도록 큰일이 난 것처럼 하지 않고 일상적으로 대한다.

③ 성학대의 경우 증거확보를 위해 씻기거나 옷을 갈아 입히지 않는다.

④ 진술의 오염이 있으므로, 학대에 대해 계속 캐묻거나 유도 질문을 하지 않는다.

⑤ 현장조사에 적극적으로 협조하도록 한다.

⑥ 신고자는 법적으로 비밀보장이 된다.

4) 가족에 의한 아동학대 발생 시 대처요령

① 사건인지 후 즉시 수사기관(112) 또는 관할시 · 군 · 구청에(아동학대전담공무원) 신고한다.

② 긴급상황 발생 시 의료기관 즉시 연계 및 아동학대 신고 등 조치 (즉각적인 치료가 필요하거나 중상해 등 긴급치료 필요시)

시 · 군 · 구(제22조제3항, 제22조의4)

시 · 군 · 구에 배치된 "아동학대 전담공무원"이 다음의 업무를 실시

- 신고 접수
- 현장출동 및 조사, 응급 보호
- 피해아동 및 가족, 행위자에 대한 상담
- 피해아동보호계획 수립

아동보호전문기관(제46조제2항)

- 피해아동 가족 및 아동학대행위자를 위한 상담, 치료 및 교육 (사례관리계획 수립 및 시행)
- 아동학대예방 교육 및 홍보
- 피해아동가정의 사후관리
- 아동학대예방사업 관련 업무

표 Ⅱ-1 아동학대 사례 개입과정

개입과정	역할
1. 신고접수 및 현장조사	〈신고접수〉 • 아동학대범죄를 알게 된 경우나 그 의심이 있는 경우에는 112에 신고 - 24시간 신고전화운영(112) • 아동학대의심사례 접수 시 현장조사 실시(경찰과 아동학대전담공무원) 〈현장접수〉 • 아동학대전담공무원 출동(경찰과 동행출동) • 학대발생지 및 관련 장소 내 조사 - 피해아동, 학대행위자, 형제자매, 신고자, 보육 · 교육기관 종사자, 목격자, 이웃 등 관련인 조사 • 아동학대혐의 판단(사법적 판단은 아니며, 시 · 군 · 구(아동학대전담공무원)의 판단)
2. 피해아동 및 학대행위자 조치	〈피해아동 보호조치〉 • 응급조치 : 피해아동을 보호시설로 인도, 의료기관으로 인도 • 학대피해아동쉼터 - 피해아동 보호 · 생활 지원 - 심리검사 및 심리치료 · 교육 및 문화체험 지원 • 보호명령 - 피해아동 보호위탁, 상담 및 치료위탁, 가정위탁, 친권 행사의 제한

	또는 정지, 후견인 권한의 제한 또는 정지 〈학대행위자 조치〉 • 응급조치 - 학대행위자 범죄행위 제지 및 피해아동으로부터 격리 • 임시조치 - 학대행위자 퇴거 등 격리, 접근금지, 전기통신금지, 친권 또는 후견인 권한 행사의 제한 또는 정지, 상담 및 교육위탁, 의료기관 위탁, 유치장 · 구치소 유치 • 보호명령 - 행위자 퇴거 등 격리, 접근 제한, 전기통신 제한, 친권 행사의 제한 또는 정지, 후견인 권한의 제한 또는 정지
3. 사례관리	• 피해아동 : 아동안전점검, 상담, 의료지원, 심리치료, 학습지원, 수사 및 사건처리지원, 사회복지서비스 연계 등 • 학대행위자 : 보호처분, 임시조치 등의 결과 상담, 교육프로그램 운영, 심리치료, 의료지원, 가정지원(경제 및 가사지원) 등 • 가족 : 상담, 가족치료, 가정지원(경제 및 가사지원), 가족기능강화 서비스 등 • 지역사회자원 연계 등
4. 사후관리	• 아동학대전담공무원과 아동보호전문기관이 사례 종합 검토하여 종결

출처: 중앙육아종합지원센터(2021). 2021 보육교직원 안전교육.

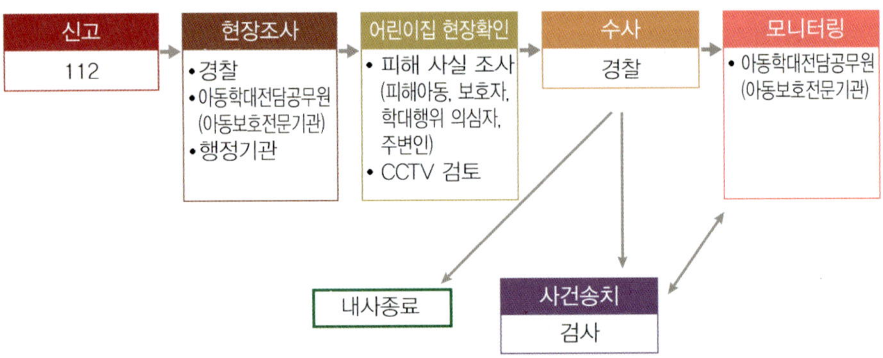

그림 Ⅱ-2 아동학대 신고사례에 대한 사건 처리

아동학대 신고의자무자를 위한 아동학대 체크리스트

연번	체크항목	체크란(✓)	
1	사고로 보이기에는 미심쩍은 멍이나 상처가 발생한다.	예 □	아니오 □
2	상처 및 상흔에 대한 아동 혹은 보호자의 설명이 불명확하다.	예 □	아니오 □
3	보호자가 아동이 매를 맞고 자라야 한다는 생각을 갖고 있거나 처벌을 사용한다.	예 □	아니오 □
4	아동이 보호자에게 언어적, 정서적 위협을 당한다.	예 □	아니오 □
5	아동이 보호자에게 감금, 억제, 기타 가학적인 행위를 당한다.	예 □	아니오 □
6	기아, 영양실조, 적절하지 못한 영양섭취를 보인다.	예 □	아니오 □
7	계절에 맞지 않는 옷, 청결하지 못한 외모를 보인다.	예 □	아니오 □
8	불결한 환경이나 위험한 상태로부터 아동을 보호하지 않고 방치한다.	예 □	아니오 □
9	성학대로 의심될 성 질환이 있거나 임신 등의 신체적 흔적이 있다.	예 □	아니오 □
10	나이에 맞지 않는 성적 행동 및 해박하고 조숙한 성지식을 보인다.	예 □	아니오 □
11	자주 결석하거나 결석에 대한 사유가 불명확하다.	예 □	아니오 □
12	필요한 의료적 처치 혹은 필요한 아동에게 예방접종을 실시하지 않는다.	예 □	아니오 □
13	보호자에 대한 거부감과 두려움을 보이고, 집(보호기관)으로 돌아가는 것에 대해 두려워한다.	예 □	아니오 □
14	아동이 매우 공격적이거나 위축된 모습 등의 극단적인 행동을 한다.	예 □	아니오 □
15	"아동학대 체크리스트" 1~14에 해당되지는 않지만 그 외의 학대로 의심되는 경우 (학대 의심 사항 :)	예 □	아니오 □

"아동학대 체크리스트"는 아동학대 신고의무자가 직무 중에
학대로 의심되는 아동을 조기발견하기 위해 활용되도록 제작되었습니다.

1개 문항 이상 "예"라고 체크된 경우, 아동학대를 의심해 볼 수 있는 상황입니다.
아동학대가 "의심"되면 아동학대 신고전화 112로 반드시 신고해 주시기 바랍니다.

출처: 아동권리보장원(www.ncrc.or.kr)

2 아동안전관리와 응급처치

- '안전'의 의미와 그 예방활동의 중요성을 이해한다.
- 아동의 연령별 특성과 안전사고 유형의 특성을 이해한다.
- 응급처치의 중요성 및 사고발생 시 대처요령을 이해하고 응급 시 행동요령을 잘 적용한다.

1) 영유아 안전의 개념 및 중요성

안전이란 위험이 생기거나 사고 날 염려가 없는 편안하고 온전한 상태이고, 안전한 상태란 위험 원인이 없는 상태이거나 위험 원인이 있더라도 인간이 상해를 받는 일이 없도록 대책이 세워져 있는 상태를 말한다.

안전사고는 주변 환경에서 다양한 종류의 위험요인을 사전에 발견하여 대처하지 못한 결과 발생하는 손상이나 상해이다. 영유아는 성인에 비해 안전사고에 쉽게 노출되어 있으며, 발달특성상 주변 환경에 대한 호기심이 높은 반면, 신체기능과 운동기능이 발달과정에 있기 때문에 미성숙하여 신체 균형을 유지하는 능력이 부족하다. 그리고 위험한 상황의 결과를 예측할 수 있는 인지능력이 부족하여 사고의 가능성이 높고 자기중심적인 사고로 인해 자신과 타인의 관점을 잘 구별하지 못한다.

안전교육은 영유아가 상해, 사망 등 불의의 사고를 예방하는 데 필요한 지식, 기능, 태도를 포함하는 것으로 영유아 자신이 위험으로부터 자신을 보호할 수 있도록 안전지식과 태도, 기능을 익히게 하여 건강한 생활을 할 수 있도록 돕는 교육이다. 따라서 영유아기는 안전교육의 최적의 시기임을 인식하고 단기적인 접근이 아닌 장기적이며 체계적으로 어린 시기부터 실시해 나가야 한다(박정빈 외, 2018: 12).

2) 연령별 안전사고 특성

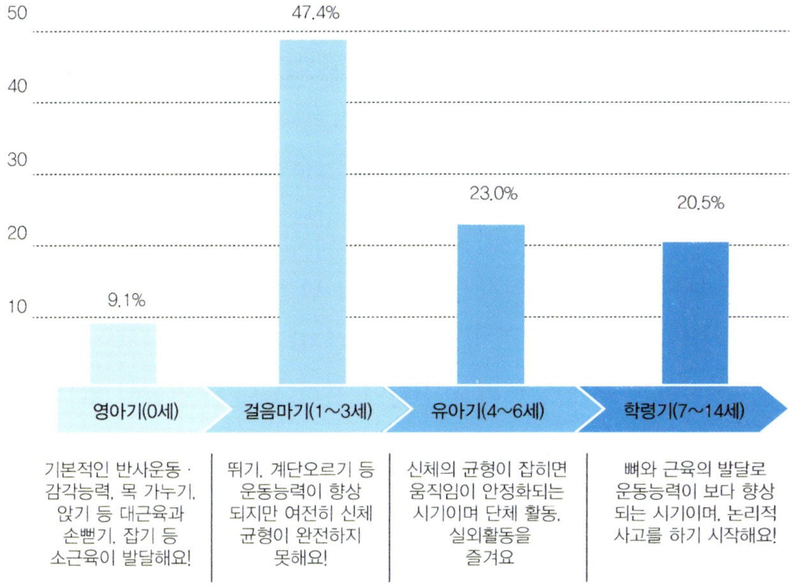

그림 Ⅱ-3 발달단계별 안전사고 구성비(2017)

출처: 한국소비자원 · 여성가족부 · 한국가정진흥원(2019: 2). 어린이 안전사고 예방 가이드.

3) 실내 · 외 안전관리

Key Point

- 어린이 안전사고 **다발 장소는 가정** 실내
- 이용자 가정 방문 시 **상시적으로 실내 환경 안전 점검 필수**
- 가정 내 환경에서 **위험요인을 제거**하고 안전한 환경 구성
- 놀이의 즐거움과 **무관한 반드시 제거해야 할 유해위험요인들이 존재**
- 실외 유해위험요인은 **심각한 안전사고와 연결될 가능성이 높음**

(1) 실내 환경 점검

① 현관

'현관'에서 구체적으로 어떠한 안전사고가 발생할 수 있을지 예상해 보기

현관 벽에 불안정하게 세워진 물건, 비로 젖은 현관 타일 바닥,
바닥에 널브러져 있는 신발, 무거운 현관문, 현관문의 우유 배달구

〈'현관' 안전 체크리스트 만들기〉

- 현관 벽면에 넘어지거나 부딪힐 만한 물건은 없는가?
- 현관 타일 바닥이 미끄럽지 않은가?
- 현관 바닥에 널브러진 신발에 걸려 넘어질 위험은 없는가?
- 현관문이 무거워 손이 끼일 위험은 없는가?
- 현관문 우유 배달구가 아이가 넘어졌을 때 부딪힐 만한 위치에 있는가?

② 창문과 베란다

- 보호난간이 없는 베란다의 방충망 창문, 베란다 아래의 화분 받침대, 고장 난 잠금장치, 베란다 사이 문틈, 커튼이나 블라인드 끈

〈'창문과 베란다' 안전 체크리스트 만들기〉

- 창문이나 베란다로 추락의 위험은 없는가?
- 추락사고에 대비하여 보호난간이 설치되어 있는가?
- 창문 아래나 베란다 근처에 딛고 올라설 물건이 있지 않은가?
- 베란다 문의 잠금장치가 잠겨 있는 상태인가?
- 커튼이나 블라인드에 끈이 내려와 있지 않은가?
- 블라인드 옆쪽에 종이컵을 붙여 블라인드 끈을 넣어둔다.
- 아이의 손이 닿지 않는 곳에 블라인드 끈을 고정시킨다.
- 아이를 방이나 거실에 혼자 두지 않는다.

③ 주방

- 식탁보, 온수 공급이 되는 정수기, 밥솥, 커피포트, 뜨거운 국물이

나 분유, 열림 상태의 가스밸브, 각이 진 식탁 모서리

〈'주방' 안전 체크리스트 만들기〉

- 아이들이 잡아당길 수 있는 식탁보가 깔려 있지 않은가?
- 유리나 도자기로 된 식기류가 아이들의 손이 닿는 곳에 있지 않은가?
- 식탁 모서리가 너무 날카롭거나 부딪힐 위험이 있지 않은가?
- 온수가 공급되는 정수기
- 전기밥솥의 증기
- 뜨거운 액체나 음식물

  → 주의하기 : 화상과 관련된 주의해야 할 주방 물품

④ 욕실

- 온수 조절이 되지 않는 온수기, 미끄러운 욕실 바닥, 바닥에 놓여 있는 청소용 세제류, 물이 가득 받아져 있는 욕조, 미끄러운 욕조, 발 받침대, 화장실 문

〈'욕실' 안전 체크리스트 만들기〉

- 바닥 미끄럼 방지 매트가 있는가?
- 세면대 등 각진 모서리 보호대 설치가 되어 있는가?
- 화장실 문을 쉽게 여닫을 수 있도록 설치되어 있는가?
- 샤워기 줄은 짧게 정리하거나 별도의 보관함에 있는가?

⑤ 거실과 방

- 안전장치가 없는 콘센트, 어지럽게 엉켜 있는 전선, 커튼이나 블라인드 끈, 튀어나온 못이나 가구 모서리, 장난감 바구니, 영아가 삼킬 정도 크기의 장난감이나 물건, 높은 위치의 무거운 물품

〈'거실과 방' 안전 체크리스트 만들기〉

- 콘센트는 안전덮개로 보호되어 있는가?
- 전선이 어지럽게 엉켜 있어 아이가 걸려 넘어질 위험은 없는가?

- 커튼이나 블라인드 끈이 고정되어 있는가?
- 가구에 튀어나온 못이나 모서리는 없는가?
- 영아가 삼킬 정도의 작은 장난감이나 물건이 바닥에 있지 않은가?
- 무거운 물품이나 높은 위치에 있는 장난감이 안전하게 놓여 있는가?

(2) 실내 안전사고 사례

① 발달단계에 따른 실내 안전사고 유형

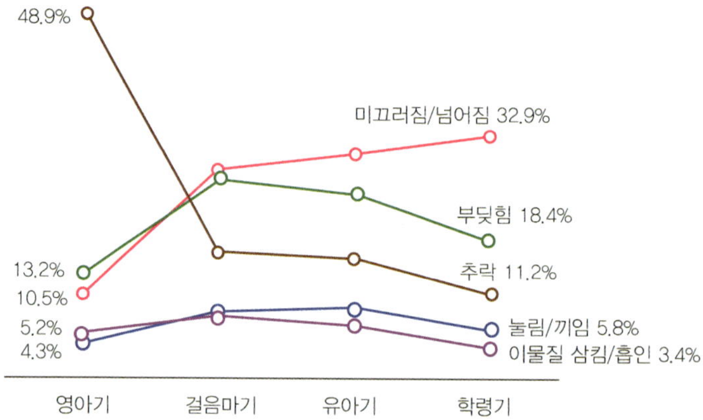

출처: 한국소비자원 2017년 6월 28일 보도자료.

② 안전을 위한 사고 예방 3단계(가정)

<table>
<tr><td rowspan="2">1단계</td><td>위험요소를 점검한다.</td></tr>
<tr><td>가정에서 위험요소를 찾을 때는 다음과 같은 기본사항을 참고한다.
① 작은 위험도 무시하지 않는다.
② 항상 더 안전한 방법에 대하여 생각해 본다.
③ 베임, 화상, 미끄러짐, 걸려 넘어짐, 추락, 감전, 유독성 물질, 익사, 스트레스, 정신적 상처 등이 각각 일어날 수 있는 경우를 생각해 본다. 그다음에 각각 사고를 일으킬 수 있는 것들이 있는지 점검한다.</td></tr>
</table>

	위험을 방지하고 대처하는 방법을 습득한다.
2단계	위험요소를 발견하는 것만으로는 위험을 완전히 제거했다고 볼 수 없다. 그러므로 평소에 가정 내에서 위험이 발견될 경우 다음 사항을 확인하면서 적절한 대처방법을 결정하고 신속하게 조치할 수 있도록 해야 한다. ① 발견된 위험요소를 단순히 제거하면 되는 것인가, 아니면 더 안전한 것으로 대체해야 하는 것인가? ② 수리 또는 수정하거나 격리해서 더 안전하게 할 수 있는가? ③ 아이들에게 주의시키고 가르쳐야 하는 부분은 무엇인가?
	신속한 조치를 한다.
3단계	위험을 발견하고 이에 대한 대처방법이 결정되면 오래 지체하지 않는다. 위험요소를 오랫동안 내버려 두면 그 위험 가능성은 더욱 커지기 때문이다. 여기서 주의해야 할 점은 장기간 위험을 무시하고 방치하면 위험이 사라진 것처럼 보이기 쉽다는 것이다. 위험을 인지하면 즉시 대책을 마련하고 신속히 조치하여 미리 대처하지 못해 사고를 당하는 일이 없도록 한다.

출처: 한국건강가정진흥원(2019). 아이돌보미양성교육교재. 재구성.

(3) 실외 안전관리

아이들의 놀이에는 자연스러운 위험이 따른다. 즐거운 놀이에 수반되는 위험은 성인의 지도 아래에서 안전관리가 잘 이루어진다면 아이들의 발달을 더 증진시켜 줄 수 있는 기회가 된다. 뛰고, 오르고, 매달리는 등 신체활동의 즐거움을 원하는 아이들에게 위험이 존재한다고 놀이를 저지하는 것보다 안전한 환경에서 놀이할 수 있도록 도와줘야 한다.

반면 놀이의 즐거움과 무관하게 사전에 반드시 파악하고 제거해야 하는 유해위험요인들이 있다. 특히 실외 유해위험요인은 심각한 안전사고와 연결될 가능성이 있으므로 반드시 사전에 점검해 봐야 한다.

야외놀이 · 스포츠 활동 시

실외 활동 시 넘어지거나 높은 곳에서 떨어져 골절이 발생할 수 있습니다.

Tip

- 스포츠장비 이용 시, 안전모, 무릎 · 팔꿈치 보호대 등 보호 장구는 필수입니다.
- 키즈카페 등 놀이시설 이용 시 어린이가 안전수칙을 준수할 수 있도록 알려주세요.

엘리베이터 · 자동차 탑승 시

자동차 문에 끼어 골절, 타박상 등의 사고가 발생합니다.

Tip

- 엘리베이터, 자동문 등을 이용 시에는 보호자의 각별한 주의가 필요합니다.
- 자동차탑승 시 어린이가 완전히 탑승하였는지 확인하세요.
- 어린이가 탑승한 좌석의 문과 창문은 조작할 수 없도록 잠금 조치하세요.

출처: 한국소비자원 · 여성가족부 · 한국가정진흥원(2019: 7). 어린이 안전사고 예방 가이드.

아동과 안전규칙에 관한 규칙을 함께 이야기 나누고 정하는 과정은 아이가 안전에 대해 스스로 생각해 보게 하고, 무엇을 조심해야 하는지 이해하고 지킬 수 있는 기회를 제공한다. 학령기 아동은 안전을 자신의 책임으로 인식하고, 기본적인 놀이 안전을 스스로 지킬 수 있도록 돕는 것이 바람직하다.

4) 응급처치

- 아동의 건강을 위해 전반적인 건강상태나 질환, 응급상황이 발생할 수 있는 의학적 조건을 가지고 있지 않은지 꼭 확인해 두어야 하고, 아울러 가족들이 취하는 조치도 함께 알아둬야 한다.
- 예상치 못한 응급상황은 언제든지 일어날 수 있으며 생명을 위협하는 위급상황은 평생 한 번을 겪더라도 치명적인 결과를 가져올 수 있으므로 아동을 돌보는 일을 책임지는 사람은 즉각적이고 적절한 대처

를 할 수 있도록 준비되어 있어야 한다.

(1) 응급처치의 중요성 및 목적

- 영유아는 위험물에 대한 이해가 부족하므로 사고 발생률이 높으며 호기심으로 인한 사고나 부상, 중독사고나 급환이 생겼을 때 의사가 즉시 오지 못할 경우 의사가 오는 시간까지 즉각적이고 임시적인 조치가 필요하다.
- 단순한 조치라 해도 의학적인 방법이 필요하며, 위험요소로부터 예방하기 위하여 말로 타이르거나 설명해 줌으로써 위험에 대한 사전준비도 필요하겠지만 그보다는 일상생활을 통하여 위험한 요소를 사전에 확인하고 제거해야 한다.
- 우리 생활 주변에는 여러 가지 위험요소가 도사리고 있어 예방 가능한 것에서 불가능한 것으로부터 예기치 못한 사고가 발생하게 되므로, 각 가정에서 예측되는 사고와 급환의 대비가 있어야 한다. 따라서 적절한 응급처치로 생명을 구하고, 치료 전 간단한 응급처치를 함으로써 악화 방지, 적절한 환자 운반 등으로 사고를 미리 예방하는 것이 목적이다.

(2) 응급 시 행동요령

- 응급상황을 인식한다.
- 도움을 줄 것인지 결정한다.
- 필요시 구급차를 부른다.
- 부상자를 평가한다.
- 응급처치를 실시한다.

(3) 응급처치의 기본원칙

- 응급처치를 하는 사람 자신부터 안전을 확보해야 한다. 구조자가

위험한 상태에서 환자에게 달려드는 것은 양쪽 다 해로운 일이다.

- 언제나 신속, 침착, 질서 있게 대처해야 한다.
- 배우지 않은 응급처치는 하지 않아야 한다.
- 호흡정지나 호흡곤란이 있는지 확인해야 한다(질식, 중독 등).
- 구강을 통한 음식물 섭취는 기도폐쇄의 위험과 수술 및 검사의 지연을 초래할 수 있으므로 제공하지 않는다.
- 전문가가 정확한 진단을 내리기 전까지 의약품 사용은 금한다.
- 119 및 의료기관의 도움을 요청할 경우 환자의 상태와 응급처치 내용을 명확히 전달해야 한다.
- 현장에서 응급처치로 의식이 회복되었더라도 전문의료인에게 반드시 확인, 치료 요청해야 한다.

5) 안전사고 대처법

(1) 응급상황 시 대처방법

안전사고는 언제 어디서든 갑작스레 발생할 수 있다. 사고가 발생했을 때 당황하여 대처가 늦어지지 않도록 안전사고 대처방법을 미리 숙지해두어야 한다. 그리고 안전사고가 발생하였을 경우 먼저 경중을 파악하여 위급한 경우 바로 119에 신고하고, 응급처치가 급히 필요한 경우 119의 안내에 따라 응급처치 방법을 실시한다. 아동을 병원으로 옮기는 동안 부모나 주양육자에게 연락을 취하고, 소속기관 담당 부서에도 연락한다.

(2) 안전사고 발생 시 돌보미의 역할

안전사고를 예방하기 위해 주의를 기울여도 아동들과 생활하다 보면 예기치 않은 안전사고들이 종종 발생한다. 안전사고 발생 시 아이돌보미는 평정심을 잃지 않고, 아이의 안전과 건강을 지키기 위해서 대처해야 한다.

안전사고 발생 시 적절하게 대처하고 문제를 잘 해결하기 위한 준수사항은 다음과 같다.

- ☑ 안전사고 유형별 응급처치를 잘 알고 있는가?
- ☑ 응급상황 시 행동방침을 숙지하고 있는가?
- ☑ 응급 시 도움을 요청할 전화번호와 비상연락망을 가지고 있는가?
- ☑ 안전사고를 축소하거나 숨기려고 하지는 않는가?
- ☑ 안전사고 처리보고의 의무를 충실히 따르는가?

(3) 응급상황 유형별 대처

① 고열

- 열은 우리 몸이 질병을 이겨내기 위하여 사용하는 방어기전이며, 열이 난다는 것은 대개 우리 몸에 이상이 있음을 알려주는 신호라고 할 수 있다.
- 근래의 연구에서 중증도의 발열은 인체 방어에서 작용하며 백혈구의 운동, 림프구의 변환, 식세균 작용 등이 발열에 의하여 촉진된다는 사실이 밝혀지고 있으며, 열 자체는 병이 아니고 병으로 인한 증상으로 이해해야 한다.

② 열성경련(경기)

- 경기는 대부분 열성경련으로 아동들 2~5%가 경험하는 열성경련은 대개 6개월에서 4세 사이에 일어난다.
- 아동들은 아직 뇌의 발달이 미숙하고 체온조절 기능이 미숙한 상태이기 때문에 열이 심하게 올라 뇌가 흥분하면 그것이 근육에 전달되어 전신경련을 일으킨다.

③ 복통

- 얼마 동안 어떤 양상으로 아픈가? 증상을 완화시키는 요소가 있는가?
- 어떤 주기로 아픈가? 간헐적인가? 지속적인가?

- 구토와 설사가 있으면서 아픈가?
- 감기 등의 다른 호흡기 질환이 있는가?
- 변비증이 있는가? 마지막 언제 변을 보았는가? 변 색깔과 양은 괜찮은가?
- 복통을 일으킨 병이 생명을 위협할 수도 있고, 또 위중한 병이 아닐 수도 있기 때문에 복통의 원인을 확실히 찾아 치료해야 한다.
- 복통 호소 시 배의 양상과 체위를 관찰해야 하고 배가 심하게 아프거나 다른 증상이 동반될 때 꼭 병원에 가야 한다.
- 변비에 의한 복통의 경우는 아동에게 배변습관을 길러주며 섬유소가 많은 채소류, 과일류를 많이 먹도록 권해야 한다.
- 가끔 원인 없이 경한 복통의 경우 따뜻한 물주머니를 대어주면 증상이 좋아지기도 하나, 화상의 위험이 있을 수 있고 중한 복통도 감소시켜 진단을 늦게 할 수 있으므로 주의해서 사용해야 한다.
- 특별한 원인이 아니라면 배를 따뜻하게 해 주거나 아동에게 정서적인 관심을 가져주면 복통을 완화시킬 수 있다.
- 구토하게 되면 아동을 앉히거나 눕혀서 구토물이 기도로 들어가지 않도록 해야 한다.
- 구토가 어느 정도 진정되면 물 종류부터 소량씩 시작하여 죽, 밥 등으로 식이를 진행한다.

(4) 안전사고 발생 시 응급처치법

① 아동이 넘어진 경우

- 찰과상이란 표피 정도의 가벼운 상처로 대부분 가정에서의 응급조치로도 충분하며, 먼저 치료자의 손을 비누로 깨끗이 씻어준 후 상처 부위를 흐르는 물에 깨끗이 씻어준다.
- 물의 세기가 강한 것을 이용해서 충분히 씻어내어야 파상풍의 감염을 예방할 수 있으며, 필요한 경우 소독약을 이용하고 일회용

밴드를 이용한다.

② 이물질 삼킴

- 사고 발생 시 담배, 의약품, 버튼형 건전지 등을 삼켰을 때 구토시키지 않고 즉시 병원을 방문하며, 의사에게 언제, 무엇을, 얼마만큼 삼켰는지 알린다.
- 이물질을 삼켜 목에 걸렸을 때 대처하는 방법은 다음과 같다.

영유아(돌 이전) 등 두드리기 법

돌까지의 영유아는 영아를 한쪽 팔에 엎드린 자세로 코와 입을 가리지 않게 손바닥에 얼굴을 올려놓는다. 머리를 아래로 향하게 한 후 5회의 등 두드리기와 바로 눕혀 2, 3번째 손가락으로 5회 가슴 밀어내기 방법을 이물이 나올 때까지 교대로 반복 시행한다.

영유아(돌 이후) 등 두드리기 법

돌 이후의 아이는 한쪽 무릎을 세워 허벅지에 엎드리게 한 후 아이의 명치를 압박해 등의 가운데를 손바닥으로 두드린다.

소아 복부 밀어내기

소아의 경우 뒤에서 양팔을 둘러 명치 아래에, 한쪽 손은 주먹을 쥐어 소아의 복부를 위쪽을 향해 압박한다.

③ 화상사고

- 곧바로 15~30분 정도 물로 열을 식히고 물집이 생겨도 터뜨리지 않는다. 이후 화상 부위를 씻고 소독된 거즈를 깨끗한 물이나 식염수에 적셔 덮어준다.
- 주의사항은 저온화상도 증상이 악화될 수 있으므로 병원에서 치료를 받고, 화상 부위에 얼음이나 냉각시트가 직접 닿지 않도록 하며 화상 범위가 넓을 경우 구급차를 부르거나 바로 병원에서 진

찰한다.

④ **심폐소생술**(의식이 없고 호흡이 정지된 경우)

- 영유아는 좌우 유두를 이은 선의 중앙부에서 살짝 아래쪽을 손가락 2개로 가슴이 1/3 정도(4cm) 내려앉을 정도의 강도로 압박한다. 이때 매 30번 압박할 때마다 코와 입을 덮고 3~5초간 2회 숨을 불어준다.
- 소아는 흉부의 아래쪽 절반 부분에 한 손을 대고 가슴의 두께가 1/3 정도(5cm) 내려앉는 강도로 압박한다. 가슴압박과 숨을 불어주는 비율은 모든 소아에서 30번 압박할 때마다 2회 숨 불어주기의 비율(30:2)로 하고, 압박 빈도는 1분에 100~120회이다.

Quiz

어린이 안전사고 유형 및 예방법을 잘 숙지하셨나요?

다음 ○× 퀴즈를 풀고 나의 안전사고 예방 점수가 몇 점인지 확인하세요!

	안전사고 예방을 위한 수칙	○	×
1	영아의 숙면을 위해 푹신한 침대를 사용합니다.		
2	아이가 건전지를 삼켰을 경우 물이나 우유를 마시게 합니다.		
3	서랍장에는 무거운 물건을 윗칸에 두어 서랍장이 넘어지지 않게 합니다.		
4	영아 주변에 크기가 작은 물건이나 장난감을 두지 않습니다.		
5	화상 부위에 얼음을 직접 대어 환부의 열을 내립니다.		
6	안전사고가 가장 다발하는 어린이 발달단계는 '걸음마기'입니다.		
7	블라인드 끈은 어린이 손이 닿지 않는 높이로 조절합니다.		
8	팔을 심하게 부딪혀 타박상이 있는 경우, 곧바로 환부에 온찜질을 합니다.		
9	출혈이 발생한 경우, 상처 부위에 15분 정도 물을 뿌립니다.		
10	영아의 경우, 입과 코를 함께 덮고 너무 강하지 않게 숨을 불어넣어 인공호흡을 합니다.		

10개 모두 정답	9~7개	6~4개	3개 이하
완벽합니다!	거의 완벽하지만, 조금 더 분발해주세요!	분발하세요!	어린이 안전사고 예방을 위한 각별한 주의가 매우 필요합니다.

정답 × × × ○ × ○ ○ × × ○

출처: 한국소비자원 · 여성가족부 · 한국가정진흥원(2019: 10). 어린이 안전사고 예방 가이드.

3 아동건강관리

- 아동기의 건강관리에 대하여 바르게 인식하고 실천한다.
- 영양 및 위생에 대하여 바르게 인식하고 실천한다.
- 일반적 건강관리에 대하여 알고 올바르게 적용한다.

1) 아동건강관리

아동기는 지속적인 성장과 발달이 이루어지는 과정이며 이 시기의 건강상태는 학령기와 성인기에도 영향을 미치게 된다. 아동기의 건강관리는 성인이 관심을 가지고 직접 관리하는 것이 중요하며 이에 따라 아동의 건강관리에 대한 내용을 살펴본다.

(1) 전염성 질환

① 원인과 증상

- **원인**: 전염성 질환은 관련 원인균에 의한 전염으로 주로 비말감염, 직접접촉, 감염자의 기도분비물, 수로 등을 통해 전파한다.
- **증상**: 전염성 질환은 전신쇠약, 식욕부진, 미열, 호흡기이상과 같은 증상이 있으며 수두와 홍역에서 발진이 나타난다.

② 치료와 돌봄

충분한 수분과 영양공급을 적극적으로 권장하고, 볼거리가 있는 경우 통증과 연하곤란이 있어 유동식을 권한다. 해열진통제는 지침에 따라 사용하고 발진 부위를 긁지 않도록 장갑을 끼워 주거나 손톱을 깎아 주고 관심을 돌릴 수 있는 놀이를 하는 것도 좋다. 소양감이 심한 경우는 처방에 의해 항히스타민제를 복용할 수 있으며 피부 보호제를 바른다. 목욕을 짧게 하고, 청결을 유지하며, 볼거리 부위의 압통에는 냉찜질을 하고, 철저한 손 씻기 등을 통해 가족이 보호될 수 있도록 한다.

③ 전염성 질환에 대한 관리

1단계(격리)	2단계(병원 진료)	3단계(가정보육)	4단계(등원)
어린이집에서 발병할 경우	병원 진료 받아오기	가정에서 휴식, 안정	완치 ➜ 소견서 제출
다른 영유아와 격리 비상 연락 : 부모님 귀가조치	병원 진료(병명) 부모 ➜ 어린이집에 보고	가정에서 완치될 때까지 안정을 취함	병원 의사소견서 꼭 제출하고 등원

④ 영유아기에 발생 가능한 일반 전염병

표 Ⅱ-2 전염병 종류와 증상

병명	발생상황	증상	예방대책		
			예방접종	환자격리	유이점
수족구	여름철에 잘 발생	• 38도 정도의 고열 • 1~2일간 입속, 손바닥, 발바닥에 수포	×	○	• 원인이 바이러스이므로 전염력이 무척 강함
유행성 눈병	바이러스가 원인	• 눈이 쓰라리거나 아프고 눈을 자꾸 비빔 • 잠을 자고 일어나면 눈곱 발생 • 밝은 광선에서 견디기 어려워함	○	○	• 수건 분리 사용 • 손 씻기를 통해 개인위생 철저히
유행성 독감	인플루엔자 바이러스가 원인	• 두통, 오한, 열, 구토, 기침 발생 • 증상 후 5일까지 전염성 높으므로 주의	○	○	• 손 씻기를 통해 개인위생 철저히
돌발성 발진	3세 이하의 유아가 잘 걸리며 정확한 원인 미상	• 갑작스러운 고열과 경력이 일어남 • 눈 주위가 부음 • 발진은 반점 상이며 주로 몸통, 목, 귀 뒤에 나타나고 얼굴, 다리에 발생	×	○	• 충분한 수분 공급

전염성 농가진	포도상구균이나 연쇄상구균이 원인 여름철에 발생	• 발진 부위에 수포나 농포를 형성하고, 이것이 터져서 누런 딱지를 형성(불에 덴 것과 같은 모습)	×	○	• 항생제로 치료 가능 • 딱지가 모두 떨어질 때까지 격리

출처: 질병관리청. www.cdc.go.kr 참조.

이외에도 풍진, 뇌막염, 홍역, 장티푸스, 콜레라, 세균성이질, 디프테리아, 장염, 볼거리, 머릿니 등도 바르게 관리되어야 할 것이다.

(2) 일반적 감염관리

감염이 매우 빈번히 발생하는 영아기는 일반적 감염관리 지침을 철저히 지키는 것이 매우 중요하다. 감염병이 유행할 때는 외출을 삼가고 부득이한 외출 후에는 손 씻기 등 개인위생을 철저히 해야 한다.

대부분의 감염성 질환은 호흡기를 통한 비말감염이므로 공기전파를 차단하기 위해 휴지 등으로 기도분비물을 잘 처리한다. 수건이나 그릇 등 개인용품도 분리하여 사용하여 감염전파를 줄인다. 가장 효과적인 예방은 바로 예방접종이므로 예방접종의 종류와 일정을 참고로 예방접종 상황을 잘 이해해야 한다.

영유아 건강을 지키는 데 예방접종의 중요성은 필수적 요소로서 정해진 시기에 반드시 접종해야 하며, 예전염병으로부터 아동의 건강을 지키는 데 있어 필수적이므로 부모 및 어린이집 및 가정 돌봄 종사자의 관심과 관리가 필요하다.

간혹 소아마비나 디프테리아 같은 질병은 우리나라에서 거의 발생하지 않기 때문에 왜 이러한 질병들에 대한 예방접종이 필요한가에 대한 의문을 제기하기도 한다. 과거 유행했던 이 질병들은 예방접종으로 사라지고 있던 질병들로 만약 이 질병들에 대한 예방접종을 실시하지 않는다면 지금까지 잘 관리되고 있는 이 질병들은 다시 대규모 유행할 것이다. 그러면 이로 인해 많은 아동이 감염병에 걸리거나 사망할 것이기 때문에 반드시 접종이 필요하다.

또한 아동의 연령에 따라 예방접종 상태가 모두 다르기 때문에 어린이집 종사자 및 아이돌보미들은 각 아동들의 예방접종 상황을 잘 파악하여 이를 체계적으로 관리할 필요가 있다.

2) 영양 및 위생

(1) 시기별 영양관리

표 Ⅱ-3 시기별 영양관리

시기	영양관리
영아기	• 6개월 이후 단백질의 공급을 중요하게 고려하여 이유 식이를 계획해야 한다. • 4~6개월부터 단백질뿐만 아니라 무기질 등의 영양을 보충 공급해 주기 위해 이유식이 필요하게 된다. • 생후 1년까지 아주 빠르게 뇌 성장이 일어나고, 뇌세포의 수와 크기의 증가하므로 영양을 충분하게 공급해야 한다. • 생후 1년 내에 세포 증식이 왕성한 기간에 지방 세포수를 늘여 놓으면(early onset obesity), 언제든지 비만이 될 수 있다. 따라서 영아의 수유 및 이유 시 지나치게 당과 지방 함량이 많은 식재료는 이유식을 만들 때 피해야 한다. • 영아는 소화기관의 기능이 약하므로 소화 흡수가 잘 되도록 하는 수유 및 이유 방법을 선택해야 한다.
유아기	• 위 용량은 약 500mL 정도이므로 세 끼 식사 외에 간식을 제공하여 필요한 에너지와 영양소를 공급하도록 한다. • 치아도 3세경이면 유치 20개가 모두 나와서 고형음식을 씹고 삼키는 기술이 크게 발달하게 된다. • 발달에 적합한 건강한 식단을 통한 영양공급이 중요하다. • 유아기 후반부에는 숟가락은 물론 젓가락까지도 사용하게 된다. 숟가락과 젓가락의 이용은 단순히 식사기술뿐만 아니라 두뇌발달 등에도 긍정적인 영향을 미치므로 바르게 사용할 수 있도록 한다.
학령기	• 만 6세에서 만 11세까지의 초등학교 시기는 청소년기에 일어날 제2의 급격한 성장과 성 성숙을 대비하여 준비하는 기간이다. • 세 끼 식사를 통해 에너지필요량을 공급하고 필요할 경우 간식을 포함하여 적당히 배분한다. • 한 끼 식사에 각 식품군이 모두 포함되도록 다양한 식품을 제공한다. 특히 양질의 단백질식품, 칼슘공급을 위한 하루 2컵 이상의 우유 및 유제품, 녹황색채소와 과일을 충분히 제공한다. • 지방, 포화지방, 콜레스테롤, 나트륨 등을 주의 깊게 제한하기 시작할 시기이다.

시기	영양관리
	• 에너지만 있고 다른 영양소가 함유되지 않은 탄산음료, 사탕, 튀김과자 등의 식품을 간식으로 제공하지 않도록 하고 너무 달고, 짜고, 자극성이 강한 음식은 제공하지 않는 것이 좋다.

출처: 한국건강가정진흥원(2019: 141-144). 아이돌보미양성교육교재. 재구성.

(2) 영양관리 시 주의사항

- 과다한 당과 소금, 지방, 트랜스지방을 줄이고 비만과 편식, 식품알레르기 등에 대하여 세심한 배려로 식사를 제공한다.

(3) 위생적인 식사관리

- 가공식품의 선택에서는 영양성분 표시확인을 하고, 신선식품은 농수산식품부의 신선식품 표시제를 확인하여 구입하며, 식품의 조리에서는 우선 구매 시 1시간 내에 이루어지도록 하고 유통기한을 확인한다.
- 식품의 보관은 신선식품은 조리 전까지 냉장보관이 이루어지도록 하고, 가공식품 등을 적절한 보관방법에 따라 보관한다.
- 식품의 조리는 조리 전 개인위생을 철저히 하고(손을 깨끗이 씻고, 모자는 머리카락이 빠지지 않도록 쓰고, 반지는 빼고) 조리한다.
- 전처리과정에서는 재료는 깨끗이 씻고, 채소나 과일은 1~2분 정도 담갔다 2~3회 정도 흐르는 물에 씻고, 세척제가 남지 않도록 한다.
- 조리 시에는 교차감염이 일어나지 않도록 칼이나 도마의 위생을 철저히 하고 용도별로 도마를 구분하여 사용한다. 음식을 끓이거나 구울 때는 충분히 가열하도록 한다.

3) 일반적 건강관리

(1) 수면 및 배변

① 수면

아이들의 수면시간이 짧고 저녁에 늦게 잠이 들수록 수면에 대한 문제가 많아진다. 낮잠 시에는 수면의 질이 어떠한지 관찰이 필요하고, 밤에 수면의 형태는 어떠한지를 부모님과 말씀을 나누고 적절한 낮잠지도가 이루어져야 한다.

모든 아동이 정해진 시간에 잠이 드는 것이 아니므로, 아동의 수면 문제에서 야기된 고통은 어린이집 교사나 부모에게 그 어느 것보다 어려움을 준다. 특히 아동들의 수면시간이 짧고 저녁에 늦게 잠이 들수록 부모들은 어려움을 호소한다.

아동들이 낮잠 잘 때도 코를 고는지 입을 벌리고 자는지 관찰이 필요하고, 문제가 발견되면 밤에 자는 데 어려움이 없는지 수면시간이 충분한지 등을 부모님과 의논할 필요가 있다.

표 Ⅱ-4 연령에 따른 수면 형태

0~3개월	대부분 신생아는 16~20시간을 자고, 아직은 밤낮의 구별이 생기지 않은 시기라 밤낮을 가리지 않고 깨거나 잠. 신생아의 수면 주기는 50분 정도이고 낮과 밤에 따라 자는 것과 깨어 있는 것을 조절할 능력이 없음. 다만 배고프면 일어나고 배부르면 잠. 모유 수유아는 더 자주 깨고, 우유를 먹이면 높은 단백농도 때문에 더 길게 잠. 이 시기에는 불규칙하고 자주 깨 엄마를 힘들게 함. 3개월쯤 되면 뇌 발달과 맞추어 밤낮의 구별이 되는 더 성숙한 수면 형태가 됨.
3~6개월	첫 3개월까지는 배고픔에 의해 아기가 밤낮으로 깨지만 생후 2~3개월부터는 밤낮의 구분이 생기며 아기는 밤에 5시간 이상을 푹 자기 시작함. 수면 주기가 어른에 비해서는 짧아 자주 깨기는 하지만 아기가 좋은 수면 습관을 갖도록 하려면 먹이는 것과 안고 흔들어 재우는 것을 조금씩 줄이면서 잠들게 하여야 함. 아침에 햇빛이 방에 들어오게 하고, 밤에는 어둡게 하며, 기저귀를 갈거나 먹일 때만 작은 전구를 켜도록 함.
6~12개월	6개월경 아기가 매우 발달하여 근육의 힘도 강해지고 앉을 수 있음. 아기는 주변의 모든 자극에 잘 반응하며, 반 이상의 아기가 분리불안 때문에 잠들기를 거부하고 자주 깨는 습성이 시작되는 시기임. 낮에 활동 양이 많은 것과 분리불안이

	생기기 시작하는 시기라 밤에 깨는 횟수가 부쩍 늘어남. 이 시기에 밤에 깰 때 엄마들은 흔히 먹이거나 안아주거나 하여 재우는데, 가능하면 아기 혼자 스스로 자게 유도해야 아기도 엄마도 밤에 푹 잘 수 있는 좋은 습관이 들게 됨. 9개월에 70~80%의 영아는 한 번에 6시간 정도 밤 내내 잠. 치아도 나오기 시작하므로 우유병이나 젖을 물고 잠을 자지 못하게 하고 이를 닦이는 습관을 들임. 영아는 보통 낮잠을 두 번 잠.
만1~3세	만 1~3세에는 하루에 12시간 정도의 수면이 필요함. 밤에 아기가 잠깐 깰 수도 있음. 아기는 6개월에야 밤에는 자야 한다는 것을 배우기 시작하고 확실히 자리 잡는 것은 2세경임. 그러나 아기는 아직 1~2번의 낮잠이 필요하고 수면은 주로 오후 짧은 낮잠과 밤잠, 두 단계를 보임.
만3~5세	만 3~5세 아이는 11~12시간 정도 잠이 필요함. 잠은 밤에 자고, 낮잠은 하루 한 번 정도로 줄어들며 만 5세 정도가 되면 낮잠은 대부분 없어짐.

출처: 한국건강가정진흥원(2019: 215). 아이돌보미양성교육교재. 재구성.

② 배변(대소변 가리기)

표 Ⅱ-5 배변지도

배변	배변지도
대변	• 옷 입은 상태에서 변기에 앉혀두기(하루에 3~5분) 일주일 동안 실시한다. • 장운동이 활발한 아침시간에 실시한다. • 부모/형제/교사의 화장실 이용 시 볼 수 있도록 한다. • 기저귀를 차지 않은 상태로 용변기에 앉혀둔다. • 변기를 점점 화장실 쪽으로 가깝게 둔다. • 대변 직전의 신호와 표정 등을 잘 살핀다. • 원하는 시간 동안 변기에 앉아 있을 수 있도록 한다. • 아이에게 물은 후 낮 동안 기저귀를 빼고 영유아용 팬티를 입힐 수 있다.
소변	• 영유아의 발달에 맞춰 실시한다. • 15개월에는 실수한 것을 알고, 20개월쯤 소변 욕구를 알아챈다. • 3세 반쯤에는 방광이 가득 찬 감각을 알아차리고 참을 수도 있다. • 5세경에는 방광이 차지 않아도 마음대로 소변을 눌 수 있다.

표 Ⅱ-6 '소변 가리기' 훈련을 시작할 수 있는 성장단계에서의 내용

1. 유아용 변기 의자를 사용하려 하거나, 형/누나의 내의를 입으려고 함.
2. 옷을 내리고 올릴 수 있음.
3. 독립성을 나타내고, '아니요.'라는 말을 함.
4. 부모의 행동을 모방함.
5. 간단한 지시에 따르고, 앉고, 걷기를 할 수 있음.
6. 기저귀가 젖은 것을 표현하고, 깨끗한 기저귀를 원함.
7. 소변을 보고 싶다는 것을 말하거나, 표정(얼굴과 뺨이 붉게 되는 등)을 짓거나, 행동(발끝으로 춤을 추는 듯이 하는 행동이나 웅크려서 한쪽 발꿈치로 항문 쪽을 누르는 자세 등)으로 나타냄.

출처: 한국건강가정진흥원(2019: 132). 아이돌보미양성교육교재. 재구성.

(2) 치아관리

① 3세까지

- 첫 이가 나온 후부터 손가락에 거즈를 말아서 또는 실리콘 칫솔을 사용한다.
- 칫솔은 작은 것부터 사용한다.
- 삼켜도 되는 치약을 사용한다.
- 18개월까지는 성인 두 명이 무릎을 맞대고 영아를 눕혀서 이를 닦아준다.

② 3~6세까지

- 불소가 들어 있는 치약을 사용한다(완두콩만큼).
- 씹는 면, 바깥 면, 안쪽 면을 꼼꼼히 닦는다.
- 초등학생이 될 시점까지는 확인하여 닦아준다.

(3) 아토피 관리

- 피부는 늘 깨끗하고 촉촉하게 유지하도록 관리하여야 한다.
- 적절한 온도와 습도를 유지하는 환경을 만들어 준다.
- 면 소재의 옷을 입히고 손톱은 짧게 깎아 준다.

- 정확한 진단을 통해 원인물질을 찾아 피한다.
- 모유를 수유하고 이유 보충식은 6개월 이후에 시작한다.
- 집 안에서 애완동물을 기르지 않는 것이 좋다.
- 전문의의 진료에 따른 약물요법은 환자에게 도움이 된다.
- 심한 스트레스나 급격한 온도 변화는 아토피피부염을 악화시킬 수 있으므로 주의한다.
- 과학적으로 검증되지 않은 치료법은 전문의와 상담한 후에 결정한다.
- 아토피피부염의 올바른 치료와 예방으로 천식과 알레르기 비염을 예방할 수 있다.

(4) 아토피피부염 아이가 병원에 꼭 가야 하는 경우

- 피부 염증이 지속적이고 가려움이 심하여 생활에 지장을 주는 경우
- 아토피피부염으로 진단을 받았으나 치료에 잘 반응하지 않는 경우
- 아토피피부염을 악화시키는 알레르기 물질을 확인해야 하는 경우

출처: 한국건강가정진흥원(2019: 134). 아이돌보미양성교육교재. 재구성.

- **피부관리** : 목욕은 1회 정도, 비누는 약산성 보습비누 사용, 보습제는 개인의 피부에 맞게 적절하게 사용한다.
- **환경관리** : 온도는 18~23℃, 습도는 40~50% 유지, 옷이나 이불 등은 모두 면제품을 사용, 실내 환경에서는 집먼지 진드기에 대한 철저한 대처가 필요하다.
- **식품관리** : 알레르기 식품(계란, 우유, 땅콩, 밀, 생선 등)은 성장을 고려하여 제한하고, 알레르기 의심 시에는 의사의 진료를 받고 식품의 제한 여부를 결정한다.

(5) 영유아 건강검진

6개월 이전의 영아에 대해서는 1~2개월 간격, 돌 전후에는 3개월 간격, 만 2~4세에는 6개월 간격, 그 이후에는 1년에 한 번 정도의 간격으로 평

가하는 것이 필요하다. 질병의 발견이 포함되지만 그보다는 질병의 예방, 건강증진, 건강교육이 포함되어야 한다.

표 Ⅱ-7 영유아 건강검진표

검진시기		검진내용	검진항목
1차	생후 4~6개월	건강검진	문진 및 진찰, 신체계측, 건강교육
2차	생후 9~12개월	건강검진	문진 및 진찰, 신체계측, 발달평가, 건강교육
3차	생후 18~24개월	건강검진	문진 및 진찰, 신체계측, 발달평가, 건강교육
	생후 18~29개월	구강검진	구강문진 및 진찰, 구강보건교육
4차	생후 30~36개월	건강검진	문진 및 진찰, 신체계측, 발달평가, 건강교육
5차	생후 42~48개월	건강검진	문진 및 진찰, 신체계측, 시력검사, 발달평가, 건강교육
	생후 42~53개월	구강검진	구강문진 및 진찰, 구강보건교육
6차	생후 54~60개월	건강검진	문진 및 진찰, 신체계측, 시력검사, 발달평가, 건강교육
	생후 54~65개월	구강검진	구강문진 및 진찰, 구강보건교육
7차	생후 66~71개월	건강검진	문진 및 진찰, 신체계측, 시력검사, 발달평가, 건강교육

출처: 한국건강가정진흥원(2019: 136). 아이돌보미양성교육교재. 재인용.

Ⅲ

아동발달의 이해

1 영아발달의 이해

- 영아기 신체운동발달의 특성에 대해 이해한다.
- 영아기 인지발달과 언어발달의 특성에 대해 이해한다.
- 영아기 정서발달과 사회성발달의 특성에 대해 이해한다.

1) 발달의 정의

(1) 발달의 개념

발달(development)이란 난자와 정자가 수정되는 순간, 즉 수태에서부터 시작되는 계속적인 과정을 말한다. 수태하는 순간부터 세포분열이 시작되는데, 하나의 세포인 수정란은 수백만 개의 세포가 형성될 때까지 아주 빠른 속도로 분열을 계속한다(정옥분, 2013). 즉, 발달은 임신부터 사망에 이르기까지 전 생애에 걸쳐 시간이 경과함에 따라 일어나는 일련의 변화로서 양적(quantitative) 또는 질적(qualitative)으로 변화하는 과정이다.

(2) 발달의 원리

첫째, 발달과정에는 일정한 순서가 있다.

둘째, 발달은 일정한 방향(상부→하부, 중심→말초, 전체→세부)으로 진행된다.

셋째, 발달은 연속적인 과정이지만 발달의 속도는 일정하지 않다.

넷째, 발달의 각 영역은 상호 밀접한 연관이 있다.

다섯째, 발달에는 민감한 시기(sensitive period)가 있다.

여섯째, 발달에는 개인차가 있다.

(3) 영아발달의 중요성

인간의 발달은 일평생 이루어지지만 기초성, 적기성, 누적성, 불가역성 등의 특성이 있기 때문에 영아기의 발달은 더욱 중요하다. 구체적으로 영아기 발달이 중요한 이유는 첫째, 영아기는 신체발달의 기초를 구축하는 시기이다. 둘째, 영아기는 정서발달의 기초를 구축하는 시기이다. 셋째, 영아기는 사회성발달의 기초를 구축하는 시기이다. 넷째, 영아기는 언어발달의 기초를 구축하는 시기이다. 다섯째, 영아기는 인지발달의 기초를 구축하는 시기이다.

2) 영아기 발달의 특징

(1) 0세(0~12개월) 발달의 특징

주요 발달특징은 주양육자와의 애착이 형성되고, 사회적인 미소를 짓고 옹알이를 시작하며, 오감을 통해 사물을 탐색하고 차츰 의도적인 행동을 시도한다. 또한, 신체이동 능력이 증가하고 낯을 가리고 격리불안을 느끼며 간단한 사회적 놀이를 즐기며 한 단어에서 네 단어를 말할 수 있으며 대상 영속성이 발달한다.

① 신체발달

표 Ⅲ-1 0세(0~12개월)의 대근육 · 소근육 발달

대근육 발달	소근육 발달
• 3~4개월경 혼자서 몸을 뒤집고 뒤를 받쳐 주면 앉음 • 6개월경 기는 동작을 통해 자기 힘으로 돌아다닐 수 있음 • 7개월경 손으로 바닥을 짚고, 8개월경이 되면 배밀이를 통해 몸을 이동시킬 수 있으며, 혼자 앉기 시작함 • 10개월경 혼자 앉을 수 있으며, 두 손으로 가구를 잡고 그 주변을 걸음 • 12개월경 혼자 일어설 수 있고, 어른이 붙잡아 주면 걸을 수 있음	• 3~4개월경 손을 폈다가 주먹을 쥐고 대상을 보고 손을 뻗음 • 6~7개월경에는 손바닥으로 물건을 쥐고 손목을 돌림 • 8개월경이 지나면서 손을 뻗치는 행동과 잡기 능력을 조정하기 위해서 시각 활동을 강화시킴 • 9~10개월경 장난감을 집어서 상자 안에 넣을 수 있음 • 영아의 눈과 손, 눈과 발 등 감각 기관과 운동 능력 간의 협응 능력이 발달하게 됨

② 인지 · 언어발달

인지는 넓은 의미에서 감각, 지각, 이미지 형성, 판단, 추리 등 인간이 어떤 사물이나 사상에 대한 지식을 획득하거나 그 지식을 사용할 때 작용하는 모든 정신적 과정 내지는 기능을 총칭하는 의미로 사용된다. 영아기의 인지발달을 위해서는 시각, 청각, 미각, 촉각, 후각 등의 다양한 감각적 자극이 필요하다.

언어는 인간 고유의 특성이며 본 것, 느낀 것, 경험한 것에 대한 해석을 표현하는 창의적인 도구이다. 영아기에는 음성체계와 의미체계의 발달이 매우 빠른 속도로 이루어진다(정옥분, 2013). 특히 영아의 언어발달이 미치는 영향력을 살펴보면 첫째, 언어발달은 곧 인지발달과 연결된다. 둘째, 언어발달은 상징체계에 대한 이해발달로 창의성을 발달시킨다. 셋째, 언어발달은 정서와 사회성발달에 영향을 미친다.

따라서 부모나 주양육자의 상호작용은 가장 중요한 언어발달의 변인이므로 양질의 언어적 자극과 상호작용이 주어져야 한다.

표 Ⅲ-2 0세(0~12개월)의 인지 · 언어발달

인지발달	언어발달
• 오감각을 통해 환경을 적극적으로 탐색하기 시작함 • 흥미 있는 결과를 기대하며 반복하여 행동하기를 즐김 • 대상 영속성이 발달하며, 사라진 물체를 당기는 끈을 사용하여 찾아냄 • 자기 이름을 알아듣고 명명된 물체를 가리키거나 간단한 명령을 따르기 시작함 • 과거 사건을 기억하는 능력이 발달되며, 간단한 문제를 해결하는 능력이 생김	• 울음으로 시작된 의사표현은 차츰 쿠잉과 옹알이로 변화함 • 5개월경 '마마' 등의 의미 있는 옹알이를 하며 자신의 귀로 들으면서 활동을 계속함 • 6개월경 '마, 다, 나'와 유사한 발음을 하며 소리 나는 쪽으로 고개를 돌림 • 9~10개월경 의도적으로 다른 소리를 모방함 • 10개월경 발화된 단어의 단서에 반응하기 시작함

③ 정서 · 사회성발달

영아의 정서는 자신이 현재 경험하고 있는 느낌과 감정을 타인에게 알려주는 의사전달 및 특정 자극에 대해 특정한 행동을 하도록 하는 동기부

여의 기능을 가지고 있다. 즉, 사회적 접촉을 촉진시키고, 양육자로 하여금 그들의 행동을 영아의 욕구나 목표에 맞추도록 돕고, 사회적 거리를 조절하고 사회적 환경을 통제하는 수단으로 사용된다.

정서의 종류로는 기분 좋은 정서와 불쾌한 정서, 일차 정서(행복, 분노, 슬픔, 공포)와 이차 정서(자부심, 당황, 수치심)가 있으며, 일차 정서는 기쁨과 슬픔, 놀람과 분노의 순서로 발달한다.

영아의 사회성은 평생 동안 발달하고 변화하지만 영아기는 지속적인 영향을 미치는 결정적 시기이므로 생애 초기에 맺는 사회적 관계와 사회적 행동의 발달은 성인기까지의 행동에 근간이 되므로 매우 중요하다.

표 Ⅲ-3 0세(0~12개월)의 정서 · 사회성발달

정서발달	사회성발달
• 3개월경 소리 내어 웃기 시작함 • 3~6개월경 예측할 수 있으며, 미소 짓고 목을 울리는 소리를 내면서 좋아함 • 4~5개월 사이에 영아는 주양육자와 밀접한 심리적 유대감을 형성하게 됨 • 5개월경 감정이 세분화되기 시작하며, 6개월이 되면 새로운 사람에 대해 전보다 두려움을 나타냄	• 생후 3개월부터 주양육자와의 애착이 이루어지므로 양육자는 일관된 태도로 영아를 양육해야 함 • 5개월경 영아는 자기에게 낯선 사람과 친숙한 사람을 분명하게 구분함 • 6개월경 다른 영아를 보고 미소를 짓거나 손으로 만지고, 옹알이를 함

④ 애착

애착은 영아기에 나타나는 가장 중요한 사회적 발달이며, 영아와 주양육자 간에 형성되는 친밀한 정서적 유대감으로 타인에 대한 기본적 신뢰감을 형성하는 데 기초가 된다.

주양육자와의 애착이 형성되면서 주양육자와 분리될 때 분리불안 및 낯선 사람에 대한 낯가림이 심해지지만 애착이 안정적으로 형성됨에 따라 점차 감소하게 된다.

양육자가 일관되게 영아의 신체 보호와 생리적 욕구 등을 충족시켜 주면, 영아는 자신을 스스로 가치 있는 사람으로 인식하게 되고 주변 환경

에 대한 신뢰감도 가지게 된다.

안정된 애착을 형성하기 위해서는 영아의 신호에 신속하고 적절하게 반응하고 영아 행동의 숨은 의도를 읽어주는 민감한 양육, 신체적 접촉의 질과 양으로 보듬는 양육, 일관성 있는 양육행동이 필요하다.

(2) 1세(13~24개월) 발달의 특징

주요 발달특징은 성인에게 애정을 표현하고 자아개념이 생기기 시작하며, 끊임없이 탐색을 시도하고 행동의 결과를 관찰하며 자신의 놀이를 발달시킨다. 또한, 자신의 정서를 강하게 표현하고 사물을 명명하면서 어휘가 아주 급속히 증가하며 강한 행동으로 자신의 정서를 표현한다.

표 Ⅲ-4 1세(13~24개월)의 발달영역별 특징

발달영역		발달특징
신체발달	대근육 발달	• 15개월경 영아는 거의 넘어지지 않고 혼자 서고 걸을 수 있음 • 21개월경 난간을 잡고서 계단을 오르내릴 수 있음 • 24개월경 몸의 균형을 잡고 공을 앞으로 칠 수 있음 • 스스로 옷을 벗을 수 있으나 입을 때는 도움이 필요함
	소근육 발달	• 13개월경 책장을 넘기는 것을 도울 수 있으며, 연필로 낙서하는 것을 모방하려고 함 • 18개월경 3~4개의 나무토막을 쌓을 수 있게 됨 • 18개월이 지나면서 숟가락을 잘 다룰 수 있게 됨 • 도구를 사용해 장난감을 끌어 올 수 있음 • 자신이 주로 사용하는 손이 결정됨
인지발달		• 문제를 해결하는 데 있어 새로운 행동을 시도하고 시행착오를 하게 됨 • 블록으로 간단한 구성물을 만들고, 놀잇감 쌓기 및 간단한 퍼즐을 함 • 호기심을 가지고 끊임없이 시행착오를 거듭하면서 탐색을 시도함 • 대상 영속성 및 인과관계의 개념을 이해함 • 비슷한 물건을 분류하고 짝 맞추기를 함
언어발달		• 18개월경 그림 카드에서 흔한 물건 하나 정도를 맞출 수 있음 • 그림책을 보고 듣는 것과 동요를 좋아함 • 사물을 명명하면서 급속히 증가함 • 그림책 속의 행위를 정확하게 식별할 수 있으며, 행위에 대해 알아맞힘 • 24개월이 되면 서너 개의 단어로 된 문장을 구사하고 대소변, 음식, 음료수 등 자신에게 필요한 것을 말로 표현함

정서발달	• 분노, 부끄러움, 공포의 정서가 발달하지만 표현방법이 세분화되지 못하여 대개는 화를 내거나 짜증을 부리거나 우는 것으로 표현하는 경우가 많음 • 1~2세 사이에 떼쓰기가 나타나며, '싫어'라는 부정적인 태도를 자주 표현함 • 성인에게 애정을 표시하며, 부드러운 놀잇감과 인형을 선호함 • 성취감을 통해 긍정적인 자존감을 발달시킴
사회성발달	• 대개 혼자놀이를 함 • 18개월경 장난감에 줄을 매달아 주면 끌고 다니면서 놀이함 • '나, 내 것' 등의 언어를 많이 사용하며, 성인에게 자신의 일을 스스로 하고자 하는 강한 의지를 표현하게 됨 • 24개월 영아는 본인의 의지를 표현하고자 하는 시도로 주변의 모든 것을 반대하기도 함

(3) 2세(25~36개월) 발달의 특징

주요 발달특징은 운동기능이 발달하고 신체 움직임이 유연해지며 자신의 감정을 다른 사람이 알아주기를 원한다. 또한, 친구들에게 관심을 갖기 시작하며 언어를 사용하여 어른들과 교류하며 주변을 탐색하기 위해 질문, 조작, 분류, 측정을 사용한다.

표 Ⅲ-5 2세(25~36개월) 발달영역별 특징

발달영역		발달특징
신체 발달	대근육 발달	• 평행선 따라 걷기, 반듯한 선 따라 걷기를 할 수 있음 • 뛸 수도 있고 뒤로 걸을 수도 있음 • 얇은 평균대 위에서 불안정하지만 발을 바꾸어 걸을 수 있음 • 뛰다 갑자기 서기 등 속도 조절이 가능함 • 세발자전거 타기가 가능하며, 정지해 있는 큰 공을 발로 찰 수 있음
	소근육 발달	• 빨대를 사용하여 우유를 마실 수 있음 • 큰 구슬을 꿸 수 있으며, 문 손잡이나 핸들을 돌릴 수 있음 • 다른 사람을 따라서 종이를 반으로 접을 수 있음 • 1~2세 반 사이는 팔 전체를 사용하여 점이나 선을 그림 • 2세쯤에는 세로줄을 보고 따라 그릴 수 있음
인지발달		• 2세를 전후하여 시냅스와 뇌세포가 연결되는 과정이 가장 빠르게 일어나며 뇌 크기가 80%에 도달함 • 상상력이 발달하며 가상놀이가 나타남 • 같은 모양의 도형을 분류할 수 있음 • 크고 작은 것의 차이를 알며, 원인과 효과를 따지기 시작함 • 사물을 분류하고 양, 수, 공간과 시간에 대한 제한된 생각을 발전시키기 시작함

언어발달	• 의사소통 능력이 증가하며 다른 사람의 대화에 흥미가 증가함 • 자기와 계속 이야기하기를 원하며 사람이나 물체의 이름에 대해 질문함 • 단어 수가 확대되며(약 1,000여 개) 사용하는 단어보다 더 많은 말을 알고 있음 • 수와 색 이름을 말함 • 질문하고, 질문에 답할 수 있음
정서발달	• 감정을 강하게 표현하며, 감정에 대한 여러 가지 기술을 완성해 나감 • 가끔씩 반항심을 가지고 좌절하거나 성질을 부림 • 자아에 대한 감정이 계속해서 발달함 • 자기 세계에 대한 통제력을 느끼기 위해 공격성을 사용할 수 있음 • 도움의 필요성을 깨닫지만 보다 독립적으로 되어감
사회성발달	• 자기 자신을 이름으로 부름 • 탈중심화가 되어 자기통제능력이 향상됨 • 도덕적 행동에 대한 초보적인 개념이 형성되는 시기로 양심이 발달함 • 다른 사람의 관심을 얻으려고 하고, 다른 사람과의 접촉을 원함 • 간단한 소꿉놀이를 시작하며 병행놀이, 협동놀이가 나타남

2 유아발달의 이해

- 유아기의 신체·운동발달의 특성에 대해 안다.
- 유아기의 인지·언어발달의 특성에 대해 안다.
- 유아기의 사회·정서발달의 특성에 대해 안다.

1) 유아기 신체·운동발달

유아기는 영아기에 비해 신체가 성장하는 속도는 완만하지만 꾸준한 성장이 이루어지는 시기이다. 즉, 신장, 체중, 근육량이 증가하면서 운동 능력이 발달한다.

(1) 신체발달

유아기의 신체적 성장 모습은 영아에 비해 유아들의 다리와 몸통은 더 길어지고 가늘어지며 신체비율에서 머리가 차지하는 비율은 급격히 감소한다. 유아의 다리와 몸통은 머리에 비해 더 빨리 자라며 체지방도 천천히 지속적으로 감소하여 배가 나오고 통통했던 영아기의 모습에서 길고 홀쭉한 모습으로 변하게 된다. 일반적으로 다리가 몸통의 길이보다 더 빨리 성장하고 남아가 여아에 비해 더 많은 근육량과 골량을 가지고 있으며 남녀 모두 유아기를 거치면서 지방조직이 점차 감소한다. 반면 키와 몸무게는 남아가 여아보다 앞선다.

(2) 운동발달

영아기에 나타나던 단순한 반사운동은 신체조직의 성숙과 감각기능의 발달로 사라지고, 시각과 손발 운동의 협응이 가능하게 되어 걷기, 달리기, 오르기, 던지기, 받기, 차기, 도약과 같은 활발한 운동기능을 위한 대근육 운동기능이 발달한다. 춤, 공놀이, 체조 등 여러 신체활동에 중요한 유연성은 연령이 증가하면서 향상된다. 공간에서 몸을 일정한 자세로 유지하기 위해서는 균형능력이 필요하며 이는 게임이나 운동에서 중요한 요인이 된다. 따라서 유아기에는 걷기와 달리기, 뛰기, 균형잡기, 계단 오르내리기, 공 던지기 등의 대근육 운동능력이 발달하는 시기이다.

또한, 유아기에는 특히 손의 조작운동이 정확해지며 급속히 발달한다. 소근육 운동발달은 눈과 손의 협응력과 소근육의 통제기능이 급격히 증진되면서 발달하는데, 이는 지각이나 운동을 뒷받침해 주는 중추신경 및 대뇌 발달이 수반되어야만 가능하다.

일반적으로 대근육 운동발달은 남아가, 소근육 운동발달은 여아가 앞서는 경향을 보이며, 운동기술의 발달은 원래 점진적인 계열성을 지니고 있기 때문에 어떤 단계의 습득은 반드시 전 단계에서 학습된 기술의 바탕 위에서만 가능하다(이기숙 외, 2017: 191).

(3) 뇌 발달

유아기는 영아기만큼 빠른 속도는 아니지만 뇌와 신경계의 계속적인 성장과 신체적 협응, 지각, 주의, 언어, 논리적 사고와 상상 등의 발달이 이루어진다. 특히 대뇌의 세포 성숙도는 몸의 움직임을 정리하고 제어하는 역할을 하므로 유아들의 운동발달에 영향을 미친다.

유아기 동안 뇌의 무게는 성인의 90% 정도로 성장하고 뇌 무게의 80% 정도는 대뇌피질이 차지한다. 대뇌피질 중 신체의 왼쪽 부분을 관장하는 우반구는 공간지각능력, 비언어적 소리 및 부정적 정서의 표현을 관장하며, 신체의 오른쪽 부분을 관장하는 좌반구는 언어능력, 긍정적 정서의 표현을 관장한다. 좌반구와 우반구 간의 협응, 즉 눈과 손의 협응은 눈으로 본 글자나 숫자를 손으로 쓸 수 있게 한다.

2) 유아기 인지 · 언어발달

유아기는 눈에 보이지 않은 것을 기억하고 표현하는 능력이 발달되어 영아기에 비하여 사고의 폭이 넓어진다. 또한 유아가 사용하는 문장의 길이가 길어지고, 이로 인해 문법규칙의 활용과 언어적 의사소통의 정교화가 이루어진다.

(1) 인지발달

유아기는 피아제(Piaget)의 인지발달 단계 중 전조작기에 해당되며, 이 시기의 유아는 이전 감각운동기 영아기보다 표상과 상징이 가능하게 된다. 전조작기 인지발달의 주요 특성은 다음과 같다.

표 Ⅲ-6 전조작기 인지발달의 주요 특성

구분	주요 특성
실재론	이 세상에 모든 것이 실재적인 형태로 존재한다고 믿고, 상상과 현실 상황을 구분하지 못하는 사고의 특성
물활론적 사고	모든 사물은 살아 있어 생각하고 느낄 수 있으며, 각자의 의지에 따라 움직인다고 생각하는 것
변환적 추론	어떠한 사건이나 현상을 이해하는 과정에서 적절한 인과관계에 의하여 추론하는 것이 아니라 서로 관련 없는 두 가지 사건을 원인과 결과의 관계로 연결시키는 것
보존개념의 결여	어떤 대상의 외형이 변하더라도 그 대상의 양 · 길이 · 면적 · 양(액체) · 질량 · 부피 등의 물리적 속성은 변하지 않는다는 것을 이해하는 것
비가역적 사고	역추리의 능력이 없는 것으로, 일단 변형된 상태가 다시 원래의 상태로 되돌아간다는 것을 이해하지 못하는 것
상징적 사고	사실이나 생각, 느낌 등을 기호나 행위를 통하여 나타내는 것
인공론적 사고	세상의 모든 물건이나 자연현상 등이 인간의 필요에 의해 만들어졌다고 생각하는 것
자기중심적 사고 (자아중심성)	모든 사람을 자신의 관점에서만 보는 것
중심화	어떤 사물이나 현상을 인지함에 있어 자극의 모든 측면을 탐색하지 못하고 가장 눈에 띄거나 흥미로운 한 가지 자극에만 초점을 맞추고 다른 측면들은 무시해 버리는 현상
유목포함 개념의 부족	유목포함 개념이란 부분과 전체의 논리적 관계, 즉 상위유목과 하위유목 간의 위계적 관계를 이해함으로써 전체는 부분보다, 상위유목은 하위유목보다 그 양이 항상 많다는 것을 이해하는 능력

(2) 언어발달

유아기의 언어발달 과정은 음성언어와 문자언어로 구분된다. 음성언어의 발달과정은 어휘, 문법, 의사소통 능력의 발달을 중심으로 한다. 어휘력은 유아기에 가장 급속하게 발달하며 3세경에 약 1,000개 정도, 5세경에는 약 2,200개의 어휘를 습득한다. 어휘의 양적 증가는 단어의 의미 이해를 촉진하며 유아의 인지적 발달과 함께 한 단어의 의미를 획득해 가는 과정에서 그 단어에 대한 의미가 풍부해지는 수평적 어휘확장과 한 단어의 의미체계를 다시 분류하여 이에 준하는 새로운 단어를 획득하는 수직적 어휘확장의 과정을 갖게 된다. 또한 문장구성 능력의 발달은 유아기로 접어들면서 세 단어 이상을 사용하는 다어문 시기로 들어가게 되며, 문법 규칙 및 동사의 활용 등 정교한 문장 구성이 가능해진다. 언어의 가장 중요한 기능인 의사소통기술은 대화 시 차례를 지키는 것, 대화내용을 조직하는 것, 의사소통 과정에서 적절한 반응을 보이는 것 등으로 실질적인 의사소통 과정은 유아기에 이루어진다고 할 수 있다.

문자언어의 발달은 읽기와 쓰기로 구분된다. 유아의 읽기발달 과정은 주변에서 접하는 상징물 등을 통해 글자를 인식하게 되는 1단계, 글자와 글자의 이름을 연결지어 짝을 맞추는 2단계, 단어를 읽고 해독하는 3단계로 글자의 의미를 이해하게 된다. 설스비(Sulzby)는 유아의 읽기 행동에 대해 유아가 음성언어와 문자언어를 적용하는 행동과 이야기 내용의 이해 등을 고려한 4단계를 제시하였다. 제1단계는 가장 미숙한 읽기의 단계로 이야기가 형성되지 않는 그림 읽기 시도 단계로 명명하기, 지적하기 등이 포함되고, 제2단계는 그림을 보면서 대화체로 표현하며 읽기를 시도하는 단계, 제3단계는 그림 없이 문자를 읽는 시도를 하게 되며, 부분적으로 읽은 내용을 기억하는 단계, 마지막 4단계는 알고 있는 단어를 기억하고 내용에 초점을 두고 읽는 단계이다.

쓰기 행동이 이루어지기 위해서는 글자에 대한 인식과 관련된 인지적 과정뿐만 아니라 필기도구를 잡고 쓸 수 있는 눈과 손의 협응능력 등 신체·운동능력의 발달도 함께 이루어져야 한다. 쓰기도구 자체의 탐색과 끼적이기가 주를 이루던 영아기의 초기 형태의 쓰기 행동은 이후 의도적인 자형과 단어쓰기에서 시각적 재창조 전략이 출현하고 글자의 형태가 나타난다. 점차 어떠한 모양이나 질서감을 갖게 되면서 관례적 글자 표기가 나타나는 일련의 쓰기 행동들로 진행된다.

3) 유아기 사회·정서발달

유아기에는 영아기에 형성된 기본정서를 기초로 자아인식과 관련된 사회적 정서가 발달한다. 또한 유아기는 영아기보다 자신의 정서를 더 잘 표현하고 타인의 정서도 쉽게 이해할 수 있으며, 상황에 맞게 자신의 정서를 조절할 수도 있다.

(1) 정서발달

유아기 정서발달은 정서표현, 정서이해, 정서활용 능력으로 구분한다. 정서표현은 자신의 정서상태를 표정이나 언어, 음성, 행동 등으로 나타내는 것으로 영아기에 비해 표현이 강렬하고 지속시간이 짧다. 정서가 분화되면서 서로 연합되어 복합으로 이루어지는 정서발달을 이차 정서 또는 자아인식 정서라고 한다. 이러한 이차 정서 또는 자아인식 정서는 유아 자신에 대한 인식과 더불어 자기 행동을 평가하는 능력을 통해 나타나므로 기본정서보다 늦게 표출되는 것이 특징이다. 정서이해는 유아기에 이르러 급속도로 발달하며, 초반에는 상대방의 표현적·외적인 단서에 의존하여 다른 사람의 정서를 이해하지만, 점차 상황적 단서를 고려하여 정서를 이해하게 된다. 또한 부정적인 정서보다는 긍정적인 정서를 더 쉽게 이해한다. 이러한 상대방에 대한 정서이해는 공감능력의 발달을 이끈다. 신체 운동능력의 발달로 유아는 행동반경이 넓어지고 또래관계가 형성됨에 따라 자신의 정서를 사회적 규칙이나 상황에 맞게 조절하는 능력이 요구된다. 즉, 정서조절은 유아의 사회적 관계 형성이나 적응을 위해서도 중요하다.

(2) 사회성발달

유아기의 인지발달과 폭넓은 사회적 경험들은 유아 자신에 대한 인식인 자아개념이 발달한다. 초기에 유아는 자신의 성별이나 나이 등과 같은 정보로 자신을 인지하며 타인과 구분하는 범주적 자아가 발달하고 후기로 가면서 심리적 상태나 특성에 기초하여 자기를 인식하기 시작한다. 또한, 유아가 자신의 능력이나 가치에 대해 스스로 소중하다고 느끼는 것을 의미하는 자아존중감의 발달도 이루어진다. 자아존중감은 주도성 발달과 대인관계, 자신의 성취감 형성에 중요하며 이후 건전한 성격발달의 기초가 된다.

유아는 일상생활 속에서 자연스럽게 도덕적 판단을 해야 하는 상황을 마주하며 도덕성을 발달시킨다. 인지발달이론에 따라 피아제는 도덕성을 규칙에 대한 도덕적 판단과 실수에 대한 도덕적 판단, 즉 개인이 사회규칙에 대해 갖는 존중과 정의감으로 설명한다. 4세 이전의 전도덕성 단계의 유아는 규칙에 관심을 가지지 않고 규칙을 이해하지 못하므로 규칙을 위반하는 것에 대해서도 판단하지 못하는 단계이다. 4~7세 유아는 규칙을 강하게 존중하는 단계로 규칙은 절대적인 것이며, 행위자의 의도보다는 결과에 근거해서 행동의 옳고 그름을 판단하는 타율적 도덕성 단계에 해당된다. 마지막으로 10세 이후가 되면 규칙은 사람들의 합의에 의해 만들어진 것이라는 것을 알고, 상황이 변하면 그 규칙도 변경될 수 있음을 이해하는 자율적 도덕성 단계에 도달하게 된다. 즉, 옳고 그름에 대한 판단도 행위의 결과만이 아니라 그 의도를 고려하여 결정할 수 있게 되는 단계가 된다.

유아는 성장하면서 자연스럽게 자신의 성을 인식하고 성에 따른 행동양식도 학습해 나가는데, 성역할 발달은 부모의 행동을 모방하면서 나타나고 자신의 신체적 특성을 인지하면서 이루어진다. 성역할은 2세경부터 발달하기 시작하는데, 2~4세경은 성정체성이 획득되는 시기로 자신이 남성인지 여성인지 구별하게 되면서 사람들 간에 유사점과 차이점을 지각하고 성별에 따른 행동을 관찰하는 특성을 보인다. 4~5세가 되면 남성 또는 여성이라는 성은 시간이 지나도 변하지 않는다는 성안정성을 획득하게 되는 시기이다. 특히 5세가 되면 성유형화 된 놀이선호도가 뚜렷해지는 경향을 보인다. 6~7세경이 되면 성은 변할 수 없는 속성이므로 외모나 활동이 달라져도 성은 바뀌지 않음을 인식하게 되는 성항상성을 획득하는 시기이며, 이러한 성역할 발달은 동성의 모델에 의해 사회화된다.

3 학령기 발달의 이해

- 학령기의 신체발달에 대해 알고 지도한다.
- 학령기의 인지발달에 대해 알고 지도한다.
- 학령기의 사회·정서발달에 대해 알고 지도한다.

방과후 아동지도의 대상이 되는 학령기는 7~12세로, 생활의 중심이 가정에서 학교로 이전되는 초등학교에 다니는 시기다. 신장과 체중의 변화는 꾸준하게 이뤄지는데, 일부 성장이 빠른 아동은 2차 성징을 경험하면서 급격한 신체변화가 나타나기도 한다. 논리적이고 귀납적 사고가 나타나기는 하나 아직은 구체적 문제에 국한된다. 대부분의 아동은 학교생활에 잘 적응하면서 근면성을 발달해 간다. 그러나 잘 적응하지 못하면 열등감을 느낄 수도 있고, 심하면 친구 사이에서 따돌림을 당할 수도 있다. 점차 친구와 교사의 영향이 커지지만 부모는 인생의 선배로서 사회생활의 든든한 조언자와 격려자의 역할을 담당한다.

학교생활의 다양한 학습기회를 통하여 지적 발달이 급속하게 진행되고, 구체적 문제에 대해서는 상당히 논리적이고 귀납적인 사고를 할 수 있게 된다. 또한 이 시기에는 사회가 요구하는 기본적 기술을 습득함으로써 근면성이 발달하며, 학교생활을 통한 사회적 관계가 확대되면서 또래집단의 영향력이 점점 커지게 된다.

1) 학령기 신체발달

영유아기 시기보다는 발달이 느린 시기이나, 학령기에도 느린 속도이기는 하나 신장과 체중은 꾸준하게 증가한다. 아동의 신체발달은 부모로부터 물려받은 유전적 요인과 영양 및 운동과 같은 후천적 요인의 상호작용에 의해서 나타난다.

오늘날 우리나라 아동의 체격은 과거에 비해 많이 좋아진 것으로 나타나지만, 체격이 좋아진 것에 비해 체력은 오히려 약해진 것으로 보고되는데 아동의 잘못된 식습관이 그 주요 원인으로 지적되고 있다. 즉, 인스턴트 음식의 급속한 보급에 따라 아동이 이런 음식을 선호하게 되면서 불균형적인 영양섭취 결과 비만아동의 비율이 늘고 있다. 이러한 비만의 주된 원인은 인스턴트 식품과 운동 부족뿐만 아니라 학생들 사이에 퍼지고 있는 '단맛중독증'도 연관성이 크며, 이는 학업스트레스와 관련이 깊은 것으로 보고된다. 즉, 성인은 비교적 스트레스 해소법이 다양한데 학생들은 주로 컴퓨터 게임이나 군것질로 스트레스를 풀고, 주변에 학생들을 유혹하는 군것질거리가 너무 많아 단맛중독에 빠지기 쉽기 때문이다. 반면 저체중 비율 학생도 5%를 넘는 것으로 보고되고 있어서 체중의 편차가 심하게 나타난다.

저체중 아동이 나타나는 이유로 대중스타들의 지나치게 마른 체형을 이상시하는 잘못된 신체관을 따르면서 무리한 다이어트를 한 결과가 하나의 원인일 수도 있고, 다른 한편으로는 저소득층 아동의 열악한 영양상태에 기인한다고 생각된다.

신체발달은 개인차가 많아서 어느 정도의 범위 안에 나타나는 차이는 크게 신경 쓰지 않아도 되지만, 또래집단에 비해 지나치게 차이를 보일 때는 의학적 도움이 필요한 것은 아닌지 유의할 필요가 있다. 특히 자신의 신체에 대한 만족 여부는 아동의 자아존중감에 영향을 미쳐, 자신의 신체에 만족하지 못하면 자신은 물론 친구관계에서도 부정적인 관계를 맺기 쉽다. 이러한 점에서 비만아동은 친구에게 놀림을 받는 경우가 많고, 대부분의 아동이 친구로서 사귀기를 꺼리는 경향이 높다. 이러한 점들을 감안하여 아동이 건강하고 적절한 신체조건을 갖추도록 영양분을 골고루 섭취할 수 있어야 하며, 인스턴트 음식보다는 신선한 재료로 만든 음식을 골고루 섭취하도록 해야 할 것이다.

스트레스가 많은 학생은 정신건강이 나쁘며 가족관계 등에서 삶의 질이 떨어지는 것으로 나타났다. 조기학습으로 인한 뇌신경 발달은 정신적 성숙과 성조숙증으로 이어져 사춘기를 빨리 나타나게 하고, 이것이 아이의 키가 자라는 데 방해가 되며, 아이를 정신적으로 민감하고 비위가 약한 성격으로 만들 수 있다고 경고하고 있다.

그러므로 아동에게 공부를 강조하는 대신 운동할 시간을 늘리도록 노력해야 한다. 운동은 심리적 압박감, 긴장감, 좌절감, 불안감 등을 감소시키고 엔도르핀처럼 스트레스를 낮추는 생체물질의 분비를 늘리게 된다. 또한 운동은 뇌의 발달에 결정적 영향을 미치는데, 즉 운동이 신체의 산소 소비능력을 향상시키고 이것이 아동의 학습능력을 높여서 수학 및 읽기 실력의 향상을 나타내게 한다. 따라서 수업시간에 짬을 내어 가볍게 뛰거나 체조를 하면 아동들의 집중력이 개선되므로 수업 중이라도 간단한 스트레칭을 함께 하는 교사의 배려가 요구된다.

(1) 신체발달의 속도

학령기 전/후인 유아기, 청소년 시기와 비교할 때 학령기는 신체가 발달하는 속도가 비교적 원만하지만 지속적으로 신체적 성장이 이루어지는 시기이다.

(2) 신체 비율의 변화

유아기의 통통한 외모와 비교하여 학령기가 되면 팔과 다리가 길어지고 근육의 증가로 전체적으로 가늘고 길어지는 외형으로 변화한다. 신체 전체로 보았을 때 몸통보다는 팔과 다리의 발달이 비교적 빠르게 이루어지며 전체 키에 대한 비율로 볼 때, 1/7~1/8 정도가 머리의 비율로 성인의 비율과 유사해진다.

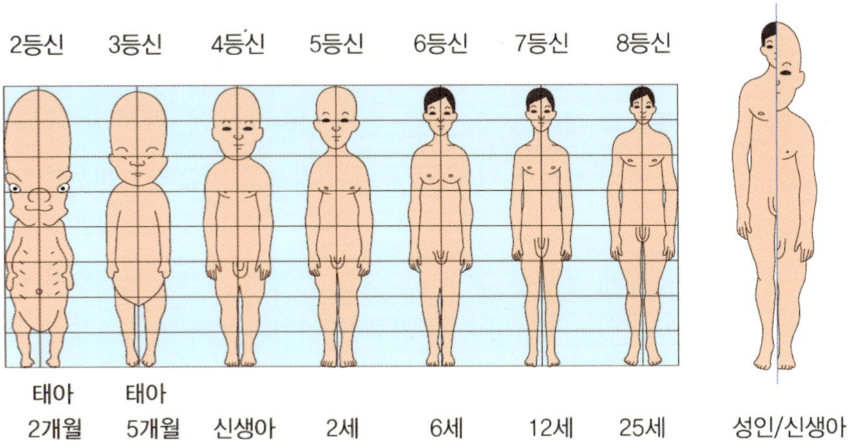

그림 Ⅲ-1 연령별 신체 비율의 변화

(3) 평균 신장과 몸무게

학령기 아동의 신장과 몸무게의 변화를 보면 키는 1년에 5.5cm가량 증가하며 학령기가 끝날 무렵이 되면 평균 147cm 정도가 된다. 몸무게는 1년에 2.7kg씩 증가하여 학령기가 끝날 무렵에는 40kg 정도로 늘어난다.

표 Ⅲ-7 2017년도 소아성장도표-학령기 남아

연령	구분	백분위								
		3%	5%	10%	25%	50%	75%	90%	95%	97%
6~6.5세	체중	17.4	17.8	18.5	19.8	21.6	23.9	26.7	28.8	30.4
	신장	108.0	109.1	110.7	113.5	116.6	119.8	122.7	124.4	125.6
6.5~7세	체중	18.2	18.7	19.4	20.9	22.9	25.4	28.6	31.1	32.9
	신장	111.7	111.8	113.5	116.3	119.5	125.9	125.9	127.7	128.9
7~8세	체중	19.41	19.9	20.8	22.5	24.8	27.9	31.7	34.6	36.9
	신장	14.4	115.5	117.3	120.3	123.7	127.3	130.6	132.6	133.9
8~9세	체중	20.9	21.6	22.7	24.8	27.8	31.7	36.3	39.9	42.6
	신장	118.9	120.1	122.1	125.3	129.1	132.9	136.5	138.7	140.1
9~10세	체중	22.6	23.5	24.9	27.6	31.3	36.1	41.6	45.7	48.7
	신장	123.2	124.6	126.7	130.2	134.2	138.2	141.9	144.1	145.5
10~11세	체중	24.7	25.8	27.5	30.9	35.5	41.2	47.5	52.0	55.3
	신장	127.7	129.2	131.4	135.2	139.4	143.7	146.6	150.1	151.6

11~12세	체중 신장	27.4 132.6	28.7 134.1	30.8 136.5	34.9 140.6	40.3 145.3	46.8 150.1	53.9 154.6	58.7 157.3	62.2 159.2
12~13세	체중 신장	30.7 137.8	32.2 139.5	34.7 142.2	39.4 146.7	45.5 151.8	52.7 157.1	60.4 161.9	65.6 164.9	69.2 166.8

출처: 한국건강가정진흥원(2019: 503). 아이돌보미양성교육교재.

표 Ⅲ-8 2017년도 소아성장도표-학령기 여아

연령	구분	백분위								
		3%	5%	10%	25%	50%	75%	90%	95%	97%
6~6.5세	체중 신장	16.7 107.1	17.1 108.1	17.8 109.7	19.1 112.4	20.7 115.5	22.8 118.6	25.3 121.4	27.0 123.1	28.4 124.2
6.5~7세	체중 신장	17.5 109.6	17.9 110.7	18.6 112.3	20.1 115.1	22.0 118.3	24.3 121.5	27.1 124.5	29.2 126.3	30.7 127.5
7~8세	체중 신장	18.5 113.2	19.1 114.3	19.9 116.0	21.6 119.0	23.9 122.4	26.8 125.9	30.2 129.2	32.7 131.2	34.5 132.5
8~9세	체중 신장	20.1 117.7	20.7 118.9	21.9 120.7	24.0 124.0	26.9 127.8	30.6 131.7	34.8 135.4	37.8 137.7	40.1 139.3
9~10세	체중 신장	22.0 122.3	22.9 123.6	24.3 125.7	26.9 129.3	30.5 133.5	35.0 137.8	39.9 141.9	43.9 144.5	46.1 146.1
10~11세	체중 신장	24.6 127.5	25.6 129.0	27.3 131.4	30.5 135.3	34.7 139.9	39.8 144.6	45.5 149.0	49.4 151.6	52.2 153.4
11~12세	체중 신장	27.7 133.5	28.9 135.1	30.8 137.7	34.5 142.0	39.2 146.7	44.9 151.4	51.0 155.6	55.2 158.1	58.1 159.7
12~13세	체중 신장	31.2 139.7	32.5 141.4	34.7 144.1	38.7 148.3	43.8 152.7	49.8 156.9	56.1 160.5	60.3 162.5	63.3 163.9

출처: 한국건강가정진흥원(2019: 503). 아이돌보미양성교육교재.

(4) 신체발달에서의 성차

학령기 신체발달에서는 성차를 보이는데 남아와 비교하여 여아의 경우 사춘기가 시작하는 제2 성장 급등기가 약 2년 정도 빨리 나타나게 된다.

초등학교 고학년이 되면 여아가 남아보다 평균 신장과 몸무게가 앞지르게 되지만, 이후 남아가 성장 급등기를 거치면서 이러한 성차는 역전된다.

(5) 사춘기의 시작

학령기 말기가 되면 호르몬의 변화로 인하여 성적으로 성숙이 이루어지는 사춘기가 시작된다. 최근에는 영양섭취의 개선과 같은 영향으로 과거에 비해서 사춘기가 시작되는 시기가 빨라지고 있다. 여아의 경우에는 사춘기가 시작되는 시기는 9~16세이며, 남아의 경우에는 10~18세이다. 사춘기가 되면 성호르몬 분비에 의하여 신체에 2차 성징이 나타난다.

(6) 신체발달에서의 개인차

키와 몸무게의 변화와 같은 신체발달은 연령에 따라 성장하는 추세가 나타나지만 동일한 연령에서도 각 개인의 유전과 환경적인 요인에 따라 개별 아동별로 성장 정도나 성장 속도에 있어 개인차가 크다.

- 일률적인 기준과 비교하기보다는 부모의 성장패턴은 어떠했는지를 참조하는 등 개인적인 요인을 적극적으로 고려하는 것이 좋다.
- 학령기 아동의 신체발달에서 중요한 것은 일정 기간 꾸준한 성장세를 보이고 있는가 하는 것이므로, 일정 기간을 두고 꾸준히 아동의 성장을 관찰하여 성장의 속도가 눈에 띄게 감소하는 등의 성장 추세의 변화가 일어날 경우, 부모와 상의한다.

(7) 운동기능의 발달

- 대근육의 발달
  - 학령기가 시작되는 무렵에는 대근육이 더욱 정교하게 발달하게 되면서 균형감, 힘, 민첩성 등이 증진된다.
  - 아동들은 다양한 신체활동과 자전거, 수영, 줄넘기와 같은 활동을 잘할 수 있게 된다.
  - 남아들의 경우에는 축구와 농구와 같은 운동에 흥미를 보이며 적극적으로 참여하는 경향을 보인다.

- 소근육의 발달
  - 소근육의 발달로 손가락과 손을 사용하여 할 수 있는 미세한 활동들을 보다 정교하게 수행할 수 있게 된다.
  - 유아기와 달리 악기를 원활하게 다룰 수 있게 된다.
  - 일상생활에서 자기 스스로 처리할 수 있는 능력이 발달하게 되면서 신발 끈 매기, 옷 입고 벗기, 수저 사용하는 법 등 다양한 자조활동에 점차 익숙하게 된다.
  - 필기도구를 사용하여 글씨쓰기와 같은 정교한 손놀림을 사용하는 활동도 가능해지고 학령기 초기에는 손목이나 손가락으로 쓰는 것이 아니라 팔 전체로 글씨를 쓰기 때문에 크기가 크지만, 점차 정교한 손놀림이 가능해지면서 글자크기의 조정이 가능하다.
  - 그림 그리기 기술도 향상되며, 사물들을 매우 자세하게 묘사할 수 있으며 8세 이전의 아동들은 주사위와 같은 3차원 모양을 정확하게 묘사하는 데 어려움이 있으나, 9~11세 무렵이 되면 3차원 물체에 대한 묘사가 가능해진다.

2) 학령기 인지발달

아동이 초등학교에 들어갈 무렵이 되면 비록 눈에 보이는 구체적 사물이나 사건에 국한되기는 하지만, 체계적으로 사고하고 추론하는 능력이 발달하기 시작한다. 그래서 피아제는 이 단계를 구체적 조작기라고 명명하였다. 구체적 조작기의 아동은 보존개념(conservation), 가역성(reversibility), 탈중심화(decentration) 등을 획득한다. 예를 들어, [그림 Ⅲ-2]에서 보듯이 물을 담은 용기가 달라진다 해도 물의 양은 동일하다는 보존개념 및 다른 용기에 부어진 물을 이전 용기에 다시 담으면 원래의 모양으로 되돌아간다는 가역성을 획득하게 된다. 또 자신의 관점에서 바라보고 생각하는 것을 다른 이들도 동일하게 생각할 것이라는 자아중심성을 벗어나서 보는 이의 관점에 따라 물체의 모습이 달라질 수 있다는 탈중심화가 이뤄지는 시기이다.

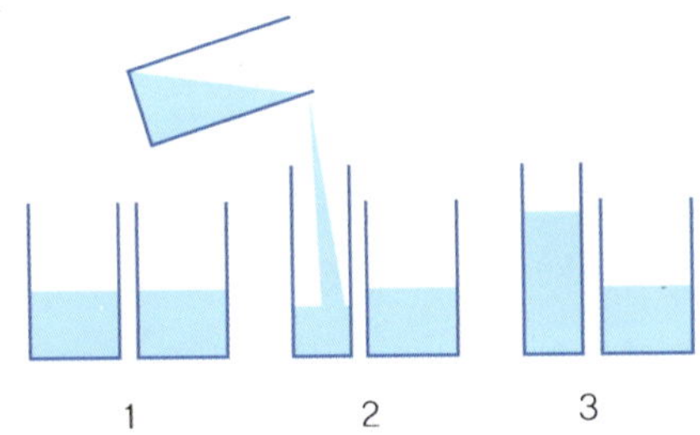

그림 Ⅲ-2 피아제(Piaget)의 '보존개념' 실험

한편, 자녀가 초등학교에 들어가게 되면 많은 부모는 자녀의 지적능력이 어느 정도인지, 그것이 학업성취도에 어떤 영향을 미치는지 궁금해하면서 흔히 지능지수라고 부르는 IQ(Intelligence Quotient)를 그 기준으로 삼는 경우가 있다. 그러나 IQ는 1905년 프랑스 학자인 비네(Binet)가 프랑스 교육부로부터 정규학교 과정에 적응하지 못하는 아동들을 판별해 내기 위해 처음 고안한 것을 미국의 터만(Terman) 교수가 1916년 대규모 집단을 대상으로 표준화·일반화시켰고, 우리나라에서도 이를 받아들여 사용해 온 것이다.

가드너(Gardner)의 다중지능이론(Theory of multiple intelligence)에서 지능을 신체운동지능, 언어지능, 대인관계지능, 자기이해지능, 논리수학지능, 음악지능, 자연탐구지능으로 분류하고, 전통적인 검사를 통해 다른 아동들과 비교한 점수로 지능을 측정하는 것이 아니라 개개 아동이 나타내는 능력이나 결과물을 직접 관찰함으로써 지능을 평가하였다. 이 중 어느 한 영역에서의 지능이 높다고 해서 다른 영역의 지능이 높은 것이 아니기 때문에 그는 지능을 재능과 유사한 개념으로 보았는데, 모든 사람이 동시에 모든 면에서 다 높은 점수를 나타낼 수는 없지만, 대다수의 사람이 각 지능을 적절한 수준까지 발달시킬 수는 있다고 하였다.

한편 학령기에는 지적 발달과 함께 도덕성 발달에서도 변화가 나타난다. 도덕성이란 개인이 다른 사람과의 관계에서 지켜야 할 사회집단의 규칙이나 인식을 뜻하는 것으로 옳고 그른 것을 구별할 수 있는 능력을 말한다. 피아제는 아동이 놀이를 할 때 놀이의 규칙을 어떻게 받아들이고 지키는지를 관찰하여 도덕적 사고를 도덕적 실재론(moral realism; 도덕적 타율성)과 도덕적 자율성(moral autonomy)의 두 단계로 나누어 설명하였다. 4세 이전 아동은 놀이의 규칙에 대해 관심이 없지만, 4세 이후부터 아동은 규칙에 관심을 나타내기 시작하여, 4~7세에는 행위의 옳고 그름을 결과에 의해 판단하며 행위의 의도를 고려하지 못하는 도덕적 타율성을 갖는다. 반면, 7~10세 정도가 되면 도덕적 타율성과 도덕적 자율성이 같이 나타나면서 점차 행위자의 의도가 도덕판단의 기준이 되어, 규칙은 바뀔 수도 있고 사회적 협약이라는 것을 인정하게 된다. 10세가 넘으면 보다 더 성숙한 도덕적 자율성 발달이 이루어져서 다른 사람의 기준이 아닌 자신의 주관적 기준에 의거하여 잘잘못을 평가하고, 결과보다 의도나 과정을 중시하게 된다. 즉, 누구의 칭찬을 받기 위해서가 아니라 스스로 옳다고 생각되는 행동을 하게 된다.

3) 학령기 사회 · 정서발달

초등학교에 입학하게 되는 아동의 사회적 환경은 급격히 변하게 되고, 가정 밖에서 보내는 시간이 매우 많아진다. 그들은 학교가 활동중심지가 되며, 친구가 아동의 성장발달에 매우 중요한 의미를 갖게 된다. 아동은 친구를 통해 사회생활에 필요한 여러 방법을 터득하고, 자신이 속한 문화의 가치관과 행동규범을 획득하면서 점차 사회화가 이루어진다. 아동이 초등학교에 입학하게 되면 대부분의 아동은 2주 정도 안에는 새로운 환경에 익숙해지고, 새로운 학교생활에 적응하게 되지만 일부 아동은 심하게 학교 가기를 싫어하며 부적응 행동을 보인다. 이들 중 상당수가 분리불안장애를 보이고, 이들은 교실에서 행동이 산만한 공통점을 보이면서 틱장애나 주의력결핍 과잉행동장애(ADHD)를 나타내기도 한다.

자아존중감이란 자신을 긍정적이고 가치 있는 존재로 인식하는 개념으로 주변인의 수용과 인정으로부터 형성된다. 학령기 아동의 자아존중감은 학교생활과 친구관계의 성공 여부를 결정짓는 중요한 의미를 갖는다. 즉, 자아존중감이 높은 아동은 친구와 원만한 관계를 유지하며 친구가 따르는 지도자가 되어 독립적이고 창의력을 발휘할 수 있으나, 자아존중감이 낮은 아동은 자신이 쓸모없는 인간이라 여겨 솔선해서 행동하지 못하며 새로운 과제에 불안감을 나타낸다. 자아존중감은 부모와의 관계에서 비롯될 수 있어, 부모가 자녀의 행동을 인정하고 격려해 주면 높은 자아존중감을 갖게 되나, 반대로 부모가 칭찬에 인색하고 자녀의 잘못된 면만을 꾸짖으면 낮은 자아존중감을 갖게 된다.

콜만(Coleman)은 정서지능을 자기인식, 자기조절, 자기동기화, 타인의 정서인식, 대인관계능력 등의 다섯 가지로 분류하였다.

한편, 메이어와 살로베이(Mayer & Salovey)는 정서지능이란 '정서를 지각하고, 사고를 도울 수 있도록 정서를 생성·표현하고, 정서와 정서지식을 이해하고 정서적·지적 성장을 증진하도록 정서를 반영적으로 조절하는 능력'이라고 하였다. 이는 정서가 아동의 사고를 보다 지적으로 만들고 아동의 정서에 대해 지적으로 사고하게 한다는 것을 의미한다.

4) 학령기 언어발달

어휘력이 급속하게 증가하는 학령기에는 정확한 의미로 단어를 사용할 수 있게 되고, 단어의 이중적 의미를 이해하게 된다. 이중적 의미의 이해란, 예를 들어 '시원하다'는 단어는 더운 여름 시원한 냉면이 물리적으로 시원한 의미와 따뜻한 물에 들어가서 몸이 느끼는 시원함의 심리적인 의미가 있다는 것을 이해하게 되는 것이다.

이러한 능력을 기초로 하여 아동들은 은유법에 대한 이해를 할 수 있으며, 이를 활용한 유머의 사용, 수수께끼 놀이 등을 능숙하게 실행하고 이해할 수 있게 된다. 문법적으로 복잡하고 긴 문장을 사용하게 되며 점차 추상적인 문법적 규칙이나 구조를 이해하게 된다.

표 Ⅲ-9 학령기 아동의 일반적 발달특성

구분	발달특성
신체 발달	• 운동능력의 발달이 개인차를 보이면서 일어남 • 소근육 활용이 능숙해서 각종 연장과 수리도구 등을 다룰 수 있고 정확하게 쓰고, 그리고, 바느질과 가위질을 할 수 있음 • 쓰기는 여아들이 남아보다 정교하게 해내는 경우가 많음 • 대근육 활용을 잘하고 이를 위한 게임을 즐김 • 여아들의 대근육 활동은 체조와 같은 또래들과 경쟁적 게임을 좋아함 • 신체적 발달과 운동기술 능력에 따라 아동들은 자신을 또래와 비교하여 자신을 평가하는 경향이 강함
인지 발달	• 유아기와 달리 상당한 정도로 자신의 흥미와 욕구를 지연시킬 수 있는 능력의 발달이 이루어짐 • 기억력의 빌달과 함께 어떤 결정을 내리는 데 자신의 경험을 사용하여 신중하게 결정하려고 함 • 인과관계의 이해도 가능하며 시간개념도 정교화되어 계획의 필요성도 이해시킬 수 있고, 목표를 달성하기 위해 기다릴 수도 있게 됨 • 이 시기 사고의 발달은 방과후 아동지도 시설에서의 여러 가지 기본적 규정들을 준수할 수 있는 능력을 갖게 해 줌 • 규칙의 준수도 이해하고, 각종 놀이와 게임의 조직 등 공정한 운영도 지도할 수 있음 • 계획에 맞게 일정을 결정하고 필요한 장비를 챙기는 등 자율적 활동을 할 수 있음
사회 정서 발달	• 가족 내에서의 자신의 의무를 느낄 수 있으며 가족의 규칙을 앎 • 부모로부터 독립적이나 가족의 애정에 대한 확신을 필요로 함 • 부모의 영향력이 감소하나 여전히 가족의 가치를 가르치는 것이 필요함 • 교사로부터 인정받고 싶고, 높게 평가받고 싶어 하며, 교사는 절대적인 영향을 미칠 수 있고 고학년이 되면 교사의 권위에 의문을 가질 수 있음 • 학교에서의 경쟁을 경험하고, 성취감과 실패감을 느끼고 실패감을 처리하는 데 어려움을 느낌 • 즐거운 농담을 즐기고 이를 이해하는 사람을 좋아함 • 욕구를 지연시킬 수 있고 다른 사람의 느낌에 반응할 줄 알고 비판에 민감함 • 또래는 물론 어른들과 친하고 싶어 하며 소속됨의 중요성을 잘 앎 • 자신의 성역할에 강하게 동조하며 또래의 영향력이 커짐 • 자신과 친구의 일도 걱정하고 자신의 일 때문에 타인에게 적대적 행동을 나타내기도 함

출처: 김두범 외(2009: 71). 방과후 아동지도. 경기: 공동체.

IV

교수-학습방법

1 아이 기질에 따른 양육법

- 영아기의 기질의 개념과 다양한 기질유형에 대해 안다.
- 영아기의 기질유형별 교사의 역할을 알고 양육방법을 모색해 본다.

1) 기질

(1) 기질의 개념

기질(temperament)이란 한 개인의 행동유형과 정서적 반응을 의미하며 정서, 운동 및 주의집중의 반응성과 자기조절 등의 개인차에 기초한다. 또한 기질은 출생 전 신경전달물질에 의해 정해지는 것으로 유전의 영향을 받아 선천적으로 결정되며, 이때 영아기에 나타나는 기질의 특성은 성인기까지 지속 유지된다.

(2) 기질의 유형

영아의 기질 분류에서 가장 오래된 연구로 뉴욕 종단적 연구(Thomas & Chess, 1977)를 들 수 있다. 이는 다양한 행동 차원을 토대로 영아의 행동기질을 순한(easy) 기질, 까다로운(difficult) 기질, 느린(slow to warm up) 기질의 세 가지로 구분한다(임지영 외, 2018: 303; Thomas & Chess, 1977).

첫째, 순한 기질 영아(easy infant)는 일상생활에서 대체로 긍정적이며 행복한 기분을 갖는다. 또한, 규칙적인 모습과 새로운 경험에 쉽게 적응하는 행동특성이 있다. 이와 더불어 새로운 환경(사물, 사람)에 접근하고 반응의 강도에서도 약하거나 중간 정도이며, 영아의 약 40%가 이런 유형에 속한다.

둘째, 까다로운 기질 영아(difficult infant)는 새로운 환경(사물, 사람)에 부정적으로 반응하는 경향이 있다. 또한, 일상생활에서 불규칙적이며 자주 울고 새로운 경험에 대한 적응이 늦다. 이런 유형의 영아는 약 10%에 해당된다.

셋째, 느린 기질 영아(slow to warm up infant)는 새로운 환경 변화에 적응을 잘하지 못하고 친숙하지 않은 사람, 사물로부터 위축되는 경향이 나타난다. 이런 유형의 영아는 활동수준이 비교적 낮고, 부정적이며, 적응력 또한 낮게 나타난다. 이와 더불어 자신의 기분을 표현하는 표현력도 낮고 전체의 약 15%가 여기에 속한다.

(3) 기질발달에 미치는 요인

여러 기질학자는 영아기에 보이는 기질은 유·아동기 및 성인기에 이르기까지 시간에 따라 안정성을 보인다고 언급하였다. 하지만 최근에는 영아기의 기질 형성에 환경의 영향을 주장하며 기질의 안정성에 대해 반론을 제기하였다. 즉, 많은 학자는 기질의 안정성은 매우 극단적인 수준의 특성인 영유아기 억압의 강도, 외향성, 수줍음 등의 수준이 높을 때만 발현되는 것으로 보고 있다. 이는 유전적 특성인 강한 기질도 환경의 영향을 받아 시간이 흐름에 따라 그 특성이 약해지거나 변화되어 안정성이 낮을 수도 있음을 의미한다. 다시 말하면 부모 또는 교사의 양육태도 등 지속적인 외부 환경의 영향에 의해 기질의 변화가 일어날 수 있음을 시사한다.

토마스와 체스(Thomas & Chess, 1977; 임지영 외, 2018: 305 재구성)는 "조화의 적합성" 모델을 제시하며 영아의 기질과 환경적 요구 사이의 조화가 이루어질 때 바람직한 방향으로 발달이 이루어질 수 있다고 언급하였다. 한 예로 활동성이 강한 영아와 그렇지 못한 영아가 오랜 시간 동안 계속 앉아 있어야 하는 환경에 놓여 있다고 가정해 보자. 이때 우리는 두 아이의 반응이 기질에 따라 다르게 나타날 것이라고 미루어 짐작해 볼 수 있다. 이때 양육자(부모, 교사)가 영아의 기질에 따라 양육방식을 조절한다면 그 결과는 조화로운 관계가 될 수 있다는 것이다. 즉, 영아의 기질을 제대로 파악하고 그에 따라 양육의 방식을 변화시키는 것은 양육자(부모, 교사)와 영아 사이에 보다 조화로운 관계를 유지할 수 있을 뿐만 아니라 영아기의 극단적인 기질이 아동기나 청소년기에 더 이상 나타나지 않을 수도 있다는 것이다.

이와 더불어 영아의 기질 역시 부모의 양육태도에 중요한 영향을 미치는 요소가 될 수 있다. 예를 들면, 까다로운 기질의 영아는 양육자로 하여금 좌절감을 경험하게 하고 그들에게 기대를 덜 하게 하는 등의 양육태도를 가지게 한다. 또한, 까다로운 기질을 가진 영아의 부모는 순한 기질을 가진 영아의 부모에 비해 비효율적이며 과잉적으로 자녀를 양육할 수도 있다. 따라서 양육자는 영아의 타고난 기질적 성향을 파악하여 기질에 따라 영아의 양육태도를 조절할 필요가 있다.

표 Ⅳ-1 기질 유형별 양육자의 조화로운 양육방식

유형	조화로운 양육방식
순한 기질	• 아이의 선택을 존중한다. • 아이의 호기심을 충족시키며 감정을 공감해 준다. • 변화에 잘 적응하나 한 번에 많은 변화를 시도하지 않는다.
까다로운 기질	• 양육 시 양육자의 인내심과 침착함이 요구된다. • 영아의 감정을 그대로 수용하며, 감정표현을 격려한다. • 환경변화를 최소화한다. • 양육자의 양육방식을 고집하지 않는다.
느린 기질	• 영아를 비난하거나 다른 영아와 비교하지 않는다. • 변화 및 새로운 것을 시작 시에 충분한 시간을 준다. • 영아의 감정에 공감해 준다. • 영아의 느린 행동을 조급해하지 않는다.

출처: 교육과학기술부(2012: 25). 인간발달. 세종: 교육과학기술부.

2) 기질과 적응

(1) 기질유형별 교사의 역할

태어날 때부터 까다로운 기질의 영아는 양육자들로부터 세심한 신경과 관심으로 보살핌을 받게 된다. 그러나 시간이 지남에 따라 양육자들로 하여금 점차 까다로움에 대한 행동의 통제를 받게 되며 영유아의 행동은 점차 거칠어지고 문제행동을 야기할 수 있다. 그러므로 기질 유형별 교사의 역할 또한 중요한 화두로 떠오르게 되었다.

① 순한 기질 영유아

대부분 조용히 자기 일을 알아서 하며 성인의 요구에 순응하는 등 쉽게 적응하기 때문에 집단생활에서 간과되기 쉽다. 특히 이런 기질의 영유아는 멀리서 교사를 바라보며 눈 마주치기 등으로 자기욕구를 표현하기도 한다. 그러나 2~3세 시기에는 발달상 자율성에 대한 욕구 등의 증가로 순한 기질의 아이도 고집을 부리는 경우도 다소 볼 수 있다. 그러므로 아이의 요구를 적절히 인정하고 양육자의 요구에 순종만을 강요하지 않아야 할 것이다. 자칫 양육자의 요구에 순종을 요구하다 보면 자율성이 발달하지 못할 수 있다. 따라서 교사들은 아이의 욕구를 점검하며 특별한 관심을 보여주도록 배려해야 할 것이다. 한 예로 한 아이가 혼자서 조용하게 블록놀이를 하고 있다고 가정하면 "우리 ○○이가 블록놀이가 재미있나 보구나."하며 관심을 보이며 격려와 칭찬의 메시지를 전달할 수 있다.

② 까다로운 기질 영유아

까다로운 기질의 영유아는 가장 다루기 어렵지만 한편 가장 재미있는 영유아라고 할 수 있다. 즉, 좋고 싫음이 분명한 등 자기주장이 강하고 에너지가 넘치는 것이 특징이다. 그러므로 이런 기질의 영유아에게는 자기표현의 기회를 주고 자신이 좋아하는 활동을 할 수 있도록 환경을 제공한다면 더욱 열정적으로 활동을 실시하게 될 것이다. 또한, 집단상황보다는 개별적으로 융통성 있게 접근하는 것이 더욱 효과적이다. 이와 더불어 그들이 요구에 대해 현재 상황을 인식하고 공감하며 무조건적 제재보다는 가능한 대안을 통하여 유아 스스로 선택의 기회를 주는 것이 좋다. 이때 교사의 역할은 유머를 사용한 언어적 상호작용과 더불어 따뜻한 목욕이나 마사지, 물놀이, 개별적으로 동화책 읽어주기 등을 제안해 볼 수 있다.

한 예로 ○○이가 집에 들어갈 시간이 다 되었을 때 놀이터에서 들어가지 않겠다고 고집을 피우며 떼를 쓰고 있다고 가정을 해 보자. 교사는 4단계를 통해 상호작용을 할 수 있다.

- 1단계 : 영아가 바라는 내용이 무엇인지를 살펴보고 인정한다.
  "○○가 미끄럼틀을 더 타고 싶구나."
- 2단계 : 현재 상황을 인식시킨다.
  "지금은 집에 들어갈 시간이라 더 타고 놀 수가 없단다."
- 3단계 : 가능한 한 구체적인 대안을 제시한다.
  "○○야, 친구들도 이제 다 가는데 몇 번이면 되겠니? 한 번? 두 번?"
- 4단계 : 영아가 선택할 수 있도록 제시하며 도움을 준다.
  "선생님은 더 기다려줄 수가 없어."
  "○○ 혼자서 놀다가 올 거야?"
  "아니면 선생님이랑 한 번만 더 타고 갈까?"

③ 느린 기질 영유아

상대적으로 반응과 적응이 느린 기질의 영유아는 새로운 환경과 집단 적응에 걸리는 시간이 많이 요구되므로 교사는 충분히 기다려 주어야 한다. 즉, 천천히 한 가지씩 시도하게 환경을 조성하며 분명한 일과를 정해 주고 예측 가능하게 해 주어야 한다. 또한, 일과의 변화가 생길 때는 그날의 계획에 대해 함께 이야기 나누기를 해야 한다. 더욱이 한 가지 활동에서 다른 활동으로의 전이가 생길 때에는 서두르기보다는 마무리할 시간을 충분히 주거나 몇 분 전에 미리 변화에 대한 예고의 신호를 주어 변화에 대비할 수 있도록 해야만 한다.

또한, 새로운 활동을 처음 시도할 때는 친숙한 사람(부모, 교사 등)이 옆에서 지켜보면서 기다려줌으로써 안전기지(secure base)를 마련해 주는 것이 좋다. 이러한 기질의 영유아들은 재촉하거나 서두르면 아예 시도하지 않는 경우가 발생하고 위축되어 자신의 능력에 대한 열등감을 가질 수 있게 된다. 따라서 교사는 기다려주고 격려해 줌으로써 영유아의 자존감이 낮아지지 않도록 해야 한다.

만약 아이가 혼자서 신발을 신으려고 한다면 "우리 ○○이가 신발을 신고 싶어 하는구나." 하며 관심을 보이고, "우리 ○○. 찍찍이 잘 떼네.", "발을 쏙 넣어보자." 하며 아이가 혼자서 신도록 기다려준다. 신발을 신을 때 진행과정을 말로 표현하며 잘 되지 않을 경우 "선생님이 도와줄까?" 물어본 후 도움을 수락한다면 한쪽 신발은 아이가, 다른 한쪽은 선생님이 신겨주며 격려와 칭찬의 메시지를 전달한다.

(2) 기질과 문제행동

까다로운 기질 영유아의 약 70%가 성장 후에 행동문제를 보인 반면, 순한 기질의 영아는 약 18%만이 문제를 보였다. 왜 까다로운 기질이 문제행동을 유발하는가? 이러한 질문에 명쾌하게 대답하기는 쉽지 않으나 앞서 기질의 조화적합성에서 언급한 것처럼 영유아의 행동유형이 양육자의 양육태도와 맞지 않을 때 문제행동이 발생할 가능성이 커진다. 따라서 다음에 제시되는 영유아와 양육자 간의 기질에 조화적합성에 따른 야기될 수 있는 문제 상황을 알아보자.

① 예민한/까다로운 기질 양육자 vs 예민한/까다로운 기질 영유아 간 적합성

예민한/까다로운 기질 영유아와 예민한/까다로운 기질 양육자 간의 기질이 비슷하다면 그들 간의 힘겨루기는 많이 나타나지 않을 것이다. 따라서 서로 간의 조화적합성은 높지만 영유아에게 자칫 관심과 발달적 측면에 소홀해질 수 있다. 특히, 발달적 측면에서의 자극의 정도가 낮아지지 않도록 유의하면서 영유아에 대한 언어적·신체적·정서적 자극을 위한 다양한 물리적·정서적 지원을 위해 격려와 칭찬 등의 메시지를 전달해야 할 것이다.

② 순한 기질의 양육자 vs 까다로운 기질의 영유아 간 적합성

순한 기질의 양육자는 까다로운 기질의 영유아를 양육함에 있어 많은 어려움에 봉착하게 된다. 또한, 영유아의 말과 행동을 수용하고 지지하는 데 한계를 느끼게 된다. 하지만 이러한 기질의 영유아는 모든 부분에서 자신의 행동을 다 수용하는 양육자로 인해 순한 기질의 영유아들보다 좀 더 발달적 측면에서 자극을 받게 되며 언어적·신체적·정서적 발달에 긍정적인 영향을 받을 수 있는 이점도 있다.

③ 예민한 기질의 양육자 vs 순한 기질의 영유아 간 적합성

대부분 순한 기질의 영유아가 더 힘들 것이라 예상하지만 이런 경우 둘 다 힘듦을 겪는다. 만약 영유아의 옷이 좀 젖거나 무언가 묻었다고 가정하면 영유아는 마를 때까지 신경 쓰지 않고 잘 기다리고 놀 수 있으나 양육자는 뭐가 조금만 묻어도 못 견디며 잘 놀고 있는 아이를 데려다 씻겨주고 닦아주며 옷을 갈아입혀야만 한다. 이때 잘 놀고 있던 영유아는 양육자의 이런저런 자극에 불편함을 느끼게 된다.

2 영유아 기본생활습관 지도

- 영유아 기본생활습관 지도의 필요성에 대해 안다.
- 영유아 기본생활습관 지도의 기본원리에 대해 안다.
- 영유아 기본생활습관의 구체적인 지도방법을 알고 지도한다.

1) 영유아 기본생활습관 지도의 의미

기본생활습관이란 인간이 살아가는 데 기본이 되는 생활 전반의 지식과 기술 등을 포함한 행동양식을 익혀 습관화하는 것을 의미한다. 영유아기는 기본생활습관을 형성하는 중요한 시기로 이때 형성한 습관들은 한번 형성되면 이후에 바꾸기가 어려우므로 처음에 올바른 습관을 바르게 형성하는 것이 중요하다. 한편 영유아의 성장에는 일정한 발달단계가 있으며, 각 발달단계에서는 영유아가 배워야 할 여러 가지 생활행동이 있다. 또한, 같은 연령의 영유아라 하더라도 개인차에 따른 발달 정도가 다르기 때문에 그 시기에 맞추어 적절한 생활 행동을 배워야 하고 이를 습관화할 수 있도록 지도해야 한다(권정윤 외, 2013: 184).

2) 영유아 기본생활습관 지도의 기본원리

첫째, 영유아에게 말과 행동으로 모범을 보인다.

둘째, 체계적이고 지속적인 교육이 일관성 있게 이루어져야 한다.

셋째, 영유아 스스로 하고자 하는 의욕과 동기를 유발시켜 주어야 한다.

넷째, 영유아의 행동에 따라 칭찬과 보상을 적절히 사용하여야 한다.

다섯째, 반복 연습을 통한 체험교육이 되어야 한다.

여섯째, 유아의 발달에 적절하게, 단계적으로 이루어져야 한다.

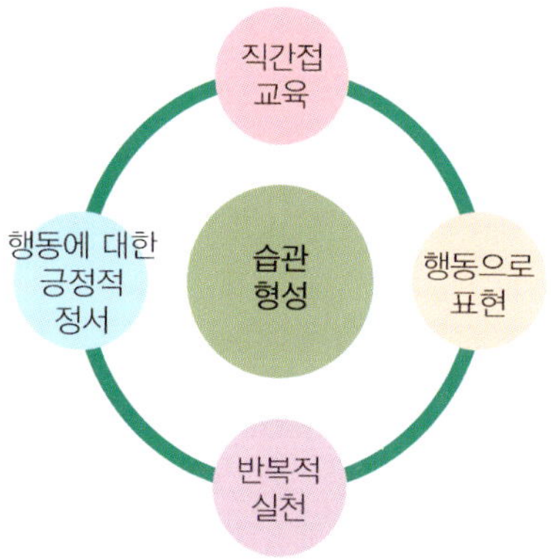

그림 Ⅳ-1 습관 형성의 과정

출처: 양수영(2018: 179). 효과적인 예비교사교육을 위한 뇌 기반 영유아 건강교육. 서울: 학지사.

3) 영유아 기본생활습관 지도의 방법 및 실제

(1) 식사 지도방법 및 실제

- 적당량의 음식을 골고루 먹는다.
- 영양이 건강에 중요함을 안다.
- 음식을 소중히 여긴다.
- 규칙적으로 식사를 한다.
- 바른 자세로 앉아서 즐겁게 식사를 한다.
- 음식을 남기지 않고 깨끗이 먹는다.

표 Ⅳ-2 식사 지도방법(예시)

	고기만 먹고 채소를 먹지 않으려고 하는 경우(편식)
사례	<2세> ㅇㅇ이는 점심시간에 고기 이외의 반찬이 나오면 전혀 먹지 않는다. 특히 채소 종류의 반찬이 나오면 교사가 권유해도 먹어보려고 시도조차 하지 않거나, 시도를 하다가도 그대로 뱉어버린다. 고기 반찬에 다른 채소 반찬이 잘 보이지 않도록 섞어 주더라도 입안에서 다른 감촉이 느껴지면 바로 뱉어낸다. 교사의 권유로 어쩔 수 없이 채소를 삼켰다가도 헛구역질을 하거나 실제로 토하는 경우도 있다.
원인 분석	• 발달적 특성: 낯선 음식에 대한 두려움 • 이유식의 실패 • 부모의 양육태도: 무분별하게 간식을 주거나 원하는 음식만을 제공

지도 방법

① 억지로 먹이지 않기
② 스스로 시도할 수 있도록 하기
③ 채소에 대해 친근감을 느낄 수 있도록 하기
④ 푸드브릿지(Food Bridge) 기법 사용하기
※ 푸드브릿지 기법이란 같은 재료를 이용해 단계별로 다양한 음식을 제공하여 싫어하는 음식을 친숙하게 만드는 방법
※ 싫어하는 음식을 영유아가 좋아하는 데는 최소 8번 이상의 노출이 필요함

단계	내용	예시
1단계	싫어하는 재료를 놀이도구나 식기로 활용해 시각적으로 친숙하게 만들기	파프리카를 용기로 하여 계란찜 만들기
2단계	재료를 알아볼 수 없게 하되 모양이나 색 등으로 호기심을 자극하기	파프리카로 만든 칼국수
3단계	영유아가 거부감을 갖거나 골라내지 않도록 다른 재료와 섞어서 주기	파프리카 고기전
4단계	셰이크나 셔벗 등으로 만들어 재료 본연의 맛을 느낄 수 있도록 하기	파프리카 셰이크

출처: 보건복지부 · 육아정책연구소(2013: 80-83). 영유아 문제행동지도를 위한 어린이집 보육교사 지침서. 재구성.

(2) 배변 지도방법 및 실제

- 화장실에서 배변을 한다.
- 배변 후 적절한 뒤처리를 한다.
- 화장실을 깨끗하게 사용한다.
- 배변 후에는 손을 씻는다.

표 Ⅳ-3 배변 지도방법(예시)

	소변을 참다가 자주 옷에 실수하는 경우
사례	<4세> ㅇㅇ는 매우 활발하고 적극적인 유아이다. 자유놀이 시간에 놀이에 흠뻑 빠져 놀이를 주도하고 또래들 간에도 인기가 많다. 그런데 이렇게 놀이를 하다가 소변이 다급해져서 교사를 부르며 어쩔 줄 몰라 하는 경우가 자주 있다. 스타킹이라도 신고 온 날은 옷을 내리는 데 시간이 더 걸려서 교사와 유아 모두 마음이 더 급해진다. 소변이 마려우면 참지 말고 바로 화장실에 가라고 이야기를 하여도 잘 되지 않는다. 결국 참지 못하고 옷에 소변을 살짝 지리는 날도 여러 번 있었는데, 어제는 옷이 흠뻑 젖어 결국 ㅇㅇ가 엉엉 울어버렸다.

원인 분석	• 소변을 참다가 자주 옷에 실수하는 것은 소변이 찰 때까지 참았다가 싸는 경우를 말함 • 주된 발생시기 - 대소변 훈련이 잘되지 않는 초기 경우에는 발생 빈도가 적고, 배설이 자립화되었다고 생각하는 3~5세 즈음에 일어나는 경우가 많음 • 놀이 집중으로 인한 소변 실수
지도 방법	① 영유아가 소변을 마려워하는 징후 파악하기(평소보다 빠르거나 느리게 말하기, 말더듬기, 발 동동 구르기, 다리 꼬기, 앉았다 일어났다 하기, 성기 주변에 손을 대거나 잡고 있기) ② 소변이 마려운 모습이 보이면 화장실에 다녀오도록 안내해 주기 ③ 대소변 실수를 혼내기보다는 안심시켜 주기 ④ 규칙적으로 화장실에 다녀오도록 하되, 화장실 다녀오기를 강요하지 않기

출처: 보건복지부 · 육아정책연구소(2013: 108-111). 영유아 문제행동지도를 위한 어린이집 보육교사 지침서. 재구성.

(3) 옷차림 지도방법 및 실제

- 옷을 혼자 벗는다.
- 옷을 혼자 입는다.
- 놀이에 적합한 옷을 입는다
- 날씨와 상황에 맞는 옷을 입는다.

표 Ⅳ-4 옷차림 지도방법(예시)

	계절이나 상황에 맞지 않는 옷을 입으려고 하는 경우
사례	<3세> ㅇㅇ는 공주 드레스와 왕관을 너무나 좋아한다. 드레스를 입고 오면 놀이를 하기에 불편할 뿐만 아니라 걸려 넘어질 수 있는데, 야외활동이나 소풍 등이 계획되어 있는 경우 미리 바지를 입고 오도록 안내를 하여도 늘 치마만 고집한다. ㅇㅇ 부모님은 아침마다 옷을 가지고 실랑이를 하게 되고, ㅇㅇ는 결국 자기가 입고 싶은 치마를 입지 못하면 엉엉 울고 떼를 써서 결국은 ㅇㅇ가 입고 싶은 치마를 입히게 된다고 한다. ㅇㅇ 부모님은 더운 여름에는 거추장스러운 치마를 입어 땀띠가 날까 걱정을 했는데, 이제 날씨가 추워지는데 아이가 감기에 걸리지 않을까 걱정이라고 하신다.
원인 분석	• 영유아의 발달특성 - 영유아도 자신의 선호가 있으며, 특히 유아기에 옷이나 장식품 등에 관심을 가지고 자신의 선호를 드러내게 됨 - 또래가 가지고 있는 놀잇감과 동일한 것을 가지고 싶어 하고 교사나 부모가 하는 것을 그대로 따라 하고 싶어 함 - 성정체감이 발달되어 감에 따라 남아들은 파란색이나 로봇, 자동차 그림이 있는 옷만 입으려 하거나, 여아들은 공주 그림이 있는 옷, 치마 등만 입으려 하는 특성을 보임 • 주변의 지나친 관심과 강화

<table>
<tr><td rowspan="2">지도
방법</td><td>① 발달과정상 지극히 자연스러운 현상임을 이해하고 인정해 주기
② 연령별 특성을 고려하여 상황과 날씨에 적절하게 옷 입기 지도하기</td></tr>
<tr><td>

연령	날씨에 맞게 옷 입기 지도방법
3세	날씨와 계절에 맞게 주어진 옷을 입고 생활하며 덥거나 추울 때 자신의 의사를 표현하게 함
4세	날씨와 계절에 알맞은 옷을 입어야 하는 이유에 대해 알아보고, 여러 가지 옷 중에서 현재의 날씨와 계절에 적절한 옷을 직접 골라 입어보게 함
5세	날씨와 계절뿐만 아니라 다양한 상황에 맞는 옷차림을 알아보고 적절히 입어보게 함

</td></tr>
</table>

출처: 보건복지부 · 육아정책연구소(2013: 124-127). 영유아 문제행동지도를 위한 어린이집 보육교사 지침서. 재구성.

(4) 청결 지도방법 및 실제

- 스스로 이를 깨끗이 닦는다.
- 외출에서 돌아온 후 손을 씻는다.
- 음식을 먹기 전 손을 씻는다.
- 세수를 한다.
- 몸을 씻는다.
- 옷을 깨끗하게 입는다.
- 주변을 깨끗이 한다.

표 Ⅳ-5 청결 지도방법(예시)

	이를 닦지 않으려고 하는 경우
사례	<1세> ㅇㅇ는 14개월에 접어드는데, 이가 빨리 나서 벌써 어금니까지 다 났다. 어린이집에서 영아들이 오랜 시간을 보내다 보니 점심식사 후 낮잠 전 양치질에 신경을 많이 쓰는 편인데, ㅇㅇ는 양치질을 무척 싫어한다. 액상치약은 과일향이 나서인지 쪽 잘 빨아먹기는 하는데, 칫솔질을 하지 않으려고 한다. 이를 닦자고 하면 어느새 도망가 버리거나 손으로 입을 막고 울어버린다. 영아를 이렇게 울리면서 닦는 것도 한두 번이지, 그렇다고 양치를 안 할 수도 없는 노릇이고, 정말이지 양치시간이 전쟁 같다.
원인 분석	• 부모나 교사의 이 닦기 지도방법에 따른 부정적 경험 - 영유아들은 양치질을 대개 싫어하는데 교사나 부모가 강제로 이를 닦일수록 점점 더 이 닦는 것을 싫어하게 됨 - 교사나 부모의 지나친 깔끔함 때문에 영유아의 이를 구석구석 깨끗이 닦아준다고 잇몸을 아프게 하지는 않았는지 생각해 보아야 함

지도 방법	① 연령별 <table><tr><th>연령</th><th>이 닦기 지도방법</th></tr><tr><td>0세</td><td>• 영아(아기)는 자기 자신이 칫솔질을 할 수 없으므로 성인이 해 주어야 하는데, 영아(아기)의 몸을 안전하게 붙잡고 집게손가락에 젖은 천이나 거즈를 싸서 하루에 한 번 정도 이와 잇몸을 닦아줌 - 치아가 많이 돋으면 부드러운 소형 칫솔을 사용하여 닦아주도록 함 - 뱉는 능력이 부족하여 치약을 삼킬 우려가 있고 칫솔질을 해 줄 때 시야를 방해하므로 치약은 사용하지 않는 것이 좋음</td></tr><tr><td>1세</td><td>• 영아용 칫솔을 쥐여 주고 양치질 놀이를 할 수 있도록 함 - 아직 영아가 제대로 닦을 수 없으므로 꼭 마무리 칫솔질은 성인이 해 주어야 함 - 매일 규칙적인 칫솔질 과정을 반복해 주는 것은 영유아에게 좋은 구강 습관을 키워줌 - 칫솔은 부드러운 칫솔을 사용하고 치약을 사용해도 됨</td></tr><tr><td>2~3세</td><td>• 간단한 대화는 가능하므로 유아에게 칫솔질을 한 후 뱉도록 하며, 이것이 가능하면 치약을 사용하는 것이 좋음 - 칫솔질에 흥미를 보이고 참여하고자 하므로 이러한 행동을 격려해 주고 유아 스스로 칫솔질을 하도록 유도함 - 유아 혼자서도 닦을 수 있게 되지만 깊은 안쪽까지는 손이 미치지 않으므로 마무리는 성인이 해 주도록 함</td></tr><tr><td>3~6세</td><td>• 유아는 자신의 치아에 큰 흥미를 나타내고 자랑스러워하므로 유아 스스로 이를 닦을 수 있는 기회를 주도록 함 - 말을 이해할 수 있으므로 알기 쉽게 칫솔질 요령을 설명해 주고 매일 규칙적으로 이를 닦을 수 있도록 지도함 - 유아 자신의 칫솔을 보관할 장소를 마련하여 칫솔 관리를 지도하고 식사 후나 취침 전에 반드시 양치질을 하도록 하며, 하루 3회 이 닦는 습관을 길러주도록 함 - 불소치약을 사용하기 시작하는 것이 좋지만 아직까지는 뱉는 능력이 어른보다 미숙하여 불소치약을 반복하여 삼키게 될 수 있기 때문에 소량을 사용하도록 함</td></tr></table>

출처: 보건복지부 · 육아정책연구소(2013: 118-121). 영유아 문제행동지도를 위한 어린이집 보육교사 지침서. 재구성.

(5) 절제심 지도방법 및 실제

- 자기 물건을 소중하게 간수한다.
- 다른 사람의 물건도 소중히 여긴다.
- 아껴 쓰고 재활용하며 절약하여 건전한 소비생활을 한다.

표 Ⅳ-6 절제심 지도방법(예시)

	자기 물건을 잘 관리하지 못하는 경우
사례	<5세> ㅇㅇ는 바깥놀이터에 새로 산 점퍼를 놓고 들어오기도 하고, 이를 닦고 칫솔을 세면대에 놓고 그대로 보육실로 들어오는 경우가 많다. 교사가 "이거 누구 거니?"라고 물어보면 어김없이 ㅇㅇ의 물건이다. 서랍장에 넣어둔 자기 놀잇감이 없어졌다며 당황스러워하고 울어버리는 경우도 자주 있다. 특히 하원할 때는 놀잇감뿐만 아니라 양말, 점퍼 등을 어디에 두었는지 찾지 못해서 부모님과 함께 없어진 물건을 찾느라 정신이 없다. 교사는 자기 물건은 서랍장에 잘 넣어두거나 제자리에 두어야 한다고 여러 번 말해 주었지만 큰 변화가 없다. 가정에서도 자기 물건을 어디에 두었는지 잘 모르거나 잃어버려서 엄마한테 매번 자기 물건이 어디 있는지를 물어보거나 찾아달라고 한다고 한다.
원인 분석	• 영유아의 발달특성 - 영유아는 기억력이 제한되어 있기 때문에 성인에 비해 물건을 잘 챙기지 못함 • 물건의 소중함을 모름 - 가정에서 물건을 잃어버리면 곧바로 다시 사주어서 영유아가 물건을 잃어버리면 또 사면된다는 생각을 갖고 있을 수 있음 • 부모의 지나친 보호로 인한 습관 부족 - 부모나 주위의 어른들이 하나에서 열까지 모두 챙겨주는 경우 영유아가 굳이 자신이 알아서 챙기거나 신경 쓸 필요성을 느끼지 못할 수 있음 • 심리적인 불안정 - 영유아의 마음에 불만이 있어서 이를 부모나 교사에게 표출하거나 관심을 끌기 위해 하는 행동일 수 있음
지도 방법	① 물건을 잃어버리는 것을 탓하기보다는 성장기의 특성으로 이해해 주기 ② 물건을 소중히 다루어야 하는 이유에 대해 설명해 주기 ③ 정리정돈 습관 길러주기 ④ 정서상태 이해하고 심리적 안정감 지원해 주기

출처: 보건복지부 · 육아정책연구소(2013: 134-136). 영유아 문제행동지도를 위한 어린이집 보육교사 지침서. 재구성.

(6) 예절 지도방법 및 실제

- 친구와 성인에게 바르게 인사한다.
- 예절에 맞는 언어를 사용한다.
- 정직하게 말하고 행동한다.
- 자신이 잘못한 일에 대해 사과한다.
- 다른 사람의 친절에 고마움을 표현한다.

표 Ⅳ-7 예절 지도방법(예시)

	차례를 지키거나 기다리는 것을 어려워하는 경우
사례	<4세> ○○이는 놀이시간에 게임이나 친구들과 함께 하는 놀이를 할 때 차례를 기다리기 힘들어한다. 자기 차례가 아닌데도 게임하는 동안 기다리지 못해 불쑥 끼어드는 경우가 많아 친구들이 불편해하기도 한다. 친구들이 순서 지키는 것에 대해 이야기하면 화를 내고 소리를 지르거나 울음을 터뜨리기도 한다. 다른 친구나 교사와 이야기를 할 때도 자신의 이야기만 하려고 하며 다른 사람이 말하는 것을 기다려주지 못하며 답답해한다.
원인 분석	• 부모의 양육태도 - 부모가 모든 상황에서 영유아의 욕구만을 최우선으로 하여 성장과정에서 기다리는 경험 부족 • 자기중심적 사고 - 타인에 상황이나 입장에 대해 이해하기 힘든 경우로 일반적으로 4세경이 되어야 다른 사람의 입장이나 생각을 이해하기 시작함 • 충동조절능력 부족 - 상황이 빨리 해결되지 않으면 그 과정에서 충동과 욕구가 올라와 조절이 힘듦
지도 방법	① 기다리는 동안 다른 역할 부여하기 - 차례를 기다려야 하는 상황에서 영유아에게 다른 역할을 부여하여 기다리는 시간이 힘들지 않도록 배려하기 - 식사하기 전 줄 서서 기다리는 동안 친구들에게 숟가락 나누어 주기, 양치질 기다리는 동안 친구들에게 치약 짜주기, 다른 친구들이 신체게임에 참여하는 동안 친구 응원하기 등 구체적인 역할 부여하기 ② 다른 사람의 마음을 이해할 수 있는 상호작용하기 - 놀이 중 다른 친구나 교사의 상황이나 마음에 대해 언어적으로 상호작용해 주기 - 갈등상황이 생겼을 때 상황에 대해 이해할 수 있도록 상대방의 입장에서도 설명하기 ③ 충동조절에 도움이 되는 활동 실시하기 - 순서를 기다리며 즐겁게 참여할 수 있는 활동(신체게임, 규칙이 간단한 판게임 등)에 참여하면서 자연스럽게 충동을 조절할 수 있는 기회 제공하기 - 연령이 높은 영유아의 경우 대집단 시간을 이용하여 다른 사람의 말을 끝까지 듣고 자신이 말할 수 있도록 연습하기

출처: 보건복지부 · 육아정책연구소(2013: 141-143). 영유아 문제행동지도를 위한 어린이집 보육교사 지침서. 재구성.

(7) 질서 지도방법 및 실제

- 질서를 지켜야 함을 안다.
- 공공장소에서 지켜야 할 규칙을 알고 지킨다.
- 다른 사람과 한 약속을 지킨다.

표 Ⅳ-8 질서 지도방법(예시)

<table>
<tr><th></th><th>이후 상황이 두려워서 자기 잘못을 인정하지 않는 경우</th></tr>
<tr><td>사례</td><td><4세>
역할영역에서 병원놀이가 진행되고 있다. 유아가 또래와 서로 의사 역할을 하겠다고 이야기하다가 소리를 지르며 화를 낸다. 교사가 "너희들, 무슨 일이니? 선생님과 함께 이야기해 보자."라고 이야기한다. 유아는 "저 아닌데요. 제가 그런 거 아닌데요?"라고 이야기하며 손을 내젓는다. 교사가 "ㅇㅇ야, ㅇㅇ이가 잘못했다는 것이 아니라 무슨 일인지 선생님과 함께 이야기해 보자는 거야. 우리 함께 이야기해 볼까?"라고 말하자 고개를 숙이고 입을 꾹 다문다.</td></tr>
<tr><td>원인 분석</td><td>• 소심한 성격을 갖고 있고 자기 자신의 능력 등에 대해 자신감이 부족하여, 결과를 알 수 없는 모호한 상황에서는 무조건 자신의 책임을 회피하려는 경우가 있음
• 자신의 잘못을 인정하면 양육자, 교사 등 성인에게 좋지 않은 인상을 주거나 성인에 의한 훈계나 질책이 이어질 것이라고 생각해서 잘못을 인정하지 않음
• 주위 사람들로부터의 부정적인 피드백으로 자기 자신에 대한 긍정적인 자아존중감, 자신감을 갖지 못하는 경우에 나타남</td></tr>
<tr><td>지도 방법</td><td>① 유아 개별의 구체적인 장점을 찾아 격려하기
- 유아는 모두 한 가지 이상의 장점을 가지고 있음을 인식하기
- 교사는 세심한 관찰을 통해 개별 유아의 구체적인 장점을 찾아보기
- 단순히 "너는 멋지구나! 잘할 수 있어." 등으로 표현하는 것은 영유아가 격려받기보다는 일상적으로 늘 교사가 지나가면서 하는 말로 인식하기 쉬움
- 유아의 아주 구체적인 행동, 기술, 태도 등을 찾아 격려하기
② 유아의 장점이 드러날 수 있는 기회 제공하기
- 유아의 장점을 가장 잘 드러낼 수 있는 놀이 활동, 일상생활 활동을 찾아 그 활동을 해 보기를 권유하기
- 유아의 장점이 활동에서 드러나면 또래, 교사가 주목하기
- 유아의 장점이 활동 속에서 드러나면 이를 언어적·비언어적으로 표현하여 또래, 교사의 관심이 이에 집중하도록 유도하기
③ 성취감을 증가시킬 수 있도록 활동 수준 조절하기
- 관찰을 통해 정확한 유아의 언어, 인지, 사회, 정서, 신체발달 수준을 파악하기
- 파악된 유아의 발달수준을 고려하여 유아가 쉽게 스스로 교사의 큰 도움 없이 수행할 수 있는 활동 제공하기
④ 안심시키기
- 유아에게 실수는 누구나 할 수 있음을 유아가 선호하는 대상(교사, 부모 등)의 구체적인 예를 들어 설명하기
- 유아의 실수에 대한 결과를 설명하며 실수가 엄청난 것이 아님을 이야기하기
- 잘못을 인정하는 모습을 격려하여, 실수나 잘못을 인정해도 자신이 우려하는 일이 일어나지 않음을 이해하도록 하고 안심시키기</td></tr>
</table>

출처: 보건복지부 · 육아정책연구소(2013: 407-409). 영유아 문제행동지도를 위한 어린이집 보육교사 지침서. 재구성.

(8) 친사회적 행동(어떤 행동이 타인을 이롭게 하는 행동) 지도방법 및 실제

- **돕기** : 한 유아가 다른 유아에게 직접적인 도움을 제공하거나 다른 사람에게 도움을 요청하여 도움을 제공하는 것
- **나누기** : 자신의 소유인 대상을 다른 사람에게 주거나 빌려주는 것
- **협동하기** : 공통된 목표를 위해 힘을 합치는 과정 속에서 상호 간 이익을 얻는 것
- **감정이입 및 위안하기** : 타인에게 자신의 감정을 이입하여 타인이 느끼는 정서를 이해하고 이에 공감하며 슬퍼하거나 힘들어하는 상대를 위로하는 것

표 Ⅳ-9 친사회적 행동 지도방법(예시)

	나누기(놀잇감을 뺏는 경우)
사례	<2세> 놀잇감을 나누어 가지려 하지 않고, 친구가 가진 놀잇감도 자주 뺏는다. 또래들과 같이 놀이하고 있으면, 놀이에 참여하지 않고 소리를 지르거나 친구들을 불편하게 한다.
원인 분석	• 놀잇감 등 물건을 나누거나 요청해야 하는 것을 이해하고 받아들이지 못할 수 있음 - 모든 놀잇감을 혼자 소유하려고 함 - 유아교육기관에서 일어나는 갈등 중 소유에 대한 갈등이 90% 이상으로 나타남 • 물건 나누기는 또래에 대한 믿음이 있어야 하는데 이런 믿음이 생기기까지는 시간이 좀 더 걸리므로 교사는 영아가 또래에 익숙해질 때까지 기다려야 함
지도 방법	① 소유로 인한 갈등을 줄이는 물리적 환경 구성하기 - 충분한 수의 동일한 놀잇감 제공 - 충분한 놀이공간 확보 - 충분한 활동 시간과 기회 제공 ② '나누기' 경험하기 - 좋아하는 또래에게 영아가 애착을 갖는 장난감이 아닌 것부터 또래에게 빌려주도록 유도하기(자기중심적인 영아는 자신이 가장 아끼는 물건을 나누는 것은 거부하므로 일상적인 용품이나 간식 등을 나누는 경험을 할 수 있는 기회 제공) ③ 자기조절기술 배워 나가도록 돕기 - 영아는 주변 성인의 반응이나 모델링을 통해 자기조절기술을 배워 나감(잘못된 행동이라고 심하게 훈육할 경우, 아이는 자신이 무언가를 하고 싶을 때 성인이 '안 돼!'라고 반응한다고 생각해 자신감을 잃고 위축될 수 있음, 행동의 의도를

보지 않고 결과에만 집중한 훈육을 반복할 경우 영아는 불안감을 해결하기 위해 욕심을 부리고, 부정적인 자아상을 가질 수 있음)

- 유사한 행동을 거듭할 때 성인이 반복해 설명하는 것이 필요(영아는 자신이 갖고 싶은 것이나 재미있는 것이 있다면 또다시 잘못된 행동을 반복할 수 있음. 성인의 여유 있고 반복적인 안내를 통해 영아는 자기주장과 자기조절기술을 배울 수 있음)

출처: 보건복지부 · 육아정책연구소(2013: 265-268). 영유아 문제행동지도를 위한 어린이집 보육교사 지침서. 재구성.

3 영유아의 상호작용

- 영아기의 상호작용에 대한 개념과 목적을 알 수 있다.
- 영아기의 바람직한 상호작용을 적용하여 시행할 수 있다.

1) 영유아의 상호작용

영유아기는 전 생애에 걸쳐 짧은 시기임에도 불구하고 신체적 발달 및 언어적·사회적 발달능력에 이르기까지 매우 급속한 발달이 이루어지는 시기이다. 이때 영아는 신체를 스스로 움직이며 주변 환경과 상호작용을 시작한다. 또한, 영유아기는 어떤 시기보다도 양육자의 보호와 관심이 절실히 요구되며 영유아와 양육자 간 상호작용이 가장 활발하게 이루어지는 시기라 할 수 있다. 이처럼 영유아-양육자 간 조화적합성은 영유아의 자아존중감 형성에 영향(박근주 외, 2018)을 줄 수 있다는 연구에서도 알 수 있듯이 영유아기의 교사-영유아 간 상호작용 또한 영유아 개인의 미래에 주요한 요인이 될 수 있다.

(1) 상호작용의 개념 및 목적

상호작용이란 둘 이상의 물체나 대상이 서로 영향을 주고받는 것을 의미한다. 즉, 한 방향으로 나타나는 인과관계와는 달리 쌍방향으로 서로의 영향이 나타내는 것이다. 한편 영유아와의 상호작용의 목적은 영유아가 주변 환경에 흥미를 가지고 다양한 의문점을 제기 및 해결하는 과정을 통해 자신의 생각이 가치가 있다고 깨닫고 자신을 유능한 존재라는 것을 인식하게 하는 데 목적이 있다. 따라서 교사는 영유아 자신이 유능하다는 것을 인지할 수 있도록 흥미와 호기심을 보이는 다양한 상황에서 그들의 생각을 명료화 및 사고의 확장을 위한 지원이 필요하다. 또한, 옳고 그름의 결과보다 논리적 맥락에 적합성 등을 판단할 수 있도록 도와야 한다.

(2) 상호작용의 필요성

영유아와 교사의 상호작용은 영유아의 발문을 증진시켜 동기(motivation) 유발 및 창의적이고 비판적인 사고능력을 기르고자 함이다. 그러나 영유아와 상호작용을 실시할 때 교사가 발달에 적합하지 않게 실시하거나 상호작용의 방향성을 잃어버린다면 영유아기 이후 아동기에 이르기까지 부정적인 영향을 끼칠 수 있다. 그러므로 교사에게는 가장 효과적이며 바람직한 방법의 상호작용 전략이 요구된다(박근주 외, 2018).

(3) 상호작용의 구성요소

① 민감성

영유아의 의도와 흥미를 민감하게 인식하는 능력이다. 영유아는 자신의 행동에 관심을 갖고 민감하게 반응하며 상호작용을 받길 원한다. 특히 영유아기의 하루 일과는 신체적 · 정서적 욕구를 해결하는 시간이며, 자아존중감과 자기조절력이 향상시키는 시기이다. 이를 위해서는 교사는 영유아의 욕구와 관심거리를 이해하고 탐색할 수 있도록 주변 환경을 조성해야 한다.

② 반응성

영유아 행동의 의미를 알고 즉각적으로 적절히 반응하는 능력이다. 양육자는 영유아와 개별적으로 반응하며 그들이 요구하는 신호의 메시지를 정확하게 해석하여 민감하게 반응해야만 한다. 즉, 영유아의 행동을 주의깊게 관찰하고 그에 따라 언어적 · 비언어적 표현을 하도록 해야 한다. 이를 통해 양육자와 영유아 사이의 관계형성이 긍정적으로 이루어진다.

③ 적합성

영유아의 행동과 정서를 균형적으로 관계 짓는 능력이다. 가정에서의 영유아와 함께 보내는 일과는 영유아와 양육자 간의 신뢰로운 관계를 형성시켜주는 주요한 시간이다. 이때 영유아의 감정표현(긍정적, 부정적)에서 양육자가 적절한 정서적인 반응을 하며 서로 간의 의사소통과 감정의 공유 등을 통해 유기적이고 호혜적인 관계를 가질 수 있다.

(4) 상호작용의 단계

영유아기 각 단계들은 성장과 발달을 통해 일정한 방향성과 단계를 거치며 정교화되고 세분화된다. 이처럼 영유아-양육자 간의 상호작용에서도 정교화 및 세분화 과정을 거치며 인지적·인성적 안정감을 갖게 된다. 따라서 다음에 제시된 영유아-양육자 간의 바람직한 상호작용 단계를 살펴보며 발달에 적합한 상호작용을 알아보자(박근주 외, 2018).

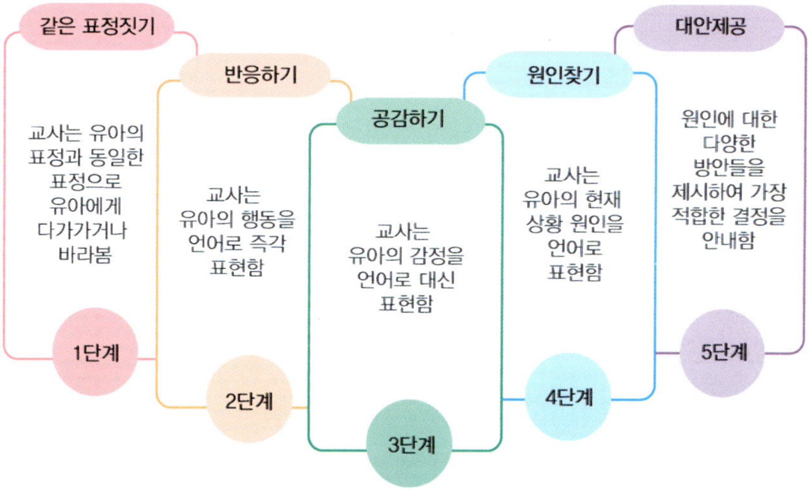

그림 Ⅳ-2 바람직한 상호작용 단계

(5) 상호작용의 방법

① 촉진적 상호작용

영유아는 자신만의 방법으로 활동을 유지하는 동시에 양육자와의 상호작용을 통해 다양한 정보를 수집하게 된다. 하지만 영유아의 요구에 대한 개입이 항상 유용하며 긍정적 결과를 가져오는 것은 아니다. 따라서 양육자는 영유아의 사고와 경험을 자극할 수 있는 촉진적 전략을 사용해야 한다.

- **발문 vs 질문**

발문과 질문은 영유아들에게 직접적으로 가르치기보다는 영유아가 알고 있는 것을 이끌어내기 위한 방법이라 할 수 있다. 질문이 단순히 알고 있는 것을 확인하는 결과지향적(예: '블록으로 놀까?', '네/아니요')이라면, 발문은 알고 있는 것이 무엇이며 얼마나 이해하고 있는지를 이끌어내는 과정지향적(예: '무엇이 필요하니?', '큰 그릇이 필요해요.')이라 할 수 있다.

- **격려 vs 칭찬**

영유아에게 있어 칭찬은 양육자와의 긍정적인 관계 형성 및 학습동기를 촉진시켜 학습강화의 순기능을 가지고 있다. 격려와 칭찬은 모두 행동을 강화하는 방법이지만 칭찬은 긍정적인 결과일 때 주로 사용하는 결과 중심의 방법(예: '잘했구나', '최고야.')이라면 격려는 영유아의 행동이 긍정적이거나 부정적일 때 모두 사용하는 것이다. 이는 경쟁과 비교를 피할 수 있는 과정 중심의 방법(예: 'ㅇㅇ가 오래 기다렸는데도 할 수 없어 속상하겠구나.')이라 할 수 있다.

- **안내 vs 훈육**

안내와 훈육 모두 바람직한 행동의 사회화를 위한 방법이라 할 수 있다. 훈육은 바람직한 행동을 향한 행동의 변화가 요구될 때 사용하는 것이다. 또한 훈육은 행동을 중지시키는 것이 목적(예: '갖다 놔', '그만 울어.')이 될 수 있으나 안내의 경우 바람직하지 않은 행동의 중지와 더불어 앞으로 영유아가 수행해야 할 바람직한 행동의 방향성까지 제공(예: '차례가 올 때까지 기다려야 가질 수 있단다.')하는 긍정적인 방법이라고 할 수 있다.

② 안정적 상호작용

영유아가 새로운 시도를 하거나 진보적 기술이 요구되는 행동이나 상황에 접했을 때 양육자는 영유아의 활동을 주의 깊게 관찰하고 적절한 개입으로 인해 그들이 발달과업을 수행할 수 있도록 도와야 한다. 이를 위해서는 영유아의 바람직한 행동 형성을 위한 양육자의 안정적 상호작용 방법이 의미 있을 수 있다.

- **즉각적 상호작용**

  영유아의 행동에 대한 반응하는 시각적 개념을 의미한다. 양육자는 영유아의 행동에 대해 즉각적으로 반응함으로써 원인과 결과(자극과 반응의 결합)를 통한 행동이 형성되도록 직접적인 상호작용을 해야 한다.

- **적극적 상호작용**

  영유아와 양육자가 나타내는 다양한 반응(언어의 강약, 고저, 장단 등)에 따라 다소 차이를 보인다. 이는 영유아의 행동을 양육자는 다소 과장, 큰 소리, 명료한 발음 또는 유머 등을 통해 반응하며 상호작용하는 전략이다.

- **지속적 상호작용**

  양육자가 영유아의 행동에 대해 일관성 있게 반응함으로써 바람직하고 효과적인 행동이 유지되도록 돕는 상호작용 전략이다. 이는 영유아의 행동이 타인이나 환경에 영향을 받기보다는 스스로 결정한 행동으로 평가받을 수 있도록 하는 방법이다.

③ 긍정적 상호작용

영유아가 행동해야 할 과업을 직접적인 방법으로 안내함으로써 개인적으로는 유능하고 타인과의 관계가 긍정적이 되도록 방향성을 제공하는 상호작용 기술이다.

- **접근동기 상호작용**

  소통과 공감을 향상하는 바람직한 상호작용 전략으로 영유아가 수행해야 할 일련의 행동을 타인과의 긍정적 관계를 중심으로 안내하는 방법이다(예: 친구를 만날 경우, "친구와 안녕하면 친구가 기뻐한단다.").

- **회피동기 상호작용**

  거절과 고립을 유발시켜 바람직하지 않은 부정적 상호작용이다. 바람직한 행동을 위해 바람직하지 않은 행동을 제한하는 것을 말한다. 하지만 바람직한 행동에 대한 안내가 되지는 않기에 행동의 변화를 기대할 수 없다는 단점이 있다(예: 친구를 만난 경우, "친구라도 인사하지 않으면 친구가 싫어해.").

2) 영유아와 교사의 상호작용

(1) 영유아와의 상호작용을 위한 교사의 역할

영유아교사는 영유아 간의 하루 일과 중 보이는 만족감, 성취감, 행복감 등의 일련의 행동들로 인해 교수몰입에 영향을 받게 된다. 그러므로 교사가 행하는 영유아에 대한 태도나 행동, 말 등은 보육의 질을 향상에 중요한 요인이 되며 영유아의 사회적 기술발달에 중요한 요소가 된다. 따라서 영유아와 직간접적으로 상호작용을 하는 교사는 다음과 같은 교사 역할을 알아야 한다.

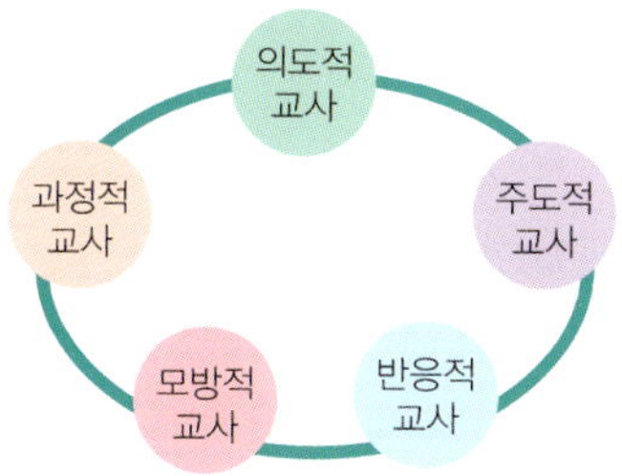

그림 Ⅳ-3 영유아-교사의 상호작용을 위한 교사의 역할

(2) 영유아와의 상호작용을 위한 교수전략

반응적인 교사는 영유아를 지속적으로 관찰하고, 함께 활동에 참여하며, 때론 새로운 정보나 자료를 제공함으로써 영유아 활동이 확장되도록 도와주어야 한다. 이는 다음에 제시하는 교사의 상호작용과 교수전략들을 활용하여 영유아의 개별적 발달에 따른 목적, 방향, 방법 등을 고려하여 균형 있는 상호작용을 할 수 있어야 할 것이다(박근주 외, 2018).

① 반응

영유아가 스스로 놀잇감을 선택하여 자유롭게 탐색할 수 있도록 비언어적(얼굴 표정이나 자세, 몸짓)·언어적(단어)으로 적극성을 가지고 안내하는 상호작용이다.

② 제안

구성원이나 주변 환경에 관심과 흥미를 유발하도록 안내하며 다양한 탐색거리를 제공하는 상호작용이다.

③ 공감

감정이나 느낌을 있는 그대로 표현할 수 있도록 단순화시키거나 정서적 모방을 통해 복잡한 정서적 인식 및 표현을 할 수 있도록 사고와 감정을 이해하고 추론을 돕는 상호작용이다.

④ 설명

활동이나 행동, 상황 등의 이해를 돕는 것으로 행동이나 활동의 진행 과정을 이해하도록 단계적으로 구체화시켜 언어적인 상호작용하는 것을 의미한다.

⑤ 확장

영유아의 놀이를 관찰하면서 현재의 상황이나 수준을 확장시키거나 이전 놀이경험과 결합하여 새로운 놀이경험으로 안내하는 상호작용이다.

⑥ 지지

영유아의 놀이가 개별적으로 또는 또래와 함께 유지, 전환, 반복될 수 있도록 기회를 제공하는 지속적인 상호작용이다.

⑦ 지원

영유아가 원하는 상황이나 원하는 사물 등을 제공하여 동기 또는 맥락에 따라 활동을 유지하거나 확장이 가능하도록 하는 상호작용이다.

⑧ 시범

실제적 이해를 돕고 구체적으로 지도하고자 교사가 상황이나 순서화 과정을 보여주는 상호작용이다.

⑨ 모델링

자발적 참여를 위한 정보제공 방법으로, 시각적 감각을 통해 방법과 과정을 자연스럽게 수행하도록 안내하는 상호작용이다.

⑩ 촉진

교사의 최소한의 개입으로 수준의 향상이나 방법의 변화를 위해 과제 내지는 문제를 보다 쉽게 해결할 수 있도록 하는 상호작용이다.

3) 영유아와의 상호작용의 실제

교사는 영유아의 하루 일상에서 영유아와 언어적 상호작용을 통해 영유아가 자신의 생각을 정리해 말할 수 있도록 기회를 제공해야 한다. 다양한 영유아교육기관에서의 유아-교사 간의 상호작용 실제를 통해 교사의 역할을 알아보자(정남미, 2020).

(1) 영유아의 발달단계를 기반으로 활동 및 상호작용 제시

교사들은 단순히 순서적으로 블록을 나열하는 영아들과 복합적으로 구성하는 단계의 유아들의 상호작용은 다르게 접근한다. 즉, 단순히 순서적으로 나열하는 영아기 단계는 블록의 모양, 크기, 바르게 놓인 상태 등을 중심으로 언어적 상호작용을 실시한다. 반면, 복합적 구성을 실시하는 단계의 유아기에는 구성물의 내용, 세부 사항의 위치 및 방향 등 좀 더 상세한 상호작용을 실시한다. 이것은 블록 구성 단계에 따른 인지적·언어적 표현능력이 서로 다르기 때문이다.

이때 발달단계별 상호작용의 예는 다음과 같다.

- 굵은 붓과 가는 붓을 이젤판에 놓아주고 '큰 종이에 그리고 싶을 땐 큰 붓을 사용하고, 작은 것을 그리고 싶을 땐 작은 붓을 사용할 수 있어'라고 말하며 유아들의 반응을 본다.
- 유아의 그림에 의미에 대해 물어볼 때는 "○○이가 그린 집은 아주 크네. 이 종이에 꽉 차 있네. 누구네 집이니?"라고 질문을 하면, 유아는 자신이 생각한 것을 말하게 된다. 이때 유아가 교사의 말에 대해 다른 이의 및 다른 표현을 할 때 있는 그대로 수용하며 대화를 이어가는 것이 필요하다.

(2) 유아가 의도한 계획의 실행 돕기 위한 상호작용

교사는 유아의 말과 행동을 관찰하여 유아의 의도를 정확히 파악한 후 의도에 맞춰 상호작용한다면 유아가 의도한 계획의 실행을 도와줄 수 있게 된다. 때로는 활동 진행 시 유아가 어떠한 생각을 갖고 그 활동을 실시하는지 정확히 파악하기 힘든 경우가 많이 존재한다. 이때는 교사는 유아에게 질문을 통해 의도 파악 및 하고자 하는 활동을 지원할 수 있다. 즉, 유아는 교사의 질문에 답하는 과정을 통해 자신의 생각을 말로 표현할 수 있는 능력이 형성되기 때문이다.

(3) 개방적 생각을 유도하는 질문하기

교사는 폐쇄적 질문보다는 개방적인 생각을 유도하는 질문을 하도록 한다. 예를 들어, 정확한 한 가지 대답으로 수렴하는 "그 아이가 무엇을 날려 보냈지?"라는 질문으로 "새요."라는 답을 얻기보다는 "그 아이가 새를 어떻게 했을 거라고 생각하니?"와 같은 복합적 의사소통기술 및 다양한 생각을 하게 하는 질문을 실시하도록 한다.

(4) 언어적 상호작용 기회를 제공하기

교사는 기질적으로 수줍어하는 등 스스로 언어적 상호작용의 제안을 어려워하는 유아에게도 언어적 상호작용의 기회를 주어야 한다. 흔히 교사는 상호작용에서 활발한 반응 및 상호작용을 제안하는 유아에게만 상호작용하는 오류를 범하는 경우가 많다. 이때 기질적으로 수줍음이 많아 상호작용을 잘 제안하지 않는 유아들은 교사의 상호작용 제안을 잘 받지 못해 움츠리게 되고, 이로 인해 유아들의 발달적 격차가 더욱 커지게 된다.

(5) 유아의 언어적 상호작용 제안에 응답하기

교사는 유아가 제안하는 언어적 상호작용에 가능한 한 빨리 흥미를 갖고 반응해야 한다. 즉각적인 언어적 상호작용을 통해 유아는 자신의 생각과 의도를 인정받고 있다고 인식할 수 있으며 좀 더 적극성을 갖게 된다.

이때 교사의 언어적 상호작용의 원칙은 다음과 같이 제시할 수 있다.

- 유아가 느끼고 있는 감정, 상황을 그대로 수용한다.
- 유아에 대한 기대 행동 및 행동의 필요성과 멈춰야 하는 이유를 설명한다.
- 유아의 발달수준을 이해하여 상호작용을 실시하며, 유아가 이해하지 못한 경우에는 한 번 더 반복해 준다.
- 유아의 눈높이에 맞춰 대화하며, 관심과 애정을 표현하는 등 따뜻하고 부드러운 표정을 짓는다.
- 유아의 자존감과 자율성을 존중하며 유아의 요청이 있을 때는 즉시 반응해 준다.
- 잘못을 지적하기보다는 잘했을 경우 칭찬을 통해 긍정적인 강화가 이루어지도록 유도한다.
- 유아가 장황하게 두서없이 말할 경우 유아의 의도와 생각을 정리해 말해준다.
- 유아에게 시시힐 경우에는 분명한 태도로 흔들리거나 불확실성의 인상을 주지 않도록 주의한다.

(6) 상황에 적절히 표현하는 방법 모델 보이기

교사는 관찰을 통하여 문제적 행동이 시작되기 전, 문제 상황이 야기되지 않도록 적절한 상호작용을 통해 상황에 적절한 표현방법을 제시할 수 있다. 이때, 유아의 자아개념을 존중함과 동시에 문제해결을 도울 수도 있다. 이러한 모델 보이기는 유아로 하여금 다른 사람의 기분을 상하지 않게 말로 표현하는 방법 및 상황에 대처하여 표현하는 방법들을 익히는 계기가 된다.

예 1) ○○이는 왜 그리 덜렁대지? 빨리 스펀지로 물을 닦아라.

→ 괜찮아. 누구든지 물을 쏟을 수 있어. 바구니에 스펀지가 있으니까 그걸로 닦으면 돼.

예 2) ○○는 참 난폭하구나! 모래 던지기를 그만둘 수 없니?

→ 선생님이 참 화가 나는데, 모래는 놀이하기 위한 것이지 던지는 것이 아니잖아?

예 3) 살짝 빠져나가려고 하지 말고, 네가 사용한 블록은 네가 되돌려 놓자.

→ 블록을 사용한 사람은 모두 블록을 제자리에 놓도록 도와주어야겠다. 정리정돈이 끝나면 밖에 나갈 수 있어.

(7) 문제상황 해결을 위한 표현방법 모델 보이기

교사는 문제 상황에 따라 초청하기, 요청하기, 협력을 요구하기 등의 다양한 언어적 상호작용 방법을 사용할 수 있다. 다음은 문제상황 해결을 위해 언어적으로 표현하는 방법의 예이다.

예 1) 초청하기

선생님은 블록을 제자리에 놓고 책상과 의자를 정돈할 수 있는 힘센 사람의 도움이 필요해.

예 2) 요청하기

함께 일하려면 조용히 해야겠다.

예 3) 협력교육하기

영희야 네가 선택해라. 이쪽에서 친구들과 함께 협력하여 일하겠니? 아니면 혼자 일을 선택해서 하겠니? 어느 것을 선택할까?

4 영유아기 및 학령기 부적응 행동의 이해

- 영유아기 및 학령기의 부적응 행동에 대해 안다.
- 영유아기 및 학령기의 부적응 행동의 원인을 알고 지도할 수 있다.

1) 영유아기 부적응 행동의 이해

0~5세에의 영유아는 사회・문화적으로 수용되고 적절한 행동으로 여겨지는 행동과 부적절한 행동으로 평가되는 행동 양식 모두를 습득하는데, 이때 영유아의 행동은 각 문화의 적합한 기준에 의해 평가된다. 친구를 밀고, 때리고, 놀잇감을 던지고, 놀리거나 하는 등의 문제는 정상적인 발달과정에서 관찰되는 행동이다. 영유아기는 자기 통제력이 발달되기 전에 자신의 욕구와 감정에 따라 충동적으로 행동하기도 하는데, 이러한 충동성이 유아가 실수로 행동하게 되는 원인이 된다. 그러므로 영유아 행동의 적절성 여부를 평가하기 위해서는 성인 중심이 아닌 유아 중심에서 평가하는 관점이 필요하다. 부적응 행동, 다루기 힘든 행동 등은 영유아기 발달에 적합한 행동이지만 영유아가 성장함에 따라 사회적으로 수용되는 방식으로 자신의 욕구를 표현하는 것을 학습하면서 감소하게 된다.

(1) 영유아기 부적응 행동의 원인

영유아가 부적응 행동을 보이는 것은 여러 가지 원인이 있을 수 있는데, 다음과 같은 이유나 상황에서 다루기 힘든 행동을 하게 된다(권정윤・안혜준・송승민・권희경, 2013: 172).

첫째, 어떤 규칙이 있는지, 이를 어떻게 따라야 하는지 잘 모른다.

둘째, 자신의 행동이 부적절하다는 것을 알고 있지만, 그 대신에 어떻게 행동할지 모른다.

셋째, 영유아가 그 규칙을 실제로 따를 수 없다.

넷째, 충동적인 행동을 통제하기 어렵다.

다섯째, 어떻게 해야 성인의 인정을 받는지에 대해 잘못 알고 있다.

여섯째, 영유아 주변의 중요한 성인이나 형제, 또래가 교사가 정하는 것과 반대되는 행동을 지지한다.

일곱째, 영유아가 규칙을 부당하다고 생각한다.

여덟째, 수용되지 않는 행동을 해도 성인이 간과했고, 그래서 규칙을 따르건 따르지 않건 별 차이가 없다고 생각하게 되었다.

아홉째, 사회적 상황의 실제적인 한계와 부모나 교사가 이 경계를 계속 유지할 것인지를 시험해 보고 싶다.

즉, 성인의 부적절한 기대, 영유아의 성인의 기대에 대한 잘못된 이해, 자기 통제력의 부족, 지루함, 피로와 불편, 인정에 대한 욕구, 낙담, 좌절 및 반항에서 찾고 있다.

(2) 영유아기 부적응 행동에 영향을 주는 요인

영유아의 부적응 행동에 영향을 주는 요인은 크게 영유아의 생득적인 측면인 생물학적인 위험 요인과 물리적 환경에서 초래할 수 있는 위험 요인의 두 가지로 나누어 볼 수 있다.

생물학적 위험 요인은 기질, 성별, 뇌 기능과 관련된 문제들, 언어 또는 인지 장애(언어, 기억, 주의력 문제 등), 주의력결핍 과잉행동장애(attention deficit hyperactivity disorder: ADHD) 등이 있다.

환경적 위험 요인은 가족 및 부모의 훈육 방식, 빈곤, 폭력적인 미디어 등이 영향을 미친다.

(3) 영유아기 부적응 행동의 유형 및 지도방법

영유아 부적응 행동의 유형 및 지도방법은 다음과 같다.

표 Ⅳ-10 영유아 부적응 행동의 유형 및 지도방법

구분	증상	원인	지도방안
자주 우는 영유아	• 조금 건드려도 큰일처럼 반응 • 요구, 불만, 호소 등을 울음으로 표현	• 감정의 미성숙 • 부모의 응석받이 습관화	• 칭찬과 격려 • 분리불안관찰, 공포증 연결 탐색
의뢰심이 강한 영유아	• 친구에게 도움을 청함 • 자기의사로 일처리 못함	• 어른들의 과잉 돌봄 • 잔소리 많은 부모 • 건강/지능 문제 파악	• 작은 목표 달성 및 칭찬기회 주기 • 장점발견 공개하기/적극성 훈련
신경질적인 영유아	• 사소한 일에 기분 상함 • 소극적, 자극에 민감함	• 과민한 체질/부모양육 • 형제자매가 없는 영유아, 첫 영유아	• 여유 주기/영유아 심정 살피기 • 저항력 키우기/용기와 결단력
지기 싫어하는 영유아	• 타인 칭찬에 문하고 울기까지 함 • 게임에서 질 때 상심/미움받음 • 컨디션 나쁘면 의지가 약해짐	• 자아의식, 자기주장이 강함 • 경쟁적이고 적극적일 때 • 성격 형성 원인－가정(외동이)	• 가정－타인 칭찬 기회 보여주기 • 놀이 및 활동 시 보조교사 역할 제시 • 천천히 나중에 하는 것도 좋음을 일깨움
싸움을 잘 하는 영유아	• 마구잡이 싸움 • 심술쟁이 행위(교사가 놓치기 쉬움)	• 형제자매로 억압된 불만이 계기 • 서로－일시적 반발	• 상호 관계성 살피기(영유아 입장) • 잠시 격리, 시간 갖기, 반성기회 • 화해, 심리극 시켜보기
의욕이 없는 영유아	• 혼자만 못마땅해함 • 멍하니 앉아 있기, 방관자	• 과제의 정도 또는 흥미가 안 맞음 • 체력, 사회성 미숙 등	• 과제 내는 법 연구 : 다각적 흥미 • 지나친 통제가 싫증을 유발
무서움이 타는 영유아	• 사물, 동물, 주사기 등 두려움 • 광란 상태의 두려움－상담	• 무서웠던 경험 • 무서움 정도, 횟수 관찰 필요	• 저항력 키우기/자신감 갖기 • 의사거부－놀라움, 배신감

구분	증상	원인	지도방안
욕심쟁이 영유아	• 놀이기구 독차지 • 놀잇감 집에 가져가기 • 빌려주지 않음 • 자기 것은 아까워함 • 남의 것을 빌려 씀	• 단순한 욕심 타입 • 정상적 발달이 미숙함 • 본격적인 욕심(소외감에서 비롯)	• 단순한 욕심쟁이: 참는 경험 쌓기 • 대상으로서의 욕심쟁이-부모와 대화로써 무의식 욕구파악
질투하는 영유아	• 칭찬받는 영유아 못살게 굴기/흉보기 • 억지 쓰기, 아기 짓, 울음, 열등감	• 애정결핍(칭찬에 민감) • 더 많은 사랑요구	• 칭찬, 갖고 싶은 것 주기 • 문제행동의 원인 파악/대화 나누기/놀이 중 말, 행동 살피기
내향적인 영유아	• 우물쭈물/노래 못함/혼자놀이 • 친구 앞에서 말 못 함 • 존재 자체가 희미	• 겉으로만 내향인 경우 • 낯가림, 자아의식 강함 • 과민함	• 영유아와 편하게 깊이 있는 대화 나누기 • 영유아에게 부담되지 않는 정적 활동(독서, 글쓰기 등) 적극 지원해 주기
같은 놀이만 하는 영유아	• 한 가지 놀이/TV만 보기 • 멍하니 앉아 있기	• 시기가 지나면서 변화 가능 • 열중하는 대상이 바뀜	• 놀이관찰을 통한 놀이 경향 파악 • 영유아가 흥미를 느낄 수 있는 지점을 찾아 다양한 놀이경험 제공
응석을 잘 부리는 영유아	• 끊임없이 접촉을 시도함 • 혼자활동 못할 것 같음 • 선생님의 무관심에 쉽게 토라짐	• 응석받이, 자립심 부족 • 가정에서 방치하거나 지나치게 엄격함	• 욕구불만 응석→사랑으로 응답 • 주양육자의 양육방식 점검필요
말을 잘 듣지 않는 영유아	• 지도와는 반대행동 • 물건 던지기 • 반항하기 • 교사 때리기	• 교사가 싫어서 • 교사가 눈에 들고 싶어서 • 발달미숙으로 집단규칙 모름	• 영유아 탓만 하고 있는 것은 아닌지 스스로 돌아보기 • 일방적으로 지시하지 않기 • 양유아의 감정을 수용해 주는 대화하기
손가락을 빠는 영유아	• 손가락 빨기	• 심리적 긴장, 불안, 애정결핍 • 배고픔, 무료함, 피곤, 심심	• 안아주기, 신체적 접촉, 간식 • 적목, 손으로 하는 놀이 • 칭찬해 주기
정서적으로 불안한 영유아	• 손가락 빨기 • 손톱 물어뜯기	• 심리적 불안감, 긴장 • 욕구불만/또래모방/과잉보호	• 심리적 안정감 • 점토놀이, 블록 • 모방 시 과잉반응금물 • 점차 소거

구분	증상	원인	지도방안
지나치게 수줍음을 타는 영유아	• 발표 때 얼굴상기, 숨어버림 • 소극적	• 성격 원인	• 또래 집단 활동에 관심 갖기 • 가족 수가 적을 경우, 여행이나 이웃과 유대
지나치게 의존적인 영유아	• 의존함	• 부모의 간섭, 과잉보호	• (인내심 갖고) 성취감 맛보도록 • 혼자 할 수 있는 기회 제공

출처: 한국건강가정진흥원(2019: 451-453). 아이돌보미양성교육교재.

2) 학령기 부적응 행동의 이해

6~12세 정도의 시기에 해당하는 학령기에는 가정에서 유아교육기관, 전문학원, 학교로 생활의 주 장소가 옮겨진다. 학령기는 또래집단과의 상호작용이 이루어지는 시기이기 때문에 또래들과의 원만한 관계를 맺음으로써 건강한 성격을 형성하는 것이 중요한 발달과업이다. 정신적으로 건강한 아동은 가정이나 유치원 또는 어린이집이나 전문학원이나 학교에서 자신을 긍정적으로 인식하고 능력을 발휘하며 또래들과 또는 가족들과의 원만한 관계를 맺어 간다. 그러나 그렇지 않을 경우에는 발달 시기에 맞지 않는 생각과 행동, 감정을 보이며 정신적 발달이 정지 또는 지연, 퇴행, 왜곡되는 현상이 나타난다. 학령기 아동의 발달을 저해하는 주요한 정신건강문제를 살펴보면, 주의력결핍 과잉행동장애를 비롯하여 분리불안과 학교 공포증, 우울증과 강박증, 학습장애, 틱 장애, 품행장애, 야뇨증, 열등감 등이 아동을 발달을 위협하고 있는 원인이다.

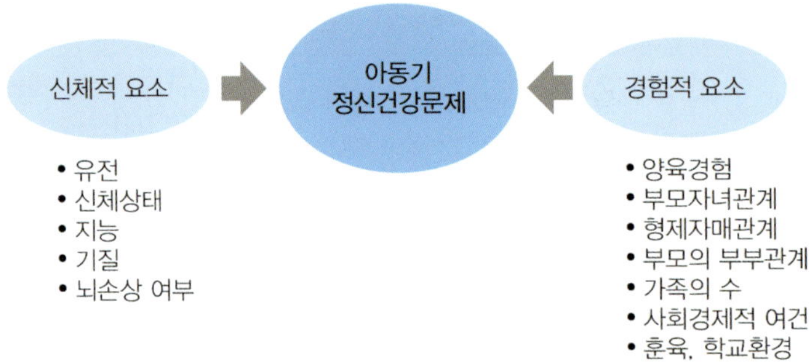

그림 Ⅳ-4 학령기(아동기)의 정신건강문제와 요소

(1) 학령기 부적응 행동의 원인과 지도 방안

① 학습장애

가. 정의 및 주요 증상

학습장애 아동이란 정상적인 또는 정상 이상의 지능지수를 보여주고 정서적인 혹은 사회·환경적인 문제가 없음에도 학업성취도가 낮은 아동이다. 이들은 학습과 관련된 뇌기능의 특정 영역이 결함을 보이거나 발육 지연 또는 장애를 나타낸다. 학습장애는 읽기장애, 쓰기장애, 계산장애로 세분화되는데, 한 아동에서 모두 나타날 수도 있고 읽기장애만 혹은 계산장애만 나타나는 경우도 있다.

학습장애 아동들은 책을 읽을 때 우선 속도가 느리고, 단어나 줄을 자주 빠뜨리고, 군더더기 말을 첨가하고, 맞춤법이 틀리며, 방금 읽은 내용을 이해하지 못한다. 계산할 때는 더하기, 빼기, 곱하기 부호를 혼동한다. 흔히 학습장애 아동의 행동은 산만하고 공부에 대한 취미가 없고 심지어는 학습에 대한 열등감과 공포를 느껴 자꾸 피하려 한다. 학업의 정상적인 성취를 위해서는 지능, 학습능력, 집중력, 정서적 안정 등의 요건이 만족되어야 정상적인 학습을 할 수 있다. 학습하는 데는 지능뿐만 아니라 그 외에도 정보처리능력, 예를 들어, 읽기, 쓰기, 시각, 운동, 지각능력, 기억력같은 학습능력이 필요하다. 또한 학습을 하는 내용에 집중할 수 있는 능력도 있어야 하며, 우울이나 불안이 없는 상태, 즉 정서적으로 안정되어야 앞의 능력이 충분히 발휘될 수 있다.

학습장애의 신호

- 수업을 이해하고 따라가기 어렵다.
- 누군가 자신에게 말한 것을 기억하는 데 문제가 있다.
- 읽기, 쓰기, 수학적 기술을 끝마치지 못해서 학업에 실패한다.
- 왼쪽, 오른쪽을 구분하지 못한다 : 단어를 파악하지 못하고 문자, 단어, 숫자를 거꾸로 쓰는 경향이 있다(72와 27를 헷갈림, 비행기를 기행비로 읽음).
- 숙제, 교과서나 다른 것들을 쉽게 잃어버리거나 다른 곳에 놓는다.
- 시간의 개념을 이해하지 못한다(어제, 오늘, 내일을 이해 못 함).

나. 원인과 치료

학습장애는 생물학적 원인과 관련되어 있는 것으로 여겨지고 있으며, 상당 부분 유전된다는 근거들이 있다. 뿐만 아니라 가정을 비롯한 교육환경, 아동학대 등 후천적인 환경적 요인들에 의해서도 유발될 수 있다(한국건강가정진흥원, 2019: 514).

학습장애는 조기에 발견하여 치료하는 것이 매우 중요한데, 예를 들어 초등학교 저학년에서 덧셈을 익히지 않은 아동은 고학년에 올라갈수록 학습에 좌절감을 느끼고 반복되는 실패경험, 학교에서의 부정적인 피드백으로 정서문제까지 동반될 수 있다. 치료는 약물치료와 인지-행동 치료, 특수교육 등 다각적인 치료로 학업을 효율적으로 수행할 수 있도록 하고 이차적인 정서문제를 도와주는 것이 필요하다.

② 주의력결핍 과잉행동장애(ADHD)

가. 정의와 주요 증상

학령기 아동기에 가장 많이 나타나는 정신적 장애로써 과잉행동을 보이는 아동은 공격적인 아동, 파괴적인 아동, 곤란한 아동 등으로 불리며 위험한 행동을 하기 때문에 종종 사고를 당하게 된다. 아동들은 아주 작고 사소한 것에도 많은 관심을 보이고 활동량이 많기 때문에 병적인 행동인지 구별하기가 어렵다. 그러나 주의력결핍 과잉행동장애(ADHD) 아동은 계속해서 주의집중을 할 수 없고, 충동을 조절하지 못하며, 활동 수준을 통제하기가 힘들어진다. 이러한 충동적인 행동과 주의력 저하는 학교생활의 어려움과 학업성취도 저하, 가족구성원과의 관계악화 등의 심각한 문제 등을 야기한다. 대부분의 아동도 때때로 부주의, 산만함, 충동성, 또는 과잉행동을 나타낼 수는 있지만, ADHD를 가지고 있는 아동들은 같은 나이나 발달수준에 있는 다른 아동들에 비해 이런 증상과 행동들이 더 자주, 그리고 더 심하게 나타난다. ADHD는 학령기 아동의 3~5%에서 발생하며, 만 7세 이전에 시작하며 성인기까지 계속될 수 있다. 또한, ADHD는 가족적인 경향이 있어서 생물학적 부모 중 25%에서 동일한 의학적 상태를 가지고 있다.

나. 원인과 치료

ADHD의 원인으로는 유전적인 요인이나 미세한 뇌손상, 부모의 성격 및 양육방식과 같은 심리사회적인 요인이 작용하여 증상이 심화되거나 우울, 불안, 적대적 반항장애와 같은 다른 정신장애가 함께 발병한다. 또한, ADHD 아동 부모의 높은 양육 스트레스는 부모 자녀 관계에 상호 부정적인 영향을 미친다(한국건강가정진흥원, 2019: 515-516).

치료는 약물치료의 효과가 명확하게 입증되어 85~90%의 확률을 보이지만 약물투여 자체만으로 학습기술이나 사회적 기술이 모두 향상되는 것은 아니다. 약물이 일관된 지도나 훈육을 대신할 수 없으므로 동시에 사회성 기술훈련, 부모훈련 같은 심리사회적 치료가 이루어져야 한다. 제대로 치료가 이루어지지 않으면 우울, 불안장애가 합병증으로 올 수 있으며 청소년기에는 비행, 약물중독으로 성인기에는 반사회적 인격장애로 이어질 수 있으므로 조기에 개입이 필요하다. 인지-행동치료, 사회기술훈련, 부모교육, 아동의 교육 프로그램의 조정을 포함한 다른 치료적 접근들도 효과가 있으며, 이러한 교육 프로그램의 조정을 통해 ADHD 증상과 동반되는 학습장애를 교정할 수 있다.

주의력결핍 과잉행동장애(ADHD) Check List

1. 차분, 침착하지 못하고 학업, 일상생활 활동에서 부주의한 실수를 많이 저지른다.
2. 공부나 놀이를 할 때 지속적으로 주의를 집중하지 못한다.
3. 다른 사람의 이야기를 귀담아듣지 않고 건성으로 듣는다.
4. 선생님이나 부모가 지시한 일을 끝까지 마무리 짓지 못한다.
5. 계획을 세워 체계적으로 일을 처리하지 못하고 엉망진창, 뒤죽박죽으로 일을 처리한다.
6. 지속적인 집중력이 요구되는 학업 또는 숙제 같은 것을 하기 싫어하고, 피하는 행동을 보인다.
7. 학습에 필요한 준비물을 잘 챙기지 못하고, 물건을 잘 잃어버린다.
8. 외부 자극에 의해 하던 일을 멈추고 그쪽으로 정신이 팔린다.
9. 일상적인 활동을 망각한다(예: 시간약속을 잊는다).

③ 품행장애

가. 정의와 주요 증상

학교 내의 조직적 폭력, 금전 갈취, 절도, 무단결석 등의 문제는 점차 저연령화되어 초등학교에서도 이런 공격적이고 거친 아동을 어떻게 다루어야 하는지 고민하는 시점에 이르렀다. 이러한 난폭하고 무책임한 행동을 통해 타인을 고통스럽게 하는 행위를 반복적으로 나타내는 경우를 품행장애라 한다. 품행장애는 갑자기 발병되지 않으며 시간을 두고 서서히 여러 가지 증상이 발생되다가 심각한 수준에 이르게 된다(한국건강가정진흥원, 2019: 517).

나. 원인과 치료

품행장애는 다양한 요인이 복합적으로 발생되는 것으로 추정되며 가장 주목을 받고 있는 원인은 부모의 양육태도와 가정환경이다. 부모의 강압적이고 폭력적인 양육태도, 무관심하고 방임적인 양육태도, 부모의 불화, 가정폭력, 아동학대, 알코올 의존이 있는 부모 등과 밀접한 관련이 있다.

또한 사회 경제적 수준이 낮은 계층의 낮은 교육수준, 높은 실업률, 경제적 곤란, 가정교육의 부재 등으로 인해 품행장애가 유발될 가능성이 높다(한국건강가정진흥원, 2019: 517-518). 품행장애 치료는 심각성에 따라 다양한 치료가 이루어질 수 있는데 소아정신과를 방문하여 뇌 손상에 대한 의학적인 검사는 물론 지능검사를 포함한 심리검사 등을 통해 원인을 찾아야 하며, 아동의 충동 조절을 위한 일시적인 약물투여, 가족치료 등이 시행되어야 한다. 또한, 행동치료 및 정신치료는 적당한 표현능력과 분노를 조절하는 데 도움이 될 수 있으며 시간을 두고 아동이 새로운 행동양식과 태도를 익히도록 돕는 것이 중요하다.

④ 학교 공포증

가. 정의와 주요 증상

학령기에 경험하게 되는 공포증의 하나이다. 학령기의 아동은 집을 떠나서 등교하는 것에 대해 심한 불안감을 느끼거나, 혹은 등교하는 것을 피하는 것으로서 학교에 대한 과도한 불안감을 느끼는 것으로서 시험에 대한 불안, 불안정한 교우관계, 교사와의 불안정한 관계, 부모가 혹시 자기를 버리지나 않을까 하는 두려움 등 여러 가지 원인으로 인해 발생할 수 있다. 이러한 학교 공포증은 교육, 사회적으로 심각한 결과를 가져다주어 극심한 경우에는 무능상태에까지 빠질 수 있다.

나. 원인과 치료

〈원인〉

- 분리불안과 연결된 공포

  분리불안과 연결된 공포증으로 인한 아동은 부모와 떨어져 있어야 하는 상황에 처하면 자신이나 부모에게 해로운 일이 생기지 않을까 끊임없이 걱정하며, 부모가 집에 머물러 있을 때는 부모와 한 침대에서 자려고 떼를 쓴다. 학교에 다니기 시작하면 부모와 장시간 떨어져 지내야 하는 상황에 처하게 되므로 분리불안이 학교 공포증의 주요 원인이 되는 경우가 많다(한국건강가정진흥원, 2019: 519).

- 학교 거부형 혹은 등교 거부

  학교 거부형은 학교의 무엇인가를 두려워하거나 사회공포증이 심한 것으로서 진짜 학교 공포증에 기인하는 것이다. 특히 등교 거부의 경우에는, 정신 신경증적인 거부, 환경 이상에 의한 거부, 지적이거나 신체적 장애의 경우, 그 외에도 다양한 경우 특히 심인성인 경우가 대부분이다. 이런 유형에 해당하는 학교 공포증 아동은 첫 번째 유형보다 일반적으로 학교를 회피하기에 이른다. 이들의 두려움은 낙제나 또래와의 불편함 등의 학교 상황의 특정한 측면과 관련성이 크다(한국건강가정진흥원, 2019: 520).

〈치료〉

상당수의 공포증은 단순히 시간이 지나고 시간이 지나면 소멸된다. 그러나 반복적으로 일어난다면 치료의 필요성을 인지해야 할 것이다. 이를 위해 부모는 아동의 자신감 회복을 위한 지속적인 노력이 필요하다. 또는 불안을 주는 상황에 노출되는 시간을 점진적으로 늘려나가므로 일상적인 생활 속으로 아동들이 융화되어 가게 하는 체계적 둔감법의 사용도 가능하다. 학교 가는 것을 공포로 여기거나 등교 거부의 이유는 다양하지만 스트레스도 불안과 두려움을 야기하므로 아동이 스트레스를 해소할 수 있는 건설적인 방법들을 통해 심리적으로 여유로운 생활이 될 수 있도록 도와주어야 한다(한국건강가정진흥원, 2019: 520-521).

5 교재·교구 제작 및 활용방법

- 교재·교구의 정의 및 중요성에 대해 이해한다.
- 교재·교구의 제작 시 고려할 점을 이해한다.
- 교재·교구를 제작하여 활용한다.

1) 교재·교구의 정의 및 중요성

(1) 교재·교구의 정의

교재·교구란 영유아의 성장·발달을 촉진시키기 위해 활용되는 놀잇감, 환경구성자료, 그림 및 사진 자료, 실물, 자연물 등 모든 학습자료를 의미한다.

(2) 교재·교구의 중요성

영유아의 발달에 적합한 교재·교구는 영유아기의 교육적 효과를 높이는 데 매우 중요하다. 이러한 교재·교구의 중요성을 정리하면 다음과 같다(정연희, 2018: 14).

첫째, 교재·교구는 교사와 영유아, 영유아와 영유아 간의 원활한 상호작용을 촉진하는 매개체 역할을 하기 때문에 교육내용의 이해와 언어적 발달을 돕는 중요한 역할을 한다.

둘째, 영유아는 놀이를 통해 배우며 놀이가 곧 학습이 된다. 따라서 교재·교구는 영유아들의 흥미를 자극하여 다양한 놀이활동에 자발적으로 참여할 수 있도록 이끌어 교육 효과를 높이는 데 매우 중요하다.

셋째, 영유아는 교재·교구를 통해 활동의 내용과 방법에 대해 명료하게 이해하게 되고, 효과적인 활동방법을 탐색하며, 새로운 것을 알게 되어 더욱 깊이 탐색하고자 하는 동기를 부여받아 활동을 심화·확대시킨다.

넷째, 영유아는 교재·교구를 조작하고, 만져보고, 탐색하고, 관찰하면서 신체 및 감각능력을 발달시킨다.

다섯째, 영유아는 교재·교구를 사용하며 놀이하는 과정에서 규칙을 지키고, 행동을 절제하며, 협동하는 방법을 배우게 된다.

여섯째, 영유아들은 다양한 교재·교구와 상호작용하는 과정에서 창의성과 예술성 및 표현능력을 기른다.

2) 교재·교구의 제작 시 고려해야 할 사항

교재·교구 제작 시 다음과 같은 사항을 고려하여 제작하도록 한다(정연희, 2018: 93).

첫째, 영유아의 연령 및 발달수준을 고려하여 제작하여야 한다. 대상 영유아의 연령 및 발달수준에 맞게 조작과 활용이 가능한 것이어야 하며, 가능하면 교사의 도움이 필요 없고 영유아가 다루기 쉽도록 제작하는 것이 좋다.

둘째, 영유아의 전인적 발달을 도울 수 있도록 제작하여야 한다. 영유아들의 대근육, 소근육 등의 신체능력, 인지능력, 언어능력을 발달시키고 사회화를 촉진하며 영유아의 정서적 욕구를 표현하고 창의적 능력을 발휘할 수 있도록 제작하여야 한다.

셋째, 매력적이고 흥미를 줄 수 있도록 제작하여야 한다. 대상 영유아가 선호하는 색깔, 형태를 고려하고 다양한 재료와 제작방법을 사용하여 제작하도록 한다.

넷째, 영유아 스스로 활동결과를 확인하고 수정할 수 있는 피드백을 제공하도록 제작하여야 한다. 예를 들어, 퍼즐 교구의 경우 완성된 퍼즐 그림을 따로 붙여 놓거나 퍼즐 밑판에 그려 놓아 퍼즐을 완성하면서 제대로 완성했는지 확인해 보도록 제작할 수 있다.

다섯째, 활용목적이 분명하고 목적 달성이 쉬운 것이어야 한다. 영유아가 교재·교구를 활용하였을 때 예상되는 교육 효과를 달성할 수 있도록 제작하여야 한다. 한 가지 교재·교구를 다목적 활용을 목적으로 제작할 경우 유아들이 활용에 혼란을 일으키지 않도록 한다.

여섯째, 안전하고 견고하며 위생적이어야 한다. 뾰족한 것이 튀어나오거나 모서리가 날카로운 부분이 없도록 한다. 또한, 이음새 부분을 완벽하게 처리하고 반복적 사용에도 부착물이 떨어져 나가거나 교구가 망가지지 않도록 견고하게 제작하도록 한다. 특히 교구의 재질은 영유아가 손으로 만지거나 입에 대었을 경우에도 해가 되지 않는 것을 선택하도록 한다.

일곱째, 영유아가 사용하기에 적당한 크기와 보관이 용이하도록 제작한다. 영유아에게 너무 큰 교재·교구는 영유아가 사용하기에 부담을 주고 보관하기에도 불편하므로 영유아 스스로 이동할 수 있고 조작이 가능한 크기로 제작하도록 한다.

여덟째, 최소의 노력과 경비로 최대의 효과를 낼 수 있는 것이어야 한다. 교사는 교재·교구 제작 외에도 영유아를 위한 다양한 활동을 계획하고 제공하여야 하기 때문에 교재·교구의 제작에 많은 노력과 시간을 들이기 힘들다. 또한, 제작경비가 너무 많이 들면 그만큼 다른 교재·교구 제작에 차질을 빚을 수 있으므로 재활용이 가능한 재료나 가격에 비해 견고한 소재들을 선택하여 교재·교구를 제작하도록 한다.

다음은 일반적인 영유아 교사가 교재·교구를 제작할 시 사용하는 제작계획서의 예시이다.

표 Ⅳ-11 교재 · 교구의 제작계획서 예시

교구명		대상연령	
주제		활동영역	
활동목표			
준비자료			
제작방법			
활동방법			
교구사진	준비자료 사진		완성된 사진
추후활동			
유의할 점			

출처: 이선애 외(2018: 122). 교과교재 연구 및 지도법. 경기: 정민사.

교재 · 교구의 제작의 예시

함석판으로 만든 게임판 자석 자료

출처: 김유정 외(2011: 218). 영유아 교육과정을 중심으로 한 교재·교구 연구 및 지도법. 경기: 양서원.

융판으로 제작한 그림동화

출처: 김유정 외(2011: 135). 영유아 교육과정을 중심으로 한 교재·교구 연구 및 지도법. 경기: 양서원.

3) 교재 · 교구의 활용방법 및 평가

(1) 도입

도입 단계는 교재 · 교구를 소개하기 전에 그것과 관련된 주제와 교재 · 교구에 대한 영유아의 이해를 돕기 위해 필요하다. 그림이나 사진 등의 이야기 나누기 자료, 동화, 동시, 노래, 손 유희, 수수께끼 등의 다양한 형태로 제시할 수 있다. 도입 단계에서 교사의 이야기가 길어지면 영유아의 흥미가 반감될 수 있으므로 4~6분 정도로 짧은 시간 내에 마칠 수 있도록 한다.

(2) 전개

전개 단계에서는 교재 · 교구의 형태, 교재 · 교구에 대한 놀이방법과 사용규칙에 대해 소개한다. 이때 교재 · 교구에 포함된 부속물들이 많은 경우 소개의 순서를 정하여 소개 시 혼란이 없도록 한다. 놀이방법의 소개는 교사가 주로 유아들을 대상으로 시범을 보이면서 설명을 한다. 놀이의 순서나 게임방법 등은 교구판이나 놀잇감 상자에 붙이거나 카드로 만들어 함께 제공하도록 하고, 놀이가 끝난 후 영유아 스스로 교재 · 교구의 조작 및 정리가 가능하도록 한다.

(3) 마무리

마무리 단계에서는 교재 · 교구 놀이에 대한 평가가 이루어지도록 한다. 주로 놀이를 되돌아보고 놀이를 하면서 느낀 점, 재미있었던 점, 어려웠던 점 등에 대해 영유아들과 함께 이야기를 나누고 교재 · 교구 놀이와 관련된 연계활동을 영유아들에게 제공할 수 있다.

다음은 영유아들에게 필요한 바람직한 교재 · 교구를 평가를 위한 평가척도이다.

표 Ⅳ-12 교재 · 교구 평가척도

교구명 :		제작자 :		
항목	내용	우수(5)	보통(3)	미흡(1)
활용성	교재 · 교구의 활용도가 높은가?			
	영유아들의 발달수준에 적절한가?			
	영유아들이 교재 · 교구활동을 통해 성취감을 느낄 수 있는가?			
	교재 · 교구를 융통성 있게 사용할 수 있는가?			
내용성	학습내용을 이해하는 데 적절한가?			
	교육과정의 목표 및 내용을 적절히 반영하는가?			
	교재 · 교구의 활용방법을 이해하기 쉬운가?			
	영유아들의 행동이 성공적이었는지 피드백을 제공하는가?			
안전성	위험성이 없고 안전한가?			
	사용상 안정감이 있는가?			
	구성 재료가 적절하고 질이 좋은가?			
	사용하기에 불편하지 않은가?			
내구성	교재 · 교구가 견고한가?			
	외부의 영향이나 환경에 따라 변하지 않는가?			
	정밀하게 구성되어 있는가?			
흥미도	영유아들의 흥미와 관심을 반영하는가?			
	모양, 색깔 등 디자인이 매력적인가?			
	영유아의 호기심과 탐구심을 촉진할 수 있는가?			
기타	관리 및 보관이 용이한가?			
	제작비용이 적절한가?			
	제작 소요시간이 적절한가?			
총점				

출처: 김은영 외(2018: 203). 발현적 교육과정에 기초한 영유아 교재교구 연구 및 지도법. 경기: 공동체.

6 영유아 일과 운영의 이해

- 월령별 시기에 맞는 일과 운영의 특징을 알고 적용한다.
- 기본적인 습관을 형성해 갈 수 있도록 지도한다.
- 영아의 특징을 고려하여 지도한다.
- 유아의 자발적인 선택활동이 이루어질 수 있도록 지원한다.

1) 영아의 일과 운영

영아의 특성을 반영한 하루 일과 계획과 운영 시 고려하여야 할 점을 살펴보면, 0세는 수유 및 이유, 기저귀 갈이, 낮잠 등 생리적 욕구를 고려하여 일상적인 양육활동에 대한 계획을 반영한다. 이때 개별 영아에 따라 생리적인 욕구가 다를 수 있으므로 정해진 일과 시간을 그대로 따르기보다는 영아의 욕구에 우선하여 개별적으로 진행하는 것이 중요하다. 0세라 하더라도 일상적인 양육활동 이외에 놀이활동을 계획하는 것이 필요하다.

1세는 점심 및 간식, 기저귀 갈이, 낮잠 등 일상적인 양육활동과 함께 점차 놀이활동 시간이 늘어나도록 계획하고, 2세는 일상적인 양육활동에 비해 놀이활동의 비중이 점점 커지도록 하루 일과를 계획한다.

영아의 경우, 일상적인 양육활동 이외에도 실내자유놀이 하루 2시간 30분 이상, 실외놀이 하루 30분 이상 충분하게 계획하여 진행하고, 영아의 특성상 개별 활동 중심으로 진행하되, 2세 후반이 되면 다음 일과로 넘어가기 전에 5~10분 잠깐 모여 앉아 전이활동으로 진행할 수도 있다.

일과 운영시간은 장소의 특성과 상황, 계절과 날씨를 고려하여 실외놀이를 오전 또는 오후로 변경하여 진행할 수도 있다.

(1) 일과 운영에 따른 교사의 역할

① 0세(3~12개월)

- **인사 나누기 및 하루 일과의 시작**

  부모와 헤어져 돌보미와 반갑게 인사하고, 영아의 상태(투약, 컨디션, 수유 및 이유식, 배변 등)를 점검한 후 영아가 부모와 인사하며 헤어지도록 한다.

- **수유 및 간식**(이유식)

  12개월 이전 영아의 경우 어린이집에서 약 3~4회의 우유를 먹게 되는데, 이때 교사는 미리 영아가 먹게 되는 분유의 종류, 양, 횟수, 먹는 간격, 개인적 취향을 고려하여 수유할 수 있게 한다. 조제유 제조방식 및 수유과정에 대한 정확한 인지가 필요하며(양연숙 외, 2018: 135), 수유 후에는 반드시 트림을 시켜 음식의 역류를 막아주어야 한다(양연숙 외, 2018: 136). 수유 및 간식, 식사 후에는 먹은 양, 시간 등을 일일 보고서에 기록하여 부모가 참고할 수 있도록 한다.

- **점심**

  12개월 미만의 영아라 할지라도 점심식사를 할 수 있는 고정된 영역을 구성하여 안정되게 식사를 할 수 있도록 배려한다. 따라서 영아용 의자, 식탁, 접시, 컵 등 식사 환경의 물리적 측면을 고려한다. 식사 후 손과 얼굴을 씻기고 영아용 칫솔로 이를 닦아준다. 이 닦기와 손 씻기가 끝난 후 휴식시간과 낮잠시간으로 활동이 전이되도록 한다.

- **낮잠 및 휴식**

  이 시기의 영아는 월령에 따른 발달차와 수면에 대한 개인차가 크기 때문에, 세밀하게 계획하여 영아가 잠드는 것은 도와주고 낮잠을 자거나 휴식을 취하고자 할 때는 방해하지 않도록 할 필요가 있다.

- **기저귀 갈기 및 배변**

기저귀를 가는 일정한 장소를 정해놓고 위생적으로 관리한다. 기저귀 갈이대는 쉽게 닦고 소독할 수 있는 재질의 것을 사용한다. 기저귀 갈이를 할 때는 손에 장난감을 쥐어 주도록 한다. 기저귀, 물휴지, 분 등 기저귀 가는 데 필요한 모든 준비물은 쉽게 사용할 수 있도록 가까이 준비한다.

- **개별 활동**

12개월 미만 영아라 할지라도 흥미영역을 구성하여 다양한 놀잇감을 구비해 놓고 월령에 따른 적합한 활동을 준비하여 일대일로 상호작용할 수 있도록 한다.

- **하루 일과 마무리하기**

낮잠에서 일어나 세면 후 로션을 바르고, 부모님이 오시면 인사를 나누고 헤어진다.

② 1세(13~24개월)

- **하루 일과의 시작**

부모와 헤어져 돌보미와 반갑게 인사한다. 영아의 상태(투약, 컨디션, 수유 및 이유식, 배변 등)를 점검하고, 영아의 건강상태를 살피고 관찰한다.

- **간식과 식사**

가능한 한 영양의 균형을 이루며 다양한 재료를 골고루 사용하며 식단을 작성하되 자연식품 위주의 간식과 식사를 준비한다.

- **낮잠**

교사는 영아들이 편히 잘 수 있도록 실내의 습도와 온도, 채광 등을 잘 조절하여 편안하고 안정된 분위기를 만들어 준다. 팔베개를 해 주거나 음악과 동화를 들려주기도 하고 좋아하는 이불, 베개, 장난감을 가지고 잘 수 있도록 한다.

• **기저귀 갈기 및 배변훈련 시작**

16개월 이상이 되면 영아의 배변훈련이 가능하다. 개인차가 큰 영아들이 심리적 부담을 느끼지 않도록 조심스럽게 시도한다.

• **실내자유놀이**

자유놀이시간은 가능한 한 영아 자신의 흥미에 따라 자유롭게 놀 수 있도록 격려하되 가능한 한 다양한 교재·교구와 활동을 준비한다.

• **하루 일과 마무리하기**

영아를 안아주고 격려하며 하루를 정리하고, 부모에게 영아의 하루 일과에 대해 알린 후, 영아와 인사를 나누고 헤어진다.

③ 2세(25~36개월)

• **하루 일과의 시작**

밝은 미소로 영유아와 따뜻하게 인사한 후 영아의 건강상태를 점검하고 부모로부터 투약, 컨디션, 수유 및 이유식, 배변 등에 대해서 듣는다.

• **간식과 식사**

오전 간식의 경우, 부모가 기록한 일일 보고서나 부모와의 대화 시 내용을 참고하여 아침 식사의 종류나 양 등을 조절해서 제공한다.

• **낮잠**

낮잠 자기 전에 영아들에게 대소변 보고, 손 씻기, 이 닦기를 하도록 한다. 영아가 좋아하는 반복적인 운율이 있는 자장가, 이야기 등을 들려주거나 그림책을 읽어준다.

• **화장실 다녀오기**

만 2세 영아의 경우 대부분은 대소변을 가리지만 간혹 실수를 한다. 이때 교사는 영아를 야단치지 말고 그럴 수도 있다고 마음의 여유를 갖고 영아를 대한다.

- **실내자유놀이**

  영아들은 성장함에 따라 놀이시간이 차츰 길어지기는 하나, 활동을 너무 오래 하면 신체·정서적으로 지치게 된다. 정적인 활동과 동적인 활동이 균형을 이루어야 하며, 하루 중에 조용하고 방해받지 않는 시간을 마련하여 쉬게 해야 한다.

- **하루 일과 마무리하기**

  영유아를 안아주고 격려하며 하루 일과를 종료하고, 부모에게 하루 일과에 대해 알린 후 영아와 인사를 나누고 헤어진다.

2) 유아의 일과 운영

3~5세 유아의 보호와 교육활동이 효과적으로 이루어지기 위해서 교사는 유아의 흥미와 발달수준, 사전 학습경험에 기초하여 수립하되, 이를 일관성 있고 융통성 있게 운영하여야 한다. 융통성 있는 운영이라 함은 계절, 그날의 날씨, 유아의 건강상태, 오전과 오후, 요일, 특별한 일정에 따라 계획된 하루 일과를 조금 수정하는 것을 의미한다. 예를 들면, 3~4일 계속 비가 오다가 화창한 햇볕이 비추는 날이라면, 실외놀이를 다른 날보다 10~20분 정도 늘려서 실시할 수 있다.

유아의 하루 일과를 계획할 때 다음과 같은 점을 고려하여 일과를 균형 있게 운영한다. 즉, 교육적 활동과 일상적 양육, 정적 활동과 동적 활동, 참여와 휴식, 그리고 실내활동과 실외활동이다.

또한, 하루 일과를 진행하기 전에 일과 진행 계획에 따라 평안하며 풍부하고 안전한 환경을 미리 준비해 두어야 한다. 특히 3세 유아의 경우 교사가 주도하는 활동보다는 유아-교구, 상호작용이 더 활발하게 이루어질 수 있도록 물리적 환경을 구성한다. 개인차를 고려하여 수준별 다양한 활동자료를 준비해 두어야 한다.

(1) 3~5세 유아의 일과 운영 시 유의사항

① 유아들의 연령과 발달을 고려하여 계획한다.

연령에 따른 주의집중 시간 및 일과 운영에 있어 융통성과 계획성을 고려하여 계획한다. 어린 연령의 유아들은 간식, 낮잠, 정리정돈에 그리고 5세 정도 유아는 활동에 좀 더 긴 시간을 할애한다.

② 개인의 요구를 모두 반영하도록 계획한다.

개인적인 요구를 수용할 수 있도록 한다. 정적인 활동과 동적인 활동이 조화를 이루도록 계획한다. 아동 주도적인 활동과 교사 주도적인 활동이 균형을 이루도록 계획한다.

③ 시간과 계절을 고려하여 계획한다.

놀이시간 안배가 잘 이루어지도록 하고, 계절의 특성이 잘 반영된 놀이가 이루어지도록 한다.

④ 일과계획에 융통성을 갖는다.

일과계획을 하는 것은 교사와 유아에게 하루를 예측하게 하여 안정감을 줄 수 있기 때문에 반드시 필요하지만, 너무 집착하지 않는 것이 중요하며 계획을 진행하는 과정에서 민감하게 계획을 점검하면서 탄력적으로 운영하는 것이 필요하다.

(2) 3~5세 유아의 일과 운영에 따른 교사의 역할

① 자유놀이

유아의 자발적인 선택에 의해 활동하고 활동에 대한 평가를 해 볼 수 있는 시간이다. 하루 일과 중에서 가장 긴 시간을 차지하는데, 놀이시간은 유아의 연령이나 프로그램의 유형에 따라 달라질 수 있으며, 모든 영역의 발달을 통합적으로 도모할 수 있으며, 유아의 사회적 능력을 발휘할 수 있는 시간이다.

② 간식 및 점심

유아시기에도 꾸준히 바람직한 식습관과 식사예절을 형성하도록 지도한다(이순형 외, 2015: 193). 간식은 15~20분, 점심은 20~30분으로 계획하여 제공하는 것이 보편적이나 음식의 종류나 유아의 연령에 따라 달라질 수 있다. 간식의 종류와 양은 점심식사에 지장을 주지 않도록 계획하고 일률적인 간식시간과 유아의 요구에 맞게 개별적으로 계획하는 자유간식 방법이 있다.

③ 휴식 및 낮잠

오후에 1~2시간의 낮잠을 계획한다. 요와 이불을 준비하여 낮잠을 통해 충분한 휴식을 취할 수 있도록 배려한다. 낮잠시간에 자지 않으려는 유아는 강제로 재우기보다는 조용한 놀이나 휴식을 취하도록 한다.

④ 전이 및 주의집중

유아에게 활동과 활동이 연결되는 시간에 혼란이 발생되지 않도록 세심한 계획이 필요하다. 하나의 활동이 끝나고 새로운 활동이 시작될 때 영유아들은 주의집중에 어려움을 보일 수 있다. 주의집중을 위한 시간이 길면 오히려 다시 산만해지거나 본 활동을 지루해할 수 있기 때문에 짧은 시간에 효과적으로 유아의 주의를 집중하기 위해 다양한 방법의 활동을 할 수 있어야 한다.

⑤ 정리정돈

가지고 놀았던 장난감을 정리하는 것은 중요한 일과 중 하나이다. 정리하는 데 다소 시간이 소요되는 활동이나 흥미영역은 미리 정리할 시간임을 알려주는 것이 좋다. 만들기를 할 경우 시간 내에 완성하지 못한 작품은 잘 보관하여 다음 날 계속 작업할 수 있도록 지도한다. 효과적인 정리정돈을 위하여 정리할 수 있는 바구니를 마련해 주거나 교수매체가 있어야 할 위치에 밑그림을 붙여주는 것이 좋다.

⑥ 화장실 다녀오기

대·소변 보기 활동에서는 어린 유아들은 옷을 입고 벗는 것, 용변을 본 후 뒤처리에 어려움을 보일 수 있다. 화장실이 너무 어둡거나 차갑게 느껴지지 않도록 환하고 따뜻한 느낌이 들도록 꾸며주고, 안에서도 밖에서도 화장실 문이 잠기지 않도록 화장실 문고리에도 세심한 주의를 요한다. 영유아들은 놀이에 열중하다 보면 화장실 가는 것을 잊어버리거나 참는 경우가 발생하기 때문에 규칙적으로 화장실에 다녀올 수 있도록 주의를 환기시켜준다. 혹시 옷에 대·소변을 실수했을 경우에도 수치심을 느끼지 않도록 세심하게 배려하고 옷을 갈아입혀 주는 것이 중요하다.

3) 학령기 일과 운영

(1) 학기 중 일과 운영

① 등원

등원 및 출석 체크, 생활지도, 선택활동, 아동의 건강상태 체크와 양치지도 후 영역별 선택활동(계절별 놀이환경을 구성하여 선택활동을 할 수 있도록 하며, 독서, 타자, 장기, 바둑, 소꿉놀이, 블록놀이, 공기놀이, 그림 그리기 등)을 한다.

② 과제지도

과제지도, 일기쓰기는 생활일기 및 주제일기, 안전일기 등으로 이때 아동별 알림장을 확인하여 아동의 학교생활을 파악하고 과제지도와 주제일기를 지도한다.

③ 학습지도

학습지도는 아동의 능력별 문제풀이와 보충학습을 돕고, 문제집 풀이와 각 과목별 지도가 이루어진다. 요일별로 특기 및 언어활동 등을 계획하여, 언어활동으로는 독서 및 글쓰기, 자연친화 활동으로는 숲 산책이나 실외놀이, 정서활동으로는 긍정적 심리를 강화하기 위한 역할극 등 다양한 활동주제로 활동이 이루어질 수 있다. 또한 컴퓨터 기능 및 운영체제를 활용한 영어 등의 학습이 이루어질 수 있고, 조형활동으로 아동이 자연스럽게 다양한 방법으로 그리기, 만들기, 감상하기 등이 이루어질 수 있도록 한다.

④ 평가 및 귀가지도

하루의 생활에서 아동이 다양한 활동 중에 즐겁게 참여하고 흥미 있었던 일들을 평가하고, 영역별 정리정돈을 한 후, 기본적인 생활지도를 통해 일과를 정리하고 귀가할 수 있도록 한다.

(2) 방학 중 일과 운영

① 등원 및 간식

등원 및 출석 체크, 건강 살피기, 생활지도 영역별 활동이 이루어지고, 오전 식사를 하지 않은 아동들을 위해 자율 간식 코너를 활용하여 자유롭게 간식을 먹을 수 있도록 한다.

② 방학과제 및 학습지도

방학과제 및 각 과목별로 능력에 맞게 문제 풀이와 학습이 이루어지고, 선택활동으로 도미노 쌓기, 칠교놀이, 젠가놀이, 장기, 바둑, 공기놀이, 소꿉놀이 등을 다양하게 준비하여 놀이할 수 있도록 한다.

③ 중식지도

아동들이 감사한 마음으로 음식을 골고루 먹을 수 있도록 하고 양치지도 후 휴식을 취할 수 있도록 한다.

④ 요일별 특기교육

아동들이 독서 등으로 휴식을 취한 후 다양한 활동이 요일별로 제공된다. 예를 들면, 월·수요일은 미술, 화·목요일은 영어, 금요일은 한자수업 등이 제공될 수 있다.

⑤ 실외놀이 후 간식

주변의 공원이나 놀이터 등을 활용하여 자연 속에서 다양한 놀이와 관찰 등이 이루어지고 대근육활동 등 신체활동이 이루어질 수 있도록 한다. 돌아온 후에는 반드시 손을 깨끗이 씻고 편안하게 오후 간식을 먹을 수 있도록 한다.

⑥ 평가 및 귀가지도

하루의 생활에서 아동이 다양한 활동 중에 즐겁게 참여하고 흥미 있었던 일들을 평가하고, 영역별 정리정돈을 한 후, 기본적인 생활지도를 통해 일과를 정리하고 귀가할 수 있도록 한다.

4) 영유아 일과 및 방과후 운영시간

표 Ⅳ-13 일과운영

시간/구분	영아	유아	학령기	
			방학 중	학기 중
07:30~09:00	오전 통합활동 및 교실 자유놀이	등원 및 오전 통합 보육 활동		
09:00~09:30	등원 맞이 및 실내 자유놀이	오전 실내 자유놀이	등원	
09:30~10:00	오전 간식	오전 간식	오전 간식	

<table>
<tr><th rowspan="2">시간/구분</th><th rowspan="2">영아</th><th rowspan="2">유아</th><th colspan="2">학령기</th></tr>
<tr><th>방학 중</th><th>학기 중</th></tr>
<tr><td>10:00~11:20</td><td>오전 자유놀이</td><td>화장실 다녀오기 및 숲놀이 준비</td><td rowspan="3">방학과제 및 학습지도</td><td></td></tr>
<tr><td>11:20~11:30</td><td>정리정돈 및 배변활동</td><td rowspan="2">실내 자유놀이 및 숲놀이</td><td></td></tr>
<tr><td>11:30~12:00</td><td>실외놀이</td><td></td></tr>
<tr><td>12:00~13:00</td><td>손 씻기 및 맛있는 점심</td><td>손 씻기/ 점심식사 및 이 닦기</td><td>중식지도</td><td>등원</td></tr>
<tr><td>13:00~13:20</td><td>이 닦기 낮잠 준비</td><td>다 함께 놀이 (안전)</td><td rowspan="3">요일별 특기교육</td><td rowspan="2">과제지도</td></tr>
<tr><td>13:20~15:00</td><td rowspan="2">낮잠 및 휴식</td><td>낮잠 및 휴식</td></tr>
<tr><td>15:00~15:30</td><td>오후 간식</td><td rowspan="3">학습지도</td></tr>
<tr><td>15:30~16:00</td><td>오후 간식 및 예쁜 얼굴</td><td>가방 정리 및 오후 자유놀이</td><td>실외놀이</td></tr>
<tr><td rowspan="2">16:00~19:30 연장 보육반</td><td rowspan="2">오후 통합활동 및 실내 자유놀이/ 귀가</td><td rowspan="2">오후 통합활동 및 실내 자유놀이/ 귀가</td><td>오후 간식</td></tr>
<tr><td>평가 및 귀가지도</td><td>평가 및 귀가지도</td></tr>
</table>

5) 일과를 위한 구성 원리

(1) 편리함

어떤 환경이 유아와 교사에게 편리할 것인지를 생각해 보면 다음과 같은 내용에 대하여 언급해 볼 수 있다.

첫째, 가구와 시설이 영유아의 신체크기에 적절해야 한다.

둘째, 용도에 적합하여 사용하기 편리한 구조여야 한다.

셋째, 활동특성과 동선을 고려하여 배치한다.

(2) 위생 및 건강

집단으로 생활하는 공간에서는 여러 가지 질병이 발생할 수 있는 위험이 높기 때문에 몇 가지 사항에 대하여 철저한 관리가 필요하다.

첫째, 놀잇감을 자주 세척, 살균하고 수시로 청소한다.

둘째, 올바른 손 씻기와 이 닦기가 건강관리에 중요하다는 것을 알 수 있도록 한다.

셋째, 칫솔과 수건 등은 위생적으로 관리하여 감염 예방에 최선을 다한다.

넷째, 급식 용품과 조리실을 위생적으로 관리한다.

다섯째, 실내 공기는 건강에 중요한 영향을 미치므로 환기를 충분하게 시키고, 공기정화기는 청결하게 관리한다.

여섯째, 구급약품을 비치하고, 약의 보관방법을 정확히 지켜서 보관하고 음식과 함께 보관하지 않으며 반드시 약품냉장고에 보관한다. 또한, 투약의뢰나 처방에 따라 정확하게 투약하고 투약내용을 가정에 보고한다.

(3) 안전

실내외환경은 안전해야 한다. 이에 따라,

첫째, 실내외의 위험이 예상되는 곳은 반드시 안전시설을 설치한다.

둘째, 위험한 물건이나 약품은 안전하게 관리한다.

셋째, 교사는 안전사고의 예방과 대처 방법을 알고 대처한다.

넷째, 안정한 환경을 준비하고 사고를 예방하기 위해서는 안전교육이 필요하다.

(4) 편안함

친숙하고 편안하고 아름다운 환경은 심리적 안정감을 준다. 이를 위해,

첫째, 심리적으로 편안한 느낌을 주는 자료와 공간을 마련한다.

둘째, 상호작용을 장려하는 배치나 활동을 통해 친밀감을 높일 수 있도록 한다.

셋째, 실내외 공간 환경은 잘 정리되어 혼란스럽지 않고 심미적으로 가꾸어져야 한다.

7 바람직한 훈육방법

- 영유아의 훈육의 의미를 이해한다.
- 영유아의 발달단계별 긍정적 훈육법을 알 수 있다.
- 아동의 대안적 훈육방법을 이해하고 실시할 수 있다.

1) 발달단계별 긍정적 훈육방법

(1) 훈육의 개념 및 목적

훈육은 의지나 감정을 함양하여 바람직한 인격 형성의 주목적을 달성하기 위한 교육이다. 즉, 영유아의 그릇된 행동을 바로 잡고 바람직한 인격 형성을 위해 옳고 그름의 한계설정을 실시하는 것이다. 이로 인해 영유아가 스스로 판단하며 한계설정을 잘 적용할 수 있도록 하는 것이라 말할 수 있다.

훈육의 목적은 진보적이며 인본주의적으로, 학습자 개개인의 학습과 교육적 발전을 위한 것이다. 또한, 개개인의 자율성과 욕구를 존중함으로써 자기 조절을 지향하고 있다.

(2) 발달별 특성에 맞는 훈육방법

표 Ⅳ-14 발달특징에 따른 훈육방법

영역	발달특징에 따른 훈육방법
영아기	• 영아의 욕구를 민감히 파악하고 반응하며 환경을 바꿔줌 • 영아 후기 및 유아 초기에는 욕구에 대한 반응과 함께 한계설정 필요함 - 간단하고 분명한 말로 표현과 제지행동에 "안 돼." 또는 그 자리를 떠나게 함 - 영아는 학습에 오랜 시간이 필요하므로 일관성 있는 양육자의 반응과 인내심이 요구됨

영역	발달특징에 따른 훈육방법
24~36 개월	• 24개월 영아도 훈육을 적용하기엔 이른 시기임 • 영아의 행동에 변화를 주고 싶다면 영아의 주위를 환기시키며 물리적 환경의 변화가 필요함 - 만일 타임아웃을 실시한다면 영아의 상황을 고려해 타임아웃 시간을 조정함 • 36개월 영아는 상황을 설명과 함께 양육자가 기대하고 있는 것이 무엇이며 어떻게 하는 것이 좋은지 모델링이 요구됨
5~6세	• 자신이 할 수 있는 것에만 관심을 가지며 타인을 기쁘게 하고 옳은 일은 하길 원함 - 유아 스스로 잘못을 인정하기 어려워하며 모든 일에 사실만을 이야기하지 않음 • 양육자는 옳고 그름에 대해 이해를 돕고 시행착오 시 실수를 바로잡도록 도와주어야 함 - '싫다', '안 한다'는 말을 할 때 유아가 싫어하는 것이 무엇인지를 알 수 있도록 돕는 방법을 모색해야 함
7~8세	• 7세에는 유아가 주의 산만해지므로 양육자는 유아에게 기대되는 행동을 할 수 있도록 미리 설명해 줌 - 유아가 호기심이 많고 요구와 질문이 많아지며 성인과의 시간 및 관심을 갖길 원하며 추상적 대화가 가능해짐 • 8세 유아는 관심과 인정이 행동변화의 동기로 작용함 - 문제해결을 위한 과제 제시를 통해 추상적 사고의 훈련을 유도하고 더 나아가 과제 수행도에 따라 즉각적 보상을 해 줌
9~10 세	• 과제를 통해 책임감 증진과 타인과의 입장을 바꿔 생각해 보기를 통해 이타심을 증진 - 일상생활에서의 도덕성 증진을 위하여 상황판단, 토론을 활용할 수 있음
11~13 세	• 초기 사춘기로 급격한 변화와 정체성을 개발하고 독립심을 키우는 데 집중 - 사생활 보장에 대한 욕구가 증가하며, 놀림에 대해 매우 민감해지고 감성적으로 변화하게 됨. 또한 친구의 중요성이 커짐 - 또래와의 관계에서 서로 간의 존중하는 자세를 키우며, 비판은 제한적이고 놀림이나 모욕을 극히 자제함

출처: 한국건강가정진흥원(2013: 148). 아이돌보미양성교육교재.

2) 대안적 훈육방법

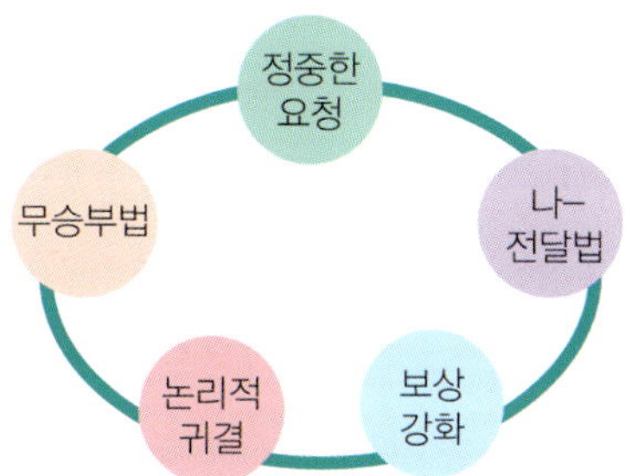

그림 Ⅳ-5 대안적 훈육방법의 종류

(1) 정중한 요청

유아와 양육자 간의 문제나 갈등이 생길 때 엄격한 훈육이 반드시 요구되는 것은 아니다. 특히 유아들과 긍정적 관계맺음이 되어 있다면 요청하는 것만으로도 충분하다. 그러나 양육자들은 유아들에게 함부로 말하는 경향이 많다. 따라서 유아에게 어떤 요청을 할 때 정중하게 해야 한다는 것을 잊지 말아야 한다.

> "나를 좀 도와주겠니? 사물함 정리를 깨끗이 하려무나."와 같이 요청하고,
> 유아가 그렇게 하겠다고 하면,
> "고맙구나, ○○는 참 잘 도와주는구나."라고 말함

만약 정중하게 요청한 대로 영유아가 따르겠다고 해 놓고 실행하지 않더라도 친절하게 다시 한번 환기시켜준다.

> "○○야, @@@를 하기로 했는데 네가 잊어버린 거 같구나, 어서 하렴."

영유아가 계속해서 약속을 이행하지 하지 않거나 실천하지 않는다면 정중한 요청보다 강력한 의사소통 기법인 '나-전달법'을 사용한다.

(2) 나-전달법

정중한 요청이 영유아의 말을 진지하게 경청하는 것이라면 '나-전달법'은 영유아의 행동으로 인한 양육자의 감정과 생각을 객관적으로 전달하는 기법이라고 할 수 있다. 영유아에게 문제가 있는 경우는 적극적 경청 기술을 인 정중한 요청을 사용하고 양육자에게 문제가 있는 경우는 '나-전달법'을 사용해야 한다. 먼저 우리는 나-전달법과 너-전달법의 비교를 통해 양육자의 감정 및 생각 등의 객관적 전달이 얼마나 차이점을 비교할 수 있다.

나-전달법(I-message)과 너-전달법(You-message) 사례를 비교하면 다음과 같다.

표 IV-15 나-전달법과 너-전달법의 사례

사례	나-전달법(I-message)	너-전달법(You-message)
장난감을 어지럽게 늘어놓고 정리하지 않는다.	장난감을 치우면 좋겠구나. 장난감이 흩어져 있어서 청소를 하기가 어렵단다.	치워라 치워. 왜 이 모양이냐!
손님이 오셨는데 인사를 하지 않는다.	인사를 바르게 하면 엄마는 네가 대견할 텐데.	인사 좀 해라. 손님한테 인사도 못 하니?

출처: 이경우 외(1994: 252). 유아의 도덕성 함양을 위한 부모교육 프로그램. 교육부.

나-전달법은 세 가지 행동, 느낌, 결과의 구성요소가 이루어진다. 먼저 양육자에게 방해되는 행동(네가 ~하면: 행동 서술), 유아의 행동 때문에 생긴 양육자의 느낌(나는 ~라고 느낀다: 느낌 서술), 그에 따른 결과(왜냐하면~)로 서술한다.

"○○야, 계산대 앞에서 계산하지 않고 물건을 가져가겠다고
소리를 지르고 있으면, 엄마는 당황스럽고 기분이 좋지 않아.
물건은 우리 것이 아니니까 돈을 내고 계산한 후에
가져가야 하기 때문이야, 뒤에 다른 사람도 기다리고 있었잖아."

나-전달법을 활용할 때 몇 가지의 주의점을 살펴보면 다음과 같다.

① 유아의 부정적 감정을 강조하지 않는다.

문제행동과 상황을 그대로 표현함으로써 행위와 행위자를 분리하여 유아가 나쁜 것이 아닌, 유아가 행하고 있는 행동에 문제가 있다는 것을 인식시키는 것이다. 그러므로 유아의 인격이나 자존감을 공격하지 않는다.

② 너-메시지 사용을 피하고 감정을 솔직히 표현한다.

언성은 높이지 않되, 문제행동이나 상황에 대해 상대방이 심각하게 느끼고 있음을 전달한다. "화가 났다."라는 표현보다는 "속이 상하다." 또는 "걱정된다.", "피곤하다." 등의 진실에 가까운 표현을 사용하며, 유아가 위협감

을 느끼지 않도록 한다.

③ 양육자들이 감정을 조절하도록 도와준다.

유아의 행동으로 인해 양육자의 감정을 "~하기 때문"의 말을 사용하여 설명한다. 이때 상대방이 원하는 바를 구체적으로 말한다.

(3) 반응적 언어와 제한적 언어

교사는 유아와 대화를 시도할 때 제한적인 언어(restrictive language)보다는 반응적인 언어(responsive language)를 사용하는 것이 바람직하다. 모든 상황에서 반응적인 언어 사용을 기대할 수 없으나, 교육적 통제 및 유아에게 상황에 필요성과 이유를 설명할 경우 반응적 언어가 더욱 요구된다(정남미, 2020: 190 재구성).

교사의 언어는 유아들이 알아듣기 쉽고 명료한 말과 정중하며 아름다운 말, 실수를 격려하는 말, 잘했을 때는 함께 기뻐하고 칭찬하는 말 등을 실시해야 한다. 즉, 교사의 언어는 제한적 언어보다는 반응적 언어를 사용해야 함을 의미한다. 한 연구의 결과를 보면 교사의 언어가 반응적일 때 유아들은 자발적 · 협동적 태도를 보이고, 경험과 상상을 근간으로 자유로이 자신의 생각을 표현하는 것으로 나타났다. 반면, 교사의 언어가 제한적일 때 유아들은 수동적 · 반항적 · 공격적인 행동을 많이 보인다고 언급하였다(김성희, 2002).

① 반응적 언어

반응적 언어란 유아의 행동을 긍정적으로 보며 유아의 생각과 느낌을 있는 그대로 수용하고 존중하는 언어이다. 이것은 독립적 사고를 격려하며 대안과 선택, 추론과 설명을 제고 및 상대방의 입장을 고려하여 말을 한다. 또한 교사의 요청 및 지시를 유아들이 좀 더 잘 이해할 수 있도록 필요한 정보를 제공하면서 언어 표현을 하도록 돕는다. 유아들은 자신이 이해할 수 있는 범위 안에서 그 한계가 합리적으로 설정될 때 규율과 책임감 등을 형성할 수 있게 된다. 다음은 반응적인 언어 사용의 예이다.

- **이유 설명하기:**

  나가지 마라. → 비가 와서 지금 밖에 나가면 옷이 젖기 때문에 나갈 수가 없단다.

  쉬어라. → 쉬면 기분이 좀 나아질 거야.

- **자율성 촉진하기:**

  이대로 그려 봐라. → 네가 그리고 (만들고) 싶은 대로 그려 봐, 선생님이 봐줄 테니까 다시 한번 해 봐.

  아직도 못해? → 곧 잘하게 될 거야.

- **긍정적 통제:**

  앉아. → 자리에 앉도록 하자.

  시끄러워. → 조용히 하자.

  문 닫아. → 문 좀 닫아주겠니?

  뛰지 마. → 복도에서는 걷자.

  이따가 와. → 조금 기다려 주겠니?

- **정교한 표현:**

  물 잠가. → 물을 잠그자, 물을 쓰지 않을 때는 수도꼭지를 꼭 잠가야 물이 낭비되지 않거든.

② 제한적 언어

제한적 언어란 불필요한 명령과 위협, 벌, 비난 등과 같은 비존중적인 방법으로 교사 및 성인의 권위로 통제하는 언어를 말한다. 이것은 유아에게 자율적·독립적으로 생각하고 판단할 기회를 주지 않고, 유아의 의견을 무시하거나 권위와 규칙, 명령에 무조건적인 복종하게 만든다. 또한 위협과 비난, 질책하는 언어 형태를 사용한다. 이 언어의 특징은 유아에게 어떠한 행동을 해야 하는지 등의 필요성이나 이유를 설명하지 않고 교사의 일방적인 지시와 간략한 언급 등이 있다. 이러한 지도법은 일시적인 효과는 존재하나 지속적인 지도를 요하는 것에는 기대하기 어렵다. 따라서 교사는 유아의 잘못된 행동에 대해 지나친 논리적으로 따지기와 계속 추궁하기보다는 허용적 분위기 속에서 유아가 현 감정을 있는 그대로 수용하며 왜 해서는 안 되는지 등 그 이유를 분명하게 설명하는 것이 바람직하다. 다음은 제한적인 언어 사용의 예이다.

- **권위 주장하기:**

  너는 이렇게 하면 된다. 안 된다. / 너는 ~해야 한다. / 그러면 되겠니, 안 되겠니?

- **독립성과 자율성 방해하기:**

  남자애가 왜 우니? 너 애기니? / 이것처럼 만들어 봐라.

- **통제하기:**

  시끄러워! 조용히 해! / 안 돼! 글쎄 안 된다니까!

- **강의식으로 말하기:**

  내가 뛰어다니지 말라고 했잖아, 조심해 앞으로.

- **일방적인 지시와 명령하기:**

  해라. / 하지 마라.

- **위협하기:**

  ~한 행동을 한 번만 더 하면, ~하겠다. / 너 이거 안 하면 ~한다.

- **회유하기:**

  ~하면, ~해 준다.

- **유아에게 일방적인 약속을 하거나 약속을 강요하는 것:**

  너 또 할 거야, 안 할 거야?

- **유아를 비꼬기:**

  잘 한다. 얼씨구, 내가 몇 번이나 해야 알아듣겠니? / 왜 너는 만날 ~하니. / 아무튼 넌 안 돼.

- **심문하기:**

  왜 그런 짓을 했니? 어서 말해 봐! / 너 때문에~ 이렇고 저렇고~. / 너는 지난번에 이것도 했고, 저것도 했고~.

- **해결사 역할하기:**

  선생님이 알아서 해 줄게, 가만히 있어.

(4) 보상과 강화

유아의 긍정적인 행동에 대해서 양육자는 즉각적으로 보상해 준다. 이때 양육자는 유아의 긍정적이고 바람직한 행동에 대해 보상을 통해 강화시켜주는 정적 강화와 부정적인 행동에 대해 처벌이나 불쾌한 반응을 줄여줌으로써 긍정적인 행동을 증가시키는 부적 강화를 통해 행동 강화의 원리를 실시한다.

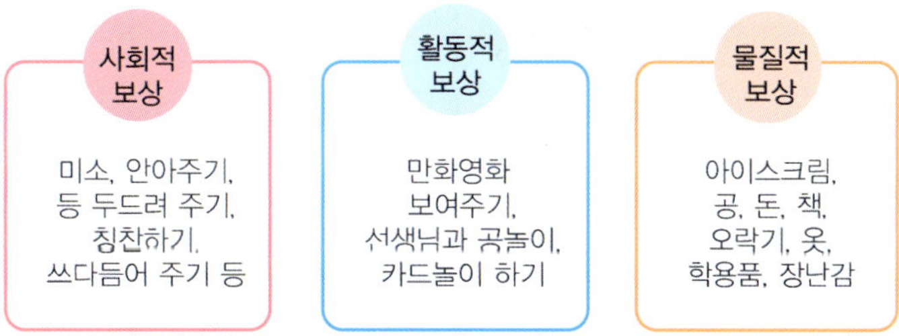

그림 Ⅳ-6 보상의 유형

보상을 활용할 때 몇 가지의 주의점을 살펴보면 다음과 같다.

① 구체적인 행동을 칭찬하는 것이 유아의 긍정적 행동을 강화시키는 데 더욱 효과적이며, 또한 사회적 보상이 물질적 보상보다 더 효과적이다.

② 물질적 보상을 사용하는 경우에는 반드시 긍정적인 행동이 일어난 후에만 적용해야 한다.

③ 부정적 행동에 대한 유아의 처벌은 논리적 귀결, 타임아웃 등을 활용한다.

(5) 논리적 귀결

유아를 지도할 때 문제행동을 다루면서 동시에 책임감을 교육하기 위해 논리적 귀결을 활용한다. 즉, 상황에 따른 결과가 유아 자신의 행동으로만 존재하는 것이 아닌 양육자에 의해 행동결과가 정해지는 방법이다. 이때 행동의 결과에 대해서 양육자들이 자녀와 합의를 통해 논리적으로 정하여 상호존중을 내세운다. 예를 들어, 숙제를 하지 않았을 경우 TV 시청이나 외출을 금지시키는 규칙을 들 수 있다. 또한 논리적 귀결은 어떤 규칙을 설정할 때 유아에게 상황에 따른 결과를 선택할 수 있는 권리를 주고, 유아의 결정을 수용하는 것이 매우 중요하다. 그리고 결정에 따른 결과를 경험하게 함으로써 후에 유아에게 결정을 변화시킬 수 있는 기회 또한 부여한다.

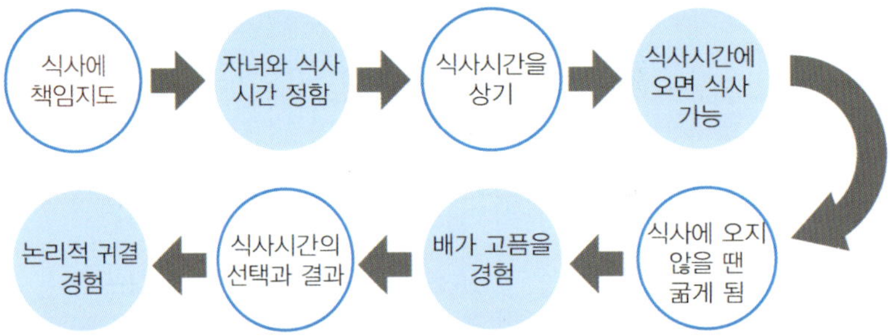

그림 Ⅳ-7 논리적 귀결의 사례

논리적 귀결을 활용할 때 몇 가지의 주의점을 살펴보면 다음과 같다.

① 논리적 귀결과 고의적인 보복행위와 구분해야 한다.
유아의 잘못된 행동과 연관 지어 논리적으로 받게 되는 결과이며, 책임감 있는 행동을 알게 하기 위한 의도를 가져야 한다.

② 결과는 항상 논리적으로 타당해야 효과적이다.
즉, "낙서하지 마라, 그렇지 않으면 공놀이를 못 하게 될 것이다."와 같은 논리적이지 않은 표현은 피해야 한다.

(6) 무승부법

정중한 요청이나 나-전달법으로도 양육자-자녀 간의 갈등해결이 어려울 경우 '무승부법'을 사용하기를 권장한다. 민주적 방법이라고도 알려진 '무승부법'은 양육자-영유아 간에 객관적인 태도로 문제를 토의하면서 해결해 나가야 방법이다. 즉, 양육자와 영유아의 갈등을 해결하는 효과적인 방법으로 양육자와 영유아 사이의 힘의 차이를 줄이고 두 사람이 함께 수용하는 문제해결 방안을 제시하는 것이다. 또한, 이것은 양육자가 영유아의 인격을 존중할 때 사용할 수 있으며, 갈등을 해결함에 있어서 두 사람 모두의 요구가 절충되고 양육자와 영유아는 얻는 것도 잃는 것도 없다는 것을 알게 된다.

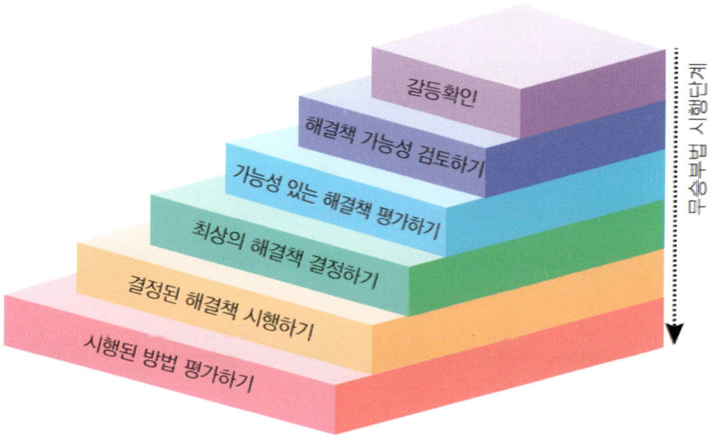

그림 Ⅳ-8 무승부법 시행단계

무승부법이 효과적인 이유를 알아보면 다음과 같다.

① 영유아는 갈등해결에 참여함으로써 책임감을 느끼고 호의적인 반응을 가질 수 있다.

② 차원 높은 갈등해결책이며 창의적이고 효과적인 방법이므로 모두를 만족시킨다.

③ 영유아가 생각하여 갈등을 해결하도록 격려함으로써 합리적 사고의 훈련이 된다.

④ 양육자-영유아 간의 갈등이 있을 때는 적대감도 생기나 서로 만족감을 주는 해결책을 모색하게 되면 사랑과 존경의 느낌으로 더 돈독한 관계가 된다.

⑤ 서로 합의점을 찾게 되므로 강요를 적게 하여 위협이나 간섭 등이

없게 된다.

⑥ 일상생활에서 양육자-영유아 갈등해소를 할 수 있는 가장 적절한 방법으로서 갈등해소에 대한 치료적인 효과를 볼 수 있다.

⑦ 양육자가 영유아를 성인처럼 존중하는 마음을 갖고 대하게 한다.

8 아동인성교육

- 인성교육의 개념 및 중요성을 이해한다.
- 아동의 긍정적인 자아형성과 올바른 인성을 갖추도록 지도한다.

1) 인성교육의 개념

인성은 말 그대로 인간의 성품, 즉 사람의 성질이나 품격, 사람의 됨됨이라는 의미를 갖고 있다고 통상적으로 인지하고 있다. 인성(人性)의 사전적 의미를 살펴보면, 인성이란 '사람의 성품', '각 개인이 가지는 사고와 태도 및 행동 특성'이란 의미를 갖는다. 성품(性品)은 '사람의 성질과 됨됨이'로 '사물이나 현상이 지니고 있는 독특한 바탕'이라는 의미를 가진다(에센스 국어사전, 2014). 인성교육은 '개인이 가지고 있는 기초적인 인간의 본성적 측면과 다른 사람과의 관계적 측면을 모두 포함한 개념으로, 긍정적인 자아를 형성함으로써 자신이 지니고 있는 특성을 발휘하고, 다른 사람들과 조화를 이루어 사회에 잘 적응해 갈 수 있는 인성을 갖춘 인간을 기르는 교육'이다(오새니, 2016: 15). 즉, 사람 됨됨이, 성격, 행동, 습관, 가치관 등을 올바르게 기르기 위한 교육이라고 총칭한다.

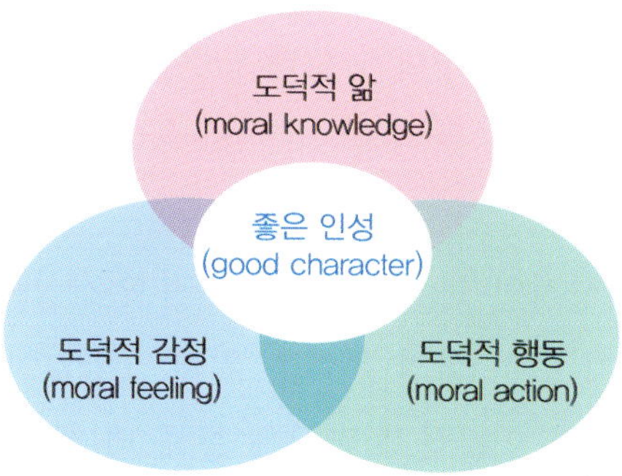

2) 인성교육의 중요성과 방향

인성교육은 공동체 안에서 인간다운 인간이 되며, 인간다운 향기를 가진 인간을 길러내는 데에 있다. 먼저 자기 자신이 처한 상황을 직시하고 현재, 여기에서 스스로 무엇을 선택하여 어떻게 행동해야 하는 것이 가장 바람직한가를 알고 결정하는 것, 그러한 결정이 나에게뿐만 아니라 타인에게도 도움이 되는지를 인식한 후 행동을 옮겨 좋은 결과를 내는 것이 인성교육의 핵심이다.

이 과정을 통하여 자신이 가치로운 사람임을 스스로가 알게 되며 자기 스스로를 존중하고 본능적이며 즉흥적인 행동을 좀 더 바람직하고 생산적인 방법으로 통제하여 조절할 수 있다. 또한 환경에 대한 조망능력으로 환경을 아끼고 보호하는 마음과 행동을 선택할 수 있도록 교육해야 하며, 인성형성에 결정적 시기인 유아기부터 타인을 배려하고 더불어 존중하며 협력적으로 살아가기 위한 인성교육이 매우 중요하다.

향후 「인성교육 5개년(2021~2025) 종합계획」 수립의 방향성 설정을 위한 포괄적인 프레임워크를 간략하게 제시해 보고자 한다(한국교육개발원, 2019: 25).

우선 인성교육을 통해서는 무엇보다 강한 정신적 탄력성과 도전적 자세를 견지하고, 풍부한 인문학적 감성을 통해 인간다운 삶의 가치를 새롭게 구성하며, 공동의 문제를 대화와 협력으로 해결할 수 있는 성숙한 인격체를 육성해야 한다. 이러한 도덕적 인성교육과 더불어 '시민적 인성교육'을 통해 시민적 품위와 양심을 갖고, 사적 이익을 넘어서 공동선을 추구하며, 국가와 인류, 나아가 생태 공동체의 번영에 기여하는 시민적 인성(civic character) 혹은 윤리적 시민성(ethical citizenship)을 길러주어야 한다.

다음으로, 미래지향적인 인성교육의 교육적 인간상을 설정해 보면, 이러한 인간상은 "가치 있는 삶의 목적을 위해 끊임없이 도전하고 자기성장을 추구하며, 풍부한 인문학적 감성을 통해 타자(인간 · 자연 · 작품)의 가치를 인정하고 세상의 아름다움에 감사하며, 협업과 공동체 참여를 통해 더 나은 미래를 열어가는 성숙한 인격체"이고, 우리가 지향하고 성취해야 하는 '사람됨과 시민됨'을 모두 갖춘 존재에 해당한다. 이러한 존재가 되는 데 필요한 핵심 인성역량을 제시하면 다음과 같다(정창우, 2019: 248-263 재인용).

- **수행적 인성역량**: 자기인식 및 삶의 목적의식, 성장 마인드세트, 도전정신, 회복탄력성 및 그릿(GRIT) 등
- **인문학적 통찰 및 감성역량**: 인간에 대한 이해와 통찰력, 심미적 감수성, 서사적 상상력, 공감, 연민 등
- **협업적 인성역량**: 의사소통역량, 갈등해결역량 등
- **공동체 인성역량**: 시민적 예의 · 교양, 시민적 책임감 및 양심, 생태시민성 · 환경윤리의식, 다문화윤리의식, 보편적인 인류애 등

이와 같이 21세기가 요구하는 성품과 인성역량을 성장시킬 수 있는 기회를 풍부하게 제공할 수 있는 방안으로 삶의 목적의식 및 의미형성을 위한 기회 제공, 정신적 균형감과 탄력성 강화, 안전하고 지지적인 교육환경 조성, 실패를 통한 배움의 기회 제공, 협력적 상호작용 방식의 교수-학습활동 활성화, 첨단정보기술 매체의 인성교육적 활용, 인성발달을 위한 평생교육 설계도 구축 및 실행 등이다(한국교육개발원, 2019: 26).

「인성교육진흥법」 8덕목의 내용을 중심으로 구성해 보면 다음과 같다.

- **예**: 상대방을 존중하는 마음을 말과 행동으로 실천하는 것
- **효**: 자식이 부모에게 대하는 공경의 마음, 자식으로서 인간된 도리를 충실히 하는 것
- **정직**: 마음에 거짓이나 꾸밈이 없이 바르고 곧은 것, 자신에 대한 정직, 바른 선택, 그리고 정직한 행동을 알고 실천하는 것
- **책임**: 자신이 맡아서 할 일을 나와 공동체를 위해 끝까지 하는 것
- **존중**: 사람, 사물은 존재만으로 존중할 가치가 있음을 인식하고, 가치에 대하여 소중히 여기는 것

- **배려**: 타인의 필요와 요구에 민감하게 반응하고 공감하는 마음과 태도, 양보하기, 나눠 주기, 돌봐주기, 도와주기 등의 내용이 포함됨
- **소통**: 사람과의 관계에서 의견, 감정, 의사 따위가 잘 통하는 것 (사람뿐만 아니라 동식물과 감정을 나누며 소통하는 것도 포함)
- **협동**: 두 명 이상이 공동의 목표를 설정하고, 이를 달성하기 위해 개인적 책임을 다하고, 서로 마음과 힘을 하나로 합하는 것

다음은 「인성교육진흥법」상 제시된 핵심적 가치·덕목 및 핵심역량 및 가치·태도적인 측면으로 살펴보도록 한다.

표 Ⅳ-16 「인성교육진흥법」상 제시한 인성교육 핵심적 가치·덕목 및 핵심역량

인성교육 가치·덕목	가치·덕목의 개념(의미)	하위 덕목	인성 및 법교육상 공통적 실천 덕목
예	• 존경을 표하기 위해 마땅히 가져야 할 행동 • 예의에 관한 모든 절차나 질서를 준수하려는 태도	• 존중 • 겸손 • 친절	• 남에게 친절 • 겸손한 말과 행동 • 에티켓을 지키기 • 규범 준수 • 절차의 존중
효	• 부모를 정성껏 잘 섬기는 일 • 부모에게서 양육 받은 사랑과 은혜에 보답	• 경애 • 우애 • 감은(感恩)	• 윗사람 공경 • 아랫사람 사랑 • 형제자매 간 우애 있게 지내기
정직	• 마음에 거짓이나 꾸밈이 없이 바르고 곧음 • 사실대로 말하고 당위대로 행함	• 신뢰 • 성실 • 진실 • 준법	• 거짓말하지 않기 • 남을 속이지 않기 • 남의 것을 훔치지 않기
책임	• 어떤 공동체의 구성원으로서 지위나 역할에 따른 임무나 의무 • 자신의 의지로 구체적인 행위를 한 결과에 대한 의무, 부담, 제재	• 지위와 역할 책임 • 행위 책임	• 책임을 남에게 미루지 않기 • 끝까지 책임을 완수
존중	• 사람이나 사물이 지닌 고귀한 가치에 대하여 경의를 표하는 것 • 자신과 타인, 모든 생명체와 환경에 대하여 소중한 마음을 가짐	• 자기존중 • 타인존중 • 생명체존중	• 남을 무시하지 않기 • 자신을 학대하지 않기 • 동식물 등을 아끼고 사랑하기

배려	• 도와주거나 보살펴 주려고 마음을 쓰는 것 • 나와 남의 요구와 바람(행복, 복지)을 충족시켜 주는 일 혹은 거기에 민감하게 반응	• 공감 • 연민 • 관용	• 남을 위로해 주기 • 상대방 입장을 이해하고 수긍 • 자식과 정보를 공유 • 나눔과 베풂을 실천
소통	• 막히지 않고 잘 통함 • 뜻이 서로 통하여 오해가 없음 • 서로 간에 말하고 듣는 연결체계에 막힘이 없어 대화가 됨	• 합리성 • 논리성 • 관용 • 객관성 • 진정성	• 근거를 가지고 말하기 • 예의 있게 말하기(비속어, 공격성 언어, 차별적 표현 등) • 남의 말 경청
협동	• 서로 마음과 힘을 합함 • 공동의 목표를 성취하기 위하여 구성원들의 힘과 능력을 집약시킴 • 상부상조함	• 조화 • 공동체의식 • 연대성 • 상호신뢰	• 개인의 이익보다 전체의 이익을 생각 • 서로 믿고 의지하며 동질감 갖기 • 문제를 풀기 위해 서로 양보하고 돕기

출처: 박인현(2015). 인성교육진흥법상핵심가치·덕목과법교육. 법과인권교육연구, 제8권 제3호. 재구성.

3) 인성교육 프로그램의 예시

표 Ⅳ-17 배려 중심의 유아 인성교육 프로그램 시안의 회기별 교육활동 내용

회기	활동명	활동유형	교육내용	활동목표
1	내 귀는 짝짝이 귀	동화	• 관심 공감 • 관계 자기이해 • 친밀한 대상 이해	• 자기 자신에 대해 이해하고 긍정적인 인식을 갖는다. • 자기 자신과 친구의 모습은 다르지만 이해하고 존중해야 함을 안다.
2	만약 친구가 없다면	동화	• 관심 공감 • 관계 • 관계인식	• 우리 반 친구에 관심을 가지고 이해하며 존중함으로써 소중하게 여긴다. • 자기 자신과 친구의 관계를 인식한다.
3	오늘은 내가 꼬마선생님	봉사	• 관심 민감성, 공감 • 관계 관계인식 • 보살핌 구체적 행동	• 자기 자신에 대해 긍정적인 인식을 갖는다. • 배려가 필요한 선생님과 친구의 상황을 이해하고 배려한다.

<table>
<tr><td rowspan="2">활 동 명</td><td rowspan="2">만약 친구가 없다면</td><td>활동연령</td><td>3~5세</td></tr>
<tr><td>소요시간</td><td>30분</td></tr>
<tr><td>활동목표</td><td colspan="3">• 우리 반 친구에 관심을 가지고 이해하며 존중함으로써 소중하게 여긴다.
• 자기 자신과 친구의 관계를 인식한다.</td></tr>
<tr><td>활동자료</td><td colspan="3">'만약 친구가 없다면' 플래시 동화자료, 컴퓨터</td></tr>
<tr><td colspan="4">활동방법</td></tr>
<tr><td>도입</td><td colspan="3">• 내가 좋아하는 친구에 대해 이야기를 나눈다.
- ○○는 어떤 친구를 좋아하니?
- 그 친구와 무엇을 할 때 기분이 좋으니?</td></tr>
<tr><td>전개</td><td colspan="3">• 동화의 제목을 보고 동화의 내용을 추측해 본다.
- 동화 제목이 뭘까? 어떤 이야기의 동화일까?
- '만약'이라는 말은 무엇을 뜻하는 말일까?
• 동화를 들려준다.
[대화]
: 대화를 통해 친구에 대한 의미를 이해하도록 돕기
• 동화를 듣고 난 후, 내용에 대해 이야기를 나눈다.
- 동화를 듣고 난 느낌이 어떠니?
- 동화 속 주인공은 어떤 마음을 가지고 있는 것 같니?
- 동화 속 친구에게 어떤 말을 해 주고 싶니?</td></tr>
<tr><td>마무리</td><td colspan="3">• '만약 친구가 없다면' 어떨지에 대해 이야기 나누면서 친구의 소중함에 대해 이야기를 나눈다.
- 동화 주인공이 말한 것처럼, 만약 친구가 없다면 어떨까?
- 어떤 상황에서 친구가 필요하다고 생각하니?
- 그 상황에서 친구가 없다면 어떻게 해야 할까?
- 친구가 있어서 좋은 점은 무엇일까?
- 친구에 대해서 우리는 어떤 마음을 가져야 할까?
- 우리는 친구에게 어떤 모습을 보여주어야 할까?(소중한 친구에게 할 수 있는 배려에 대해 이야기를 나눈다.)</td></tr>
<tr><td>연계활동</td><td colspan="3">• 친구에게 그림이나 편지쓰기</td></tr>
<tr><td>유의점 및 평가</td><td colspan="3">• 유아가 친구의 의미(관계인식)를 이해할 수 있도록 돕는다.</td></tr>
</table>

출처: 오새니(2016: 149). 배려중심의 유아 인성교육 프로그램 개발 연구. 덕성여자대학교 박사학위논문.

9 또래관계와 행복한 학교생활

- 방과후 돌봄서비스에 대해 이해한다.
- 방과후 돌봄서비스 종류에 대해 이해한다.

1) 또래관계

또래는 같은 연령을 의미하기도 하며, 사회성발달을 가능하게 하며 본보기이자 강화자로서 역할을 하는 사회문화적 의미도 갖는다(은연아, 2018: 7). 또한 두 사람이 상호 의존하는 관계로, 서로 간에 믿고 의지하며, 물리적·감정적으로 교류하고 있는 관계를 말한다(구영롱, 2016: 14). 가비(Garvey)는 또래(peer)를 '대등한 위치를 가진 동반자'로 설명하고 있다. 즉, 또래와의 상호작용에서는 상대로부터 지시와 비판을 훨씬 덜 받으며, 자신의 생각과 행동을 더 자유롭게 시도해 볼 수 있는 수평적 위치에 있다는 것을 말한다(박애경, 2010: 9).

(1) 또래관계의 중요성

아동은 친구와의 관계를 통해 자신이 지켜야 할 가치를 정하며, 다른 친구와의 비교를 통해 자아효능감을 갖게 되고, 또래집단에서 양보와 자신의 의견을 주장하는 법과 친구와 잘 지내는 방법들을 배우게 된다.

또래관계는 영유아기부터 청소년기까지, 더 나아가 성인기, 노년기에 이르기까지 평생에 걸쳐 우리 삶의 주요한 부분을 차지한다. 아동의 또래관계는 아동의 현재 및 미래의 삶에 있어 매우 주요한 비중을 차지하므로 레드와 미제(Ladd & Mize)는 아동의 또래관계가 전통적으로 교육에서 강조해 온 읽기, 쓰기, 셈하기의 3R보다도 더 우선적으로 중시되는 '첫 번째 R(Relation)'로 인식되어야 한다고 주장하였다(박애경, 2010: 10).

또래는 주로 아동과 가까운 곳에 살고 학교생활을 같이 하면서 관심사가 같고, 성격적으로 비슷하고, 대체로 같은 성으로 구성되므로 성별에 따른 적절한 행동을 배우는 데도 도움이 된다.

아동은 또래와의 놀이나 다양한 관계 경험을 통해 인지적 · 사회적 · 정서적 발달을 완성해가게 된다.

또래의 역할 및 기능은 다음과 같이 정리할 수 있다.

- **동반자 기능** : 친숙한 파트너로 기꺼이 놀아주고 같이 협력한다.
- **자극적 기능** : 여러 가지 정보와 즐거움, 재미를 느끼게 해 준다.
- **물리적 지원기능** : 생활에서 실제적인 지원과 도움을 준다.
- **심리적 지원기능** : 격려 및 심리적 지지를 해 주고 능력감과 가치감을 갖게 한다.
- **친밀감/애정의 기능** : 따뜻하고 친밀하며 신뢰로운 관계를 갖게 된다.
- **사회적 비교 기능** : 또래를 기준으로 비교하고, 자신의 능력과 기술을 평가하게 된다.
- **사회적 능력 학습 기능** : 또래와의 상호작용에서 사회인지적 기술을 배우게 된다.
- **역할모델의 기능** : 또래의 행동을 관찰하고 나서 해야 할 행동을 구별하고 내면화한다.
- **강화자 기능**: 또래의 칭찬, 비난에 민감하며 또래의 인정을 받기 위해 행동한다.

(2) 학령기 또래관계의 특징

- 스포츠, 컴퓨터 및 보드게임 등 특정한 규칙이 있는 활동이 포함된다. 게임의 규칙을 이해하고 지키는 능력, 경쟁적인 관계에서 감정을 조정하는 능력 등이 중요하다.

- **또래로부터 호감받는 행동**
  긍정적이고 친근하며 다른 사람을 지지하는 행동
- **또래로부터 거부받는 행동**
  파괴적, 충동적, 공격적, 스포츠 정신 부족, 의존적, 미성숙 등으로 규칙을 어기는 행동

- 안정적인 친한 친구, 단짝관계가 나타나면서 점차 지속적이고 함께 노는 것이 많아진다. 동성의 친구와 우정을 형성한다.
- 유아기에 비해 놀이가 차지하는 중요성은 감소하며, 믿을 수 있고 도움이 되고 성실하고 의지할 수 있는 친구를 기대한다.
  남아는 보통 다른 또래집단과 어울리는 한편, 여아는 한 번에 한 친구와 노는 경향을 보여, 소수와 강한 우정집단을 형성한다.
- 집단이 중요해진다.
  집단에서 규칙적인 상호작용을 통해 아동은 집단의 구성원으로서 강한 소속감을 가진다. 집단 간의 경쟁활동은 집단 내의 결속을 강화하고 '우리'라는 감정을 갖게 된다. 집단활동 속에서 아동은 자존감을 키워가지만, 소속집단에 대한 지나친 응집력은 경쟁과 적개심을 불러일으켜 사회성발달에 부정적인 영향을 주기도 한다.

(3) 또래친구의 기능

친구의 기능을 살펴보면 다음과 같이 몇 가지로 나누어 설명할 수 있다.

첫째, 친구는 중요한 정서적 공감자이자, 지지자이다.

서로를 이해하고 공감하여 인정하는 정서적 지지는 친구관계를 유지하고 심화시키는 주요한 요인이 된다.

둘째, 친구는 자기 자신과 자신의 삶을 평가하는 주요한 비교준거가 된다.

이는 자신을 평가하는 데 필요한 풍부한 정보와 자료를 제공하는 유익한 대상이기도 하다.

셋째, 친구는 즐거운 체험을 공유하는 사람이다.

공통의 화제, 관심사, 취미가 같은 사람들끼리 서로 나누는 재미와 즐

거움은 친구관계를 유지하는 주요한 원천이 된다.

넷째, 친구는 안정된 소속감을 제공한다.

이러한 소속감은 여러 가지 긍정적 경험과 도움을 안정되게 공급받으며, 자기가치감과 안정감을 느끼는 주요한 요인이다.

다섯째, 친구는 삶에 현실적인 도움을 준다.

이는 재정적 또는 물질적 도움뿐만 아니라 지식과 정보의 제공 및 교환을 포함한다. 이러한 현실적인 도움의 내용과 형태는 다르더라도 서로 균형 있게 도움을 주고받을 때, 친구관계는 더욱 공고해질 수 있다(심도경, 2014: 12).

(4) 또래관계에서 좋은 친구 되기

학교생활에서 커다란 비중을 차지하는 친구와 관계를 잘 맺고, 친구와의 사이에서 일어나는 다양한 갈등상황들을 잘 풀어내려면 서로의 입장에서 생각하고, 친구의 이야기를 잘 들어주는 것이 필요하다. 이러한 것들을 원만하게 이루어 내기 위한 방법과 기술을 알아야 할 것이다.

- **자기중심적인 사고에서 벗어나야 한다.**
  친구와의 관계는 서로 주고받는 것이 동등하다고 느껴질 때 서로 만족할 수 있으며, 상대방의 이야기를 잘 들어보고 친구의 입장을 생각하면 친구를 이해할 수 있게 된다.
- **입장 바꿔 생각하자.**
  친구가 무엇을 원하는지, 지금 마음은 어떤지를 살피고, 친구의 감정을 잘 알아주고, 친구와 공감하는 것이 중요하다.

(5) 또래관계 구성 요인

아동에게 가장 중요한 사회적 관계는 가족 이외에 또래와의 관계이다. 아동기 중반부터 형성되는 또래관계는 믿음이 전제가 되기 때문에, 아동들은 또래 친구들이 약속을 지키지 않거나 도움이 필요한 경우에 돕지 않는 등의 행동들을 믿음이 없는 행동으로 생각한다. 그 결과 또래관계는 선택적으로 이루어지게 되고, 또래관계에 속한 아동 간에는 강한 소속감이 나타나게 되고, 소속된 아동들은 다른 아동들에 대한 배타성을 보이며 그들만의 문화를 형성한다. 즉, 또래관계를 이루는 요소로는 신뢰감, 소속감, 도움 그리고 배타성을 들 수 있다.

신뢰감은 아동의 또래관계에서 가장 중요한 요인이다. 신뢰감은 자기 자신의 능력이나 타인의 존재에 대한 일관성 있는 확신을 말하는데, 이것은 개인의 건강한 성격발달과 자기개념 발달에도 관련되어 있다. 안정된 신뢰감을 갖는 경우 타인을 보다 지지적으로 느끼게 되는 경향이 있고, 이는 아동기 중기에서 후기로 갈수록 높게 나타난다고 본다. 또한 또래에 대한 신뢰는 아동의 자존감을 높여, 또래관계 안의 문제행동 정도를 낮추기도 한다.

소속감은 개인이 어떤 집단에 속해 있다는 느낌이며 개인과 집단의 일체감을 의미한다. 대부분의 아동은 또래관계 안에서 다른 아동들에게 인정받고 싶어 하며 소속감을 갖고자 노력한다. 소속감이 높은 사람은 타인에게 친근감을 느끼며, 자신을 보호하고 자신을 긍정적으로 평가하고, 특히 아동들은 부모보다 또래들과 함께 하는 시간이 많아지며, 또래로부터 심리적인 안정감과 또래집단에 속해 있다는 소속감을 갖게 된다. 특히 남아들은 집단을 이루어 친구를 사귀고 운동경기를 함께 하며 소속감을 형성하는 반면에, 여아들은 취미활동을 같이 하거나 좋아하는 연예인을 공유하며 유대감을 형성한다.

도움은 일반적으로 타인에게 도움을 주는 친사회적 행동의 하나로, 이러한 행동은 자신보다 타인을 더 이롭게 하려는 분명한 의도를 갖고 행해진 행동을 말한다. 즉, 도움은 결과적으로 타인에게 이익을 주는 의도적이고 자발적인 행동이다.

배타성은 아동에게 항상 안전한 상황을 제공하는 것은 아니며, 또래관계는 스트레스를 유발하는 배타성과 같은 부적응적인 문제를 보이기도 한다. 이들은 학년이 높아질수록 이러한 요인들이 또래관계의 지지적이고 긍정적인 측면과는 관계가 없는 것이다. 또래관계가 단순하게 서로 도와주고 의존하는 것뿐만 아니라 개인의 특성으로 인하여 관계 안에서 질투를 하거나 서로 다투는 갈등도 함께 동반하는 것이다. 친구관계를 이루는 긍정적 척도는 신뢰, 정서적 안정, 도움, 친밀감, 인정, 교제의 즐거움이며, 부정적 측면의 척도는 배타성을 고려한 갈등과 경쟁으로 볼 수 있다.

또래 관계의 발달

아동의 연령이 증가하면서 인지적 · 정서적 발달이 이루어짐에 따라 친구를 대하는 행동방식이나 우정에 대한 개념도 변화한다.

- 유아기에는 친구를 함께 노는 대상으로 인식하지만 학령기의 친구관계는 심리적 특성에 기초를 두어 성격이 맞고 서로를 지지하며 뜻이 통하는 대상으로 생각한다.
- 신뢰가 깨지거나 도움이 필요할 때 돕지 않고 약속을 지키지 않는다면 친구관계에 위협을 받게 된다.
- 변화로 인해 학령기 아동은 자신과 타인에 대한 이해가 발달하게 된다.
  - 유아기에는 구체적인 행동으로 다른 사람에 대한 인상을 가진다면 아동기에는 자신이 생각하는 심리적 속성을 토대로 인상을 형성하기 시작한다.
  - 대인관계의 의미를 잘 이해하게 되면서 친구관계나 우정의 특성도 변화된다.
  - 다음에 제시되듯이 우정은 즐거운 활동에 기초한 구체적인 관계에서 시작하여 상호배려와 심리적인 만족에 기초한 추상적인 관계로 발전해간다.

표 Ⅳ-18 우정의 발달 수준

수준	연령	우정의 특성	내용
1	4~7세	놀이 친구 관계	• 친구는 함께 재미있게 놀 수 있는 놀이 친구라고 생각함 • 우정에서 공동생활을 중시, 나에게 잘해주는 사람이 친구라고 생각함 • 함께 놀 수 없으면 친구관계는 종결됨
2	8~10세	상호신뢰와 지지적인 관계	• 심리적 유사성을 중요시함 • 각자를 존중하며 서로의 욕구에 반응해 주는 상호적 관계를 추구함 • 신뢰 관계가 무너지면(도와달라는 요구에 응하지 않거나 약속을 지키지 않는 것) 친구관계는 종결됨

3	11~15세	친밀감과 특권적인 관계	• 심리적 친밀감과 상호이해에 따른 친구관계를 형성함 • 친구는 다른 친구의 심리적 문제를 해결해 주는 사람으로 간주됨 • 문제가 생기더라도 상호이해를 통해 용서가 되므로, 매우 심각한 문제가 발생한 경우에만 친구관계가 종결됨

출처: 한국건강가정진흥원(2019: 546). 아이돌보미양성교육교재. 재구성.

(6) 또래관계 증진 프로그램

표 Ⅳ-19 또래관계 증진 프로그램

영역	회기	활동주제	활동내용
만남	1	프로그램 안내 및 나 소개하기	프로그램 소개/서약서 쓰기/별칭 짓기/자기소개
	2	친구 만나기	친구 간에 지켜야 할 예절 정하기/ 게임을 통한 친구 만나기/수호천사 정하기
이해	3	친구 이해하기(1)	나와 친구의 비슷한 점 알아보기/ 나와 친구의 다른 점 알아보기/ 나와 친구의 비슷한 점과 다른 점에 대해 어떻게 해야 할까 의견 나누기
	4	친구 이해하기(2)	대화의 기법 익히기/친구 기분 알아보기/ 친구 장점 찾아 이야기하기/ 친구가 평소 하고 싶은 것 알아보기
갈등 해결	5	입장 바꿔 생각하기(1)	친구가 섭섭하게 했을 때 이야기하기/ 역할극하기/갈등해결하기
	6	입장 바꿔 생각하기(2)	친구와 다툰 경험 이야기하기/ 역할극하기/갈등해결하기
	7	친구와 하나 되기(1)	게임활동에 대해 토의하기/ 게임하기/소감 발표하기
	8	친구와 하나 되기(2)	하고 싶은 일 선정하기/ 계획에 따라 정해진 활동하기/ 전개한 활동 발표하기/ 활동에 대한 소감 발표하기
다지기	9	서로 도와주기	나-전달법 익히기/서로의 고민 표현하기/ 해결방법 주고받기/해결방법 정하기-해결할 수 있도록 도와주기
	10	지지와 격려하기	친구 칭찬하기/수호천사 확인하기/ 소감문 작성하기

출처: 박애경(2010: 33). 또래관계 증진 프로그램이 초등학생의 분노조절력 및 학교생활 적응력에 미치는 효과. 숙명여자대학교 교육대학원 석사학위논문.

2) 행복한 학교생활

(1) 학교행복감의 개념 및 특성

행복이란 인지적인 측면으로서의 생에 대한 만족과 정서적인 측면에서의 생활감정으로서의 만족감, 마음의 평화, 충만감과 같은 뜻으로 사용될 수 있는 생활 전반에서 지속적으로 느낄 수 있는 정서를 의미하며, 한 개인이 자신의 삶에 대해 주관적으로 판단하는 긍정적인 생각과 느낌, 의미를 모두 포함하는 경험을 행복이라고 보았다. 초등학생 시기에 있어서 행복감은 부모와 친구 등 대인관계가 원만하고 자기 능력에 대한 만족, 긍정적인 자기평가 등 생활 전반에서 느끼는 긍정적이고 만족스러운 생활감정을 의미한다.

학교상황에서 교사, 학습활동 및 환경 등과 같은 학교 요인들이 학생들의 행복한 학교생활을 설명하게 된다. 즉, 행복한 학교생활이란 학생들이 학교활동을 통해 평가하는 심리적 만족감과 그 결과에 이르게 되는 정서적 안녕의 상태를 말한다.

(2) 행복감과 학교생활 적응

셀리그만(Seligman)은 〈긍정심리학〉에서 긍정적인 상태와 태도가 삶의 질을 향상시킨다고 말하고 있다. 즉, 즐겁고 행복한 경험을 많이 하게 되면 부정적 감정이 자연스럽게 줄어들고, 부정적인 감정이 생겨도 이를 다루어 나갈 수 있는 내적인 힘과 여유가 생긴다는 의미이다. 긍정적 감정을 통해서 주관적 행복감이 높아지면 학생들의 학교생활 적응도 높아질 것이다.

행복한 학교생활은 학생의 성격에 의해서도 영향을 받게 되는데 낙관적인 학생은 일반적인 학생에 비해 학교생활에서 이루어지는 교우관계와 학습과제를 긍정적으로 받아들이며, 좋은 결과를 기대하는 가운데 보다 효과적인 해결방법을 동원하여 교우관계와 학습과제 등 그들이 직면한 과제를 해결해 간다. 또한 학교생활을 잘 적응하는 학생은 학교에 대한 감정이나 태도, 동기가 긍정적이기 때문에 대인관계가 원만하여 학업성적이 향상되고, 이러한 바람직한 행동 특성이 즐겁고 행복한 학교생활을 할 수 있게 하며, 자신이 성장하는 계기가 된다.

개인의 환경적·심리적 요인을 어떻게 지각하는지에 따라서 행복감과 학교생활 적응에도 긍정적인 영향을 미치고, 초등학생들이 생활 전반에서 느끼는 만족감, 마음의 평화, 충만감을 높이며, 건강하고 원만한 학교생활을 할 수 있도록 도와줄 것이다(이수미, 2011: 19).

(3) 행복한 학교생활 요인

① 친구관계

또래와의 친밀한 친구관계에서 학교나 학급에서 일정 기간 함께 생활하는 친구들이 모두 가까운 친구가 될 수는 없지만, 서로 관계를 유지할 수 있고, 새로운 학습을 할 때는 심리적인 지원을 얻기도 한다. 이는 학교상황에서 또래들과의 친밀한 관계형성 및 우정은 학생의 행복에 영향을 준다는 것을 의미한다.

② 교사관계

교사관계는 학생과 교사 간의 관계로 교사가 학생들을 인정하면서 좀 더 애정을 가지고 학급을 경영하고, 학생들은 교사로부터 인정과 배려를 느끼거나 또래와 원만한 관계를 형성함으로써 행복감을 느낀다. 따라서 학교에서 교사와 학생의 긍정적 상호작용은 학교행복감을 증진시키는 가장 주요한 요인으로 여겨진다.

③ 환경

환경이란 학생들에게 영향을 줄 수 있는 가능성을 가지고 있는 모든 내적·외적 조건과 요인의 총합이라 할 수 있다. 개인의 신체적 조건, 의식,

무의식적 행동, 기억 등을 포함하여 학교 주변 환경시설 등이 영향을 미친다.

④ 자기효능감

우리가 어떤 일을 수행하고자 할 때 스스로 그 일을 얼마나 효율적으로 수행할 수 있을 것인가에 대한 믿음이 중요하다. 따라서 자기효능감은 특정한 과제를 수행할 때 필요한 일련의 행동을 조직하고 완성할 수 있다는 자신의 능력에 대한 믿음이며, 행복을 결정하는 주요한 요인이 된다.

⑤ 학습활동 즐거움

학교에서 학생들이 학습활동을 통해 얻는 즐거움과 만족으로 학교행복을 결정짓는 데 중요한 역할을 한다. 학교상황에서 학생들이 세우는 학습목표는 매우 중요하며, 목표를 성취하는 과정에서 학습활동에 대한 만족은 학교행복감을 결정짓는 요인으로 작용한다.

⑥ 심리적 안정

행복한 사람은 평상시 심리적 안정감을 느끼며 격한 감정보다는 적당한 긍정적 감정을 지속적으로 보인다. 심리적 감정의 급격한 변화는 행복에 부정적 영향을 미치며, 긍정적인 정서가 지속적으로 유지되는 것이 행복을 느끼는 데 주요한 요인이 된다는 것을 의미한다. 이에 행복은 주관적인 경험으로 행복감이 외부 환경과 상호작용하면서 갖게 되는 경험을 통해 얻을 수 있는 것이라는 것을 알 수 있다(이수미, 2011: 27).

V

방과후 활동의 이론과 실제

1 오감놀이

- 오감놀이의 중요성과 연령별 오감발달의 특징을 이해한다.
- 오감각을 활용한 연령별 놀이방법을 이해하고 다양한 경험을 통해 뇌 발달과 정서적 안정감을 형성한다.

1) 오감놀이란?

(1) 오감놀이의 정의

다양한 사물을 시각, 청각, 촉각, 미각, 후각 등 오감각을 활용하여 경험하고 탐색하며, 사물을 보고, 듣고, 느끼고, 냄새 맡고 맛보며 놀이하는 과정 속에서 감각 통합을 촉진하는 활동을 의미한다.

① 시각

- 외부 정보를 받아들여 환경에 대처하고 정상적인 생활을 하게 하는 가장 중요한 감각 중의 하나이다.
- 감각 정보의 80%가 눈을 통해 들어오므로 가장 유용한 정보의 요소이지만 가장 늦게 성숙하는 특징을 보인다.
- 보는 감각을 통해 그 대상의 촉각, 청각, 미각, 후각까지도 느끼고 상상할 수 있다.
- 물체를 보이는 대로 수동적으로 지각하면 두뇌에서 이해한 후 능동적으로 직접 신체나 언어로 표현한다.

② 청각

- 시각과 더불어 인간의 감각기관 중 가장 먼저 발달하는 것으로 뇌파를 조절하는 데 영향을 미친다.

- 언어의 발달에 있어 중요한 소리 지각 능력으로 이전에 기억하는 소리와 현재의 소리를 구분하여 지각한다.
- 항상 열려 있는 감각으로 의식적으로 활용하지 않으면 가장 발달시키기 어려운 감각이기도 하다.
- 청각적 자극은 다른 감각의 자극에 촉매 역할을 한다.
- 청각을 발달시키려면 자연의 소리를 들려줌으로써 청각을 활용하도록 도와주는 것이 효과적이다.

③ 촉각

- 청각과 시각에 앞서는 기초 감각이며 발달 초기부터 많은 영향을 끼친다.
- 피부감각의 일종으로 통증 지각, 냉온, 압박, 재질 느낌의 감각을 느낄 수 있다.
- 피부는 뇌와 풍부한 신경회로로 연결되어 서로 정보를 주고받기 때문에 아주 약한 자극도 뇌에 잘 전달된다.
- 촉감의 경험은 인간관계의 신뢰감 발달에 중요한 요인으로 작용한다.

④ 미각

- 혀의 다양한 맛(짠맛, 신맛, 단맛, 쓴맛)의 구별로 인해 맛에 대한 정보를 수집할 수 있다.
- 후각과 밀접하게 연결되어 있으며 후각과 마찬가지로 혀의 수용기들이 화학물질을 인식하는 감각이다.
- 맛이라고 하는 감각 경험은 미각과 냄새가 조합된 향미이다.
- 인간의 욕구에 가장 근접하고 충실한 감각이다.
- 다른 어떤 자극보다 정서적 변화를 빨리 일으킨다.

⑤ 후각

- 휘발성 물질이 콧속의 점막에 있는 후세포에 접촉하면서 말초신경을 자극하여 냄새를 느끼는 감각이다.

- 후각은 해로운 물질과 유익한 물질에 대해 정의적·감정적 요소들을 부여한다.
- 각 정보는 상상력을 자극하는 데 도움을 준다.
- 정보를 기억하는 바탕이 되어 회상이나 상상력 자극에 도움을 주며 냄새를 통해 감정을 변화시킬 수 있다.

(2) 연령별 발달과 오감놀이

① 1세(13~24개월) 발달과 오감놀이

- 오감 경험을 통해 대상영속성의 발달을 이룰 수 있다.
- 눈에 보이는 사물에 관심을 보이며 능동적으로 찾으려는 행동을 보인다.
- 반복적으로 탐색을 즐기고, 적극적인 놀이를 한다.
- 다양한 오감 재료를 사용한다.
- 처음 접하는 준비물에 불안감을 갖지 않도록 한다.
- 가벼운 재질의 퍼포먼스 재료를 사용한다.
- 동화책을 이용한 활동이 좋으며 상호작용하면서 활동을 한다.
- 보호자를 안전기지 삼아서 안정적으로 놀이할 수 있는 환경을 제공한다.

② 2세(25~36개월) 발달과 오감놀이

- 눈과 손의 협응력을 돕는 놀이를 한다.
- 촉감을 이용한 놀이를 하며, 확장놀이가 가능할 수 있도록 계획한다.
- 다양한 도구를 통해 상상하는 놀이를 한다.
- 다양한 역할을 할 수 있는 놀이를 한다.
- 신체 민첩성에 도움을 줄 수 있는 놀이를 한다.

③ 3~4세 발달과 오감놀이

- 뛰는 활동과 동작을 보고 따라 하는 신체 모방활동을 한다.
- 타인을 배려하고 이해할 수 있는 활동을 한다.

- 시간 개념이 들어간 활동을 한다.
- 눈과 손의 협응력이 발달되어 손으로 표현 가능한 만들기 활동을 한다.
- 형용사적 언어표현을 할 수 있는 활동을 한다.

④ 4~5세 발달과 오감놀이

- 동화내용이 선과 악의 교훈이 있는 내용을 활용한다.
- 다른 사람을 이해할 수 있는 활동을 한다.
- 문장으로 표현할 수 있는 활동을 한다.
- 과거의 경험을 바탕으로 개인의 생각과 느낌을 표현할 수 있는 기회를 제공한다.

(3) 오감놀이의 중요성

- 영아는 주변 환경에 대한 관심이 커지면서 능동적인 탐색과정에서 인지적 탐색과정으로 발달한다.
- 감각기관을 통해 받아들인 정보가 인지발달의 중요한 내용이 된다.
- 영아는 기억하고 이해하는 것을 직접 보고 들으며, 느끼고 행동하는 것에 의존한다.
- 오감을 통한 놀이를 본능적으로 좋아하고 즐기는 직접적인 경험을 통해 기술과 지식을 습득한다.
- 감각놀이란 탐색이며 놀이이고 학습의 중요한 방법이자 과정이다.
- 영아기에 쉽게 접할 수 있고, 놀이를 통해 주변 세계를 알아가는 즐거움을 통해 전인적인 발달을 이룰 수 있는 활동이다.

2) 영유아기 오감놀이 활동의 유형

표 V-1 영유아기의 오감놀이 활동

영유아기의 오감놀이 활동	
대상영속성을 활용한 오감놀이	스킨십을 활용한 오감놀이
클래식을 활용한 오감놀이	상상력을 키우는 오감놀이
동화를 활용한 오감놀이	자연물을 활용한 오감놀이
과일을 활용한 오감놀이	도구를 활용한 오감놀이
명화를 활용한 오감놀이	신체로 표현하는 오감놀이
음악으로 표현하는 오감놀이	사회성발달을 위한 오감 놀이
대·소근육 오감놀이	계절을 활용한 오감놀이
오감놀이 교구(동화판 만들기/손인형 제작하기/퍼포먼스를 즐길 수 있는 놀이재료)	

3) 오감놀이 활동의 주제선정 및 유의사항

(1) 주제

계절(봄, 여름, 가을, 겨울), 동화 주제, 특별한 날(생일, 캠핑), 자연, 동물, 역할 활동이 가능한 직업놀이, 특정 지역을 경험할 수 있는 놀이 등이 있다.

(2) 오감놀이 활동의 구성원리

첫째, 연령과 특성 및 요구, 흥미 등에 적합한 활동과 자료를 고려하여 선정한다.

둘째, 발달 단계의 성장촉진에 유용하고, 일반화할 수 있는 활동으로 구성한다.

셋째, 감각적 경험을 통해 통합 자극이 가능한 활동으로 구성한다.

넷째, 상호작용을 촉진하는 활동으로 진행한다.

다섯째, 일상에서 접근이 쉽고, 안전한 활동으로 진행한다.

손가락 이야기 동화(예시)

손가락 이야기 : 다섯 손가락은 서로 '내가 최고야.' 하는 마음으로 살고 있어요.
엄지는 "내가 최고. 다른 사람들이 이야기를 해. 그래서 내가 최고지."
집게손가락이 이야기했어요. "아니야. 내가 길을 알려줄 때 내 손가락을 이용해. 내가 최고야."
가운데손가락도 이야기했어요. "아니야. 내 손가락이 중심에 있잖아. 내가 제일 중요하다고."
반지손가락이 이야기했어요. "내가 소중하지. 사람들은 내 손가락으로 약속을 해. 그리고 반지도 내 손가락이 끼우지."
마지막으로 새끼손가락이 이야기했어요. "내가 최고지. 제일 귀엽잖아."

4) 오감놀이 활동의 예시

표 V-2 연령별 오감놀이 활동(예시)

연령	오감놀이의 활동
0세	소리를 찾아요/후후~ 입바람/팔다리 쭉쭉/까꿍! 눈 맞춤/반사놀이 똑똑똑! 문 열어 주세요/손수건 마술/거울 속 내 얼굴/뻥! 공놀이/손바닥 발바닥
1세	보자기 안에 물체를 숨기기/종이 접시에 동물을 꾸미기/스카프를 이용한 놀이/길 걸어보기 놀이/던지기 놀이/동작 표현을 위한 음악 놀이/다양한 소리 자극을 통한 놀이/비눗방울 놀이
2세	요리활동에서 쌓기(샌드) 만들기/종이로 오려보기/상황별 느낌 표현하기/역할 이해해 보기
3~5세	나는야 요리사/구슬그림/무엇일까요/노래하고 춤추고/비누거품 놀이/컵 인형/내 손 내 얼굴/페트병 볼링/집게놀이/종이친구들/변신하는 점토

표 V-3 주제별 오감놀이 활동(예시)

생활주제	탐구활동	준비물
동식물과 자연	• 숲 체험이 궁금해요 • 내가 찾은 숲속 자연물을 소개해 보세요 • 민들레 씨앗을 날려보세요 • 자연물로 친구 꾸미기	사진 민들레 씨앗, 돋보기

건강과 안전	• 숲에 누워 힐링 캠프! • 허브 주머니 • 맛있는 음식	돗자리, 나무 벤치
여름	• 봉선화로 그림을 그려요 • 풀 씨름 • 시원한 나무 그늘	봉선화 꽃, 잎, 붓, 면봉
가을	• 열매랑 씨앗을 모아요 • 나뭇잎 빙고놀이 • 가을 꽃다발을 만들어 보세요	나뭇잎, 자연물
세계 여러 나라	• 나뭇잎 가면무도회 • 세계 문화유산 만들기 • 자연물 올림픽 경기	큰 나뭇잎, 풀대, 나뭇가지
겨울	• 자연물 카드 만들기 • 길 잃은 애벌레 • 솔방울 가습기	나무 조각, 열매, 잎, 카드 등

오감발달 활동 예시

애착 인형

신나는 마라카스

잠자리

공작새

무지개 꽃

동물인형

오감놀이 활동의 실제

<table>
<tr><td rowspan="2">활 동 명</td><td rowspan="2">재미있는 얼굴</td><td>활동연령</td><td>3~5세</td></tr>
<tr><td>소요시간</td><td>30분</td></tr>
<tr><td>활동목표</td><td colspan="3">• 재료의 특징을 살려 다양한 얼굴을 창의적으로 꾸밀 수 있다.
• 자신의 작품에 대한 생각과 느낌을 말로 표현할 수 있다.</td></tr>
<tr><td>활동자료</td><td colspan="3">음식 얼굴 사진, 다양한 음식 재료(식빵, 뻥튀기, 김, 방울토마토, 당근, 젤리, 브로콜리, 치즈, 버섯, 오이 등), 도마, 플라스틱 칼, 접시</td></tr>
<tr><td colspan="4">활동방법</td></tr>
<tr><td>도입</td><td colspan="3">• 음식으로 꾸민 얼굴 사진을 보며 이야기를 나눈다.
– 이 사진을 보니 어떤 생각이 들어요?
– 재료들을 이용해서 여러 가지 얼굴을 꾸며 볼 수 있을까요?</td></tr>
<tr><td>전개</td><td colspan="3">• 준비된 음식 재료를 보며 이야기를 나눈다.
– 이 재료들을 본 적 있어요?
– 이 재료의 이름은 무엇일까요?
– 이 재료는 주로 어디에 쓰일까요?
– 이 재료들을 이용해서 무엇을 할 수 있을까요?
• 누구의 얼굴을 꾸밀 것인지 생각한 후 다양한 재료를 선택하여 얼굴 꾸미기를 한다.</td></tr>
<tr><td>마무리</td><td colspan="3">• 완성된 작품을 감상하고 평가한다.
– 누구의 얼굴을 만들었나요?
– 이 작품을 보면 어떤 생각이 드나요?
– 재료를 사용하면서 좋았던 점과 어려웠던 점이 있었나요?</td></tr>
<tr><td>연계활동</td><td colspan="3">• 잡지에서 사진들을 오려 '가족 얼굴 콜라주' 꾸미기
• 형제자매가 함께 여러 가지 토핑 재료로 '가족 얼굴' 표현해 보기</td></tr>
<tr><td>유의점 및 평가</td><td colspan="3">• 음식의 소중함을 알고 재료를 활용하도록 한다.
• 얼굴 꾸미기를 어려워하면 얼굴의 일부를 꾸며 보도록 한다.</td></tr>
</table>

활 동 명	양말 애착인형 만들기	활동연령	2~3세
		소요시간	30분
활동목표	• 양말을 이용하여 말랑말랑 촉감인형을 만들 수 있다. • 손쉬운 기법으로 다양한 인형을 제작하고 정서적 안정감을 느낄 수 있다.		
활동자료	다양한 종류와 크기의 양말, 안전가위, 바느질 도구		

활 동 명	신나는 마라카스 만들기	활동연령	2~6세
		소요시간	30분
활동목표	• 색과 모양이 다른 재료를 탐색할 수 있다. • 시각과 눈높이에 맞춘 악기 마라카스로 연주하면서 음악적인 감성을 키워주고 촉각, 청각발달을 촉진시킬 수 있다.		
활동자료	종이접시, 양면테이프, 곡식, 딸랑이, 색종이, 클립, 본드, 풀		

활 동 명	무지개 물고기	활동연령	3~8세
		소요시간	40분
활동목표	• 집단생활 속에서 서로 협동하고 기쁨을 나누는 다양한 방법을 안다. • 여러 사람과 함께 의논하여 동극을 준비해 보며 협동의 소중함을 경험한다.		
활동자료	그림책, 색종이, 색지, 호일, 가위, 가면, 풀, 반짝이		

활 동 명	묵은지 떡 오믈렛	활동연령	4~10세
		소요시간	50분
활동목표	• 요리 재료의 변화를 관찰한다. • 요리순서에 따라 오감각을 발달시킬 수 있으며 즐겁게 활동할 수 있다.		
활동자료	묵은지, 조랭이떡, 양송이, 베이컨, 양파, 토마토, 계란, 우유, 후추, 식용유, 소금, 프라이팬, 도마, 접시, 칼, 뒤집개, 거품기, 스텐볼, 체, 튀김용 젓가락, 볶음용 숟가락		

2 푸드아트(Food-Art)

- 푸드아트의 개념과 교육적 가치를 이해한다.
- 식품을 매개로 하는 창의적 놀이 및 예술활동을 통하여 내면세계를 표현하고 자신에 대해 긍정적인 사고를 신장시킨다.

1) 푸드아트의 개념

식재료를 도구로 하여 자신의 내면세계를 감성적으로 표현하는 예술의 한 장르로서 자연물 중 식재료가 되는 채소와 열매, 곡류를 주재료로 하여 접시나 다양한 그릇 위에 그림을 그리듯 자신의 생각과 느낌을 표현하고 구성하여 하나의 작품을 만드는 것이다(윤명자, 2013: 3).

2) 푸드아트의 장점

- 음식은 다른 비언어적 매체에 비해 친숙하며, 음식으로 작품을 만드는 과정이 손쉽게 이루어지고 방법이 매우 다양하다.
  간단한 음식 재료를 활용하여 즉흥적인 창작과정을 거치면서 참여자는 기분전환에서부터 카타르시스까지 경험하기도 하고, 더 나아가 무의식의 차원에까지 다다를 수 있는 등 여러 유형의 치료적 목적도 가지고 있다.
- 생활 속에서 일어나는 다양한 상황을 탐색하고 관찰하며 감정이나 생각, 느낌을 나타내는 예술영역으로 정서, 신체, 인지, 심미감 발달에 도움을 준다.
- 일정한 답과 규칙이 있는 활동과 달리 감정과 느낌을 자신만의 방

식으로 표현하여 표현능력과 창의성을 발달시키는 데 효과적이다.

3) 푸드아트의 교육적 가치

- 적극적이고 자발적인 행동을 유발한다.
- 현실에서의 긴장이 이완되는 놀이 기회와 체험활동을 통해 흥미를 극대화한다.
- 자유로운 상상활동을 통해 구성, 해체, 그리고 재구성이 시각적으로 활발하게 이루어짐으로써 창의성을 기른다.
- 집단 내 활기가 생기고 공감을 교류하는 공동체 활동을 체험함으로써 사회성이 증진된다.
- 내면의 세계를 표출함으로써 풍부한 감성을 자극한다.

4) 푸드아트 활동 시 교사의 역할

- 유아의 발달수준에 적절한 활동을 선택한다.
- 적절한 장소와 환경 구성을 한다.
- 다양하고 풍부한 식재료를 준비한다.
- 유아들의 안전을 생각하여 필요한 도구를 준비한다.
- 개별 또는 소집단 활동을 한다.
- 활동은 사전 활동, 본 활동, 사후 활동 등으로 구성한다.

5) 푸드아트의 활동 예시

- 과일야채나라(여러 가지 과일 및 야채, 신문지 등)
- 누들 액자(마른 국수, 플레이크, 쿠킹호일, 색도화지, 골판지, 글루건 등)
- 이상한 나라의 앨리스(동화책, 생활용품, 여러 가지 식품 등)

- 탑쌓기(햇고구마 또는 무, 칼, 도마, 널빤지 등)
- 과자로 내 얼굴 만들기(쌀과자, 다양한 색 과자, 생크림)
- 지점토와 곡물을 이용한 액자 만들기(지점토, 백두, 흑두, 팥, 강낭콩 등의 곡물)
- 신호등 카나페 만들기(크래커, 방울토마토, 딸기잼, 치즈, 오이)
- 과자 그림(여러 가지 과자와 사탕, 젤리, 접착제 또는 물엿)
- 자유주제(삶은 메밀국수, 종이, 연필, 식용유)
- 겨울풍경 꾸미기(백미, 흑미, 검정 도화지)

푸드아트 활동 예시

자유화

꽃다발

동물

봄동산

여러 가지 감정

야외 텐트

푸드아트의 실제

<table>
<tr><td rowspan="2">활 동 명</td><td rowspan="2">알록달록 국수나라</td><td>활동연령</td><td>4~5세</td></tr>
<tr><td>소요시간</td><td>30분</td></tr>
<tr><td>활동목표</td><td colspan="3">• 다양한 면에 색을 물들이고 색의 변화과정을 탐색할 수 있다.
• 국수 면을 이용하여 창의적으로 표현하고 자신의 작품에 대한 생각과 느낌을 말로 표현할 수 있다.</td></tr>
<tr><td>활동자료</td><td colspan="3">에탄올, 다양한 면 종류, 비닐봉지, 천연 식용색소</td></tr>
<tr><td colspan="4">활동방법</td></tr>
<tr><td>도입</td><td colspan="3">• 여러 가지 면을 보며 탐색한다.
- 여러 가지 국수의 면들에는 어떤 것들이 있나요?
- 면들은 어떤 모양인가요?
- 어떤 색깔들인가요? 먹어 본 적이 있나요?</td></tr>
<tr><td>전개</td><td colspan="3">• 준비된 음식 재료를 보며 활동을 소개한다.
- 여기에 다양한 모양의 면들이 있어요.
- 다 똑같은 색깔이 아니라 다른 색도 있는데 어떻게 하면 이런 색깔이 될 수 있을까요?
- OO이는 어떤 색깔의 면을 만들어 보고 싶어요?
• 활동방법을 소개한다.
- OO이가 물들이고 싶은 면을 고른 후 면을 봉지에 넣으세요.
- 에탄올과 식용색소를 넣어 봉지를 흔들어 주세요.
- 10분 뒤에 봉지를 열어 면에 물든 색을 탐색해 봅시다.
- 처음에 면의 색깔은 무슨 색이었나요?
- 지금은 어떤 색깔로 되었나요? 왜 이렇게 되었을까요?</td></tr>
<tr><td>마무리</td><td colspan="3">• 완성된 작품을 감상하고 평가한다.
- 색깔 국수를 만들면서 어려운 점은 없었나요?
- 가장 재미있었던 부분은 어떤 점이었나요?
- 알록달록 예쁘게 물들인 예쁜 국수 면으로 무엇을 해 볼까요?</td></tr>
<tr><td>연계활동</td><td colspan="3">• 다양한 모양의 파스타 면을 이용하여 '오색 파스타' 요리하기</td></tr>
<tr><td>유의점
및 평가</td><td colspan="3">• 면 색깔 변화의 과학적 사실을 알고 응용해 본다.
• 식품의 특성을 알고 다양하게 활용하도록 한다.</td></tr>
</table>

활 동 명	과자로 내 얼굴 만들기	활동연령	2세
		소요시간	15분
활동목표	• 그림 속 다양한 얼굴표정을 관찰하고 따라 해 볼 수 있다. • 다른 사람의 얼굴표정을 관찰해 보고 쌀과자에 표현할 수 있다.		
활동자료	다양한 얼굴표정이 있는 자료, 쌀과자, 다양한 색 과자, 생크림		

활 동 명	해바라기 유부초밥	활동연령	3~6세
		소요시간	30분
활동목표	• 명화를 감상하고 느낌과 생각을 표현할 수 있다. • 다양한 촉감의 경험을 하며 상상력과 창의성을 기를 수 있다.		
활동자료	밥, 삼각 조미유부, 삶은 달걀, 올리브유, 당근, 양파, 오이, 슬라이스 치즈, 플레이크, 깻잎, 김, 위생 비닐, 둥근 틀		

활 동 명	신호등 카나페	활동연령	3~5세
		소요시간	30분
활동목표	• 신호등의 모양에 관심을 가진다. • 신호등이 있어 좋은 점을 알아본다. • 요리를 하면서 다양한 재료의 변화를 관찰한다.		
활동자료	크래커, 방울토마토, 딸기잼, 치즈, 오이, '건너가는 길' 음원		

활 동 명	바나나 욕구 게임	활동연령	4~12세
		소요시간	30분
활동목표	• 바나나 활동을 통해 자신의 공격성을 충족시키고 성취나 좌절감을 경험할 수 있다. • 함께하는 공동작품을 통해 자신의 공격성을 화합과 조화로 승화시킬 수 있다.		
활동자료	바나나, 8절지 색지, 전지		

3 아동문학

- 아동문학의 개념과 가치를 이해한다.
- 아동발달특성에 따른 아동문학의 종류를 안다.
- 영유아에게 적합한 유아문학의 활동방법을 이해한다.

1) 아동문학이란

아동문학은 '아동'과 '문학'의 합성어로 아동이 글자를 읽는 책이 아닌 성인이 읽어서 들려주고, 이미지화된 그림으로 보는 책을 말한다. 아동에게 중요한 역할을 하는 문학은 아동이 이해할 수 있도록 쉬운 언어와 내용 및 형식으로 이루어져 있어 일반문학과는 다소 차이가 있다. 즉, 아동의 삶에 가치를 두고 아동을 대상으로 한 전래동화, 창작동화 등과 아동용 백과사전이나 정보책 등이 아동문학의 범주에 포함된다.

(1) 아동문학의 가치

아동은 성장과 발달이 가장 급속도로 이루어지는 시기이다. 이 시기에 자장가, 동요, 동화, 만화, 영화, 인형극 등 문학적 경험을 통해 다양한 자극을 받는다. 문학을 통한 경험 확대는 아동에게 성장과정에서 부딪히는 다양한 갈등과 과제를 해결하는 데 많은 해결책을 제시하고 자기성찰의 기회를 제공한다. 매터슨(Matterson, 1975: 25)은 아동문학의 가치를 아동들이 사고의 확장, 어휘의 확장, 언어적 기술의 확장, 지식의 확대, 즐거움 및 대화의 기회, 육체적 휴식 등의 제공이라고 주장하였다. 이를 요약하면 다음과 같이 제시할 수 있다.

첫째, 아동문학은 동화, 동시, 동요를 듣고 즐기는 가운데 상대방을 배려하고 전체적인 상황을 고려하여 듣고 말하는 태도 등의 의사소통을 향상시킨다.

둘째, 아동들은 예술적 · 직관적 · 종합적 사고가 신장되고, 논리적인 사고가 발달한다.

셋째, 아동문학을 통해 듣기, 읽기, 말하기, 쓰기에 자연스럽게 관심을 갖게 된다.

넷째, 아동들은 다양한 정서와 감정을 간접체험하며 표현할 수 있다.

다섯째, 아동문학은 아동의 언어, 인지, 사회, 정서, 도덕성, 창의적 발달을 이루어 전인적 성장을 하도록 돕는 주요 교수매체가 된다.

(2) 아동문학의 필요성

아동들은 문학을 통해 인간의 가치 있는 삶을 내면화할 수 있으며 문학적 감수성과 기초 소양을 키워나갈 수 있다. 이렇게 아동 시기의 문학은 아동들에게 필요한 사고를 발달시키는 데 중요한 영역을 차지한다. 예를 들면, 아동들은 동화나 동시, 동요를 듣는 가운데 상상력을 펼치고, 이야기의 흐름을 이해하며 종합적인 판단을 할 수 있게 된다. 또한, 다양한 그림과 반복되는 운율을 감상함으로써 예술적인 판단을 얻게 된다.

따라서 국가수준 교육과정인 '2019 개정 누리과정'에서는 아동문학을 아동들의 의사소통 능력 향상을 위해 친숙하게 다뤄져야 할 내용 요소로 언급하고 있다. 즉, 아동들은 일상생활에 필요한 의사소통 능력과 바른 언어사용 습관을 기르고 자신을 둘러싸고 있는 주변 환경과 일상생활에서 자연스럽게 글자와 친숙해지는 경험을 한다. 아동들에게 다양한 글자 정보와 함께 즐거움을 주는 동요, 동시, 동화에 대한 흥미로운 경험 등은 보다 다양하고 풍부한 문해환경을 제공할 것이다. 또한 아동문학을 통해 아동들은 언어를 이해하고, 동요, 동시, 동화를 통해 다양한 정서와 감정의 세계를 간접 체험함으로써 즐거움과 상상의 세계에 대한 꿈을 갖게 되며, 새로운 어휘를 쉽고 재미있게 배울 수 있게 된다. 이와 더불어 재미있고 쉬운 전래동화, 동요, 동시를 자주 접함으로써 우리말의 재미를 느끼게 된다. 마지막으로 아동문학교육은 아동들이 문학을 통하여 다른 영역의 활동과 연계시킬 수 있도록 돕기 때문에 아동의 전인발달을 위해 필요한 교과영역이라 할 수 있다.

(3) 세계아동문학상

제2차 세계대전 이후 아동문학에 관한 관심이 높아지면서 세계 여러 나라에서는 우수한 아동문학작품에 주는 약 40여 종의 상이 제정되어 있다.

① 비룡소 황금도깨비상

출판사 비룡소에서 1991년부터 국내 어린이 문학계 최초로 설립한 어린이 문학상이다. 아동의 정서와 감성을 존중하는 그림책, 동화책을 공모하여 아동문학의 발전을 도모하고 그 토대를 마련하고자 만들어졌다.

② 뉴베리 상(Newbery Awards)

뉴베리 상은 미국에서 가장 오래된 아동문학상으로 런던에서 어린이책의 출판업을 경영하며 어린이들에게 꿈과 용기를 주었던 존 뉴베리(John Newbery, 1713~1767)를 기념하기 위해 제정하였다. 미국도서관협회의 아동부에서 주관하고 있으며, 전년도에 미국에서 출판된 어린이를 위한 문학작품 가운데 글을 평가하여 가장 뛰어난 작품을 매년 선정하여 그 작가에게 수여한다.

③ 칼데콧 상(The Caldecott Medal)

미국 가장 대표적인 그림책 상으로 '근대 그림책의 아버지'라 불리는 그림책 작가 랜돌프 칼데콧(Randolph Caldecott, 1846~1886)을 기념하기 위해 1939년 창설되었다. 미국어린이도서관협회는 미국에서 전년도에 출판된 그림책 가운데 가장 뛰어난 어린이 그림책 작품을 그린 일러스트레이터를 선정하여 매년 여름 수상한다. 칼데콧 상 수상은 그림책의 이야기를 돋보이게 하는 뛰어난 그림과 그림 자체의 예술적 측면뿐만 아니라 이야기와 주제를 효과적으로 표현하는 방식 등을 고려하여 최고의 점수를 얻은 작품을 수상작으로 선정한다.

2) 아동발달특성에 따른 아동문학

(1) 영아기 발달에 적합한 책

① 영아기(출생~1세)

표 V-4 영아기 발달특성에 따른 그림책 특성

구분	발달특성에 따른 그림책 특성	그림책의 예
신체발달	• 다양한 감각을 경험할 수 있는 책을 제공 • 책, 부드러운 비닐책 등 세탁이 용이한 책 • 누워서 볼 수 있는 모빌 형태의 책, 옆에 세워놓을 수 있는 병풍책 • 크기가 작고 두꺼운 합지로 된 제본책	• 수 세기(헝겊책, 제작) • 감각 쑥쑥 (박은경, 성시형/시공주니어) • 세밀화로 그린 보리 아기 그림책 (이태수/보리) • 그림(삼성출판사) • 탈것(삼성출판사) • Ladybird book(Kieman, A)
인지발달	• 친숙한 물건, 그림 활동 등이 있는 그림책 • 큰 그림이나 패턴이 있는 합지 제본 • 배경과 대조되는 단순하고 밝은색의 책	
언어발달	• 운율, 리듬, 노래가 들어간 책 • 의성어가 들어 있는 소리를 탐색할 수 있는 책 • 전래동요와 동요테이프를 반복 제공 • 명명하기 책 제공	• 도리도리 짝짜꿍 (김세희, 유애로/보림) • 자장자장 엄마 품에 (임동권 글, 류재수 그림/한림) • 이원수 시에 붙인 노래들과 CD (백창우, 굴렁쇠 아이들 노래/보림)
사회·정서발달	• 신뢰감을 형성할 수 있는 책 • 안정된 정서적 교감을 형성해 나가는 데 도움이 되는 책	• 잘 자요 달님 (마거릿 와이즈 브라운 글, 클레멘트 허드 그림, 이영선 옮김/시공주니어) • 모두 잠이 들어요 (마거릿 와이즈 브라운 글, 진 샬럭 그림, 나희덕 옮김/비룡소)

출처: 김현자 외(2020: 47). 아동문학. 서울: 창지사.

② 걸음마기(1~3세)

표 V-5 걸음마기 발달특성에 따른 그림책 특성

구분	발달특성에 따른 그림책 특성	그림책의 예
신체발달	• 촉감, 청각, 시각 등 직접 참여, 경험할 수 있는 책 • 견고하고 두꺼운 합지 제본책 • 신체표현이나 동작을 따라 할 수 있는 책	• 재잘재잘 꼬마책 (신혜은 글, 강덕선 그림/웅진) • 나무와 다람쥐(어깨동무) • 엉금엉금 꼬마책 (신지윤, 신혜은 글, 김복태 그림/웅진)
인지발달	• 친숙한 사물의 그림이 있는 책(명명하기 책) • 그림만 보고도 내용을 알 수 있는 글보다 그림이 많이 있는 책 • 짧은 이야기 전개로 구성된 책	• 한 살배기 세 살배기 아기 그림책 (보물섬 글, 이진아 그림/돌베개 어린이) • 알록달록 아기 그림책 (멜라니 월시 글, 빼뜨르 호라체크 그림/시공주니어) • 뭐야 뭐야 (신혜은 외 글, 한병호 외 그림/사계절)
언어발달	• 의성어, 의태어가 나오는 책 • 예측이 가능한 쉬운 내용으로 구성된 책 • 단어, 구, 문장의 반복적 요소가 있는 책 • 설명문, 직접화법으로 사용된 책 • 운율, 리듬이 들어간 책	• 누가 내 머리에 똥 쌌어? (베르너 홀츠바르트 글, 울프 에를브루흐 그림/사계절) • 둘이서 둘이서 (김복태 글 · 그림/보림) • 사과가 쿵! (다다 히로시 글 · 그림/보림) • 언어 쑥쑥 그림책 (채인선 글, 임경희 외 그림/시공주니어)
사회 · 정서발달	• 주변의 친근하고 일상적 이야기가 담긴 책 • 스스로 할 수 있다는 내용이 담긴 책	• 똥이 풍덩 (아로나 프랑켈 글 · 그림, 김세희 옮김/비룡소) • 난 할 수 있어 (헬렌 옥슨버리 글 · 그림/비룡소)

출처: 김현자 외(2020: 49). 아동문학. 서울: 창지사.

(2) 유아기(3~5세) 발달에 적합한 책

표 V-6 유아기 발달특성에 따른 그림책 특성

구분	발달특성에 따른 그림책 특성	그림책의 예
신체발달	• 모험적인 내용을 다루고 있는 책 • 다양한 주제를 소재로 놀이를 제공할 수 있는 책	• 아기 세모의 세 번째 생일 (필립 세틀레츠스키 글 · 그림/파랑새어린이) • 으악 도깨비다 (손정원 글, 유애로 그림/느림보) • 검피 아저씨의 뱃놀이 (존 버닝햄 글 · 그림, 이주령 옮김/시공주니어)
인지발달	• 정보 전달과 개념 습득을 도울 수 있는 책 • 호기심과 알고 싶은 요구를 해결할 수 있는 책 • 환상적인 이야기를 책의 구성요소로 다룬 책 • 초보적 수 세기와 글자의 이해를 도울 수 있는 책	• 10까지 셀 수 있는 아기 염소 (알프 프로이센 글, 히야시 아키코 그림/한림) • 장바구니(존 버닝햄 글 · 그림/보림) • 함께 세어보아요 (안노 미쯔마사 그림, 신태식 옮김/마루벌) • 아가야 안녕? (제니 오버랜드 글, 줄리 비바스 그림/사계절)
언어발달	• 단순하고 구조화된 책 • 이야기를 만들어 볼 수 있는 글 없는 그림책 • 단어, 구, 문장이 반복되는 책 • 책의 내용이 예측 가능한 책 • 재미있는 단어로 구성된 책	• 코끼리 형님의 나들이 (니카노 히로다카 글 · 그림/이귀윤 추천/한림) • 난 토마토 절대 안 먹어 (로첸 차일드 글 · 그림/국민서관) • 맛있게 드세요! 토끼씨 (콜로드 부종 글 · 그림/파랑새 어린이) • 삐약이는 흉내쟁이 (사토와키코 글, 후다마타 에이고로 그림/사계절)
사회 · 정서발달	• 긍정적인 자아개념을 형성할 수 있는 책 - 가치, 자존감을 다루고 있는 책 • 동일시하기 쉬운 인물이 등장한 책 • 친구관계를 다룬 책 • 가족이나 타인과의 관계를 다룬 책(부모, 교사, 조부모, 친구 등) • 권선징악을 주제로 선악을 분명하게 다룬 책	• 휘파람을 불어요 (에즈라 잭 키츠 글 · 그림/시공주니어) • 카이는 사라를 사라는 팀을 좋아해 (에디트 슈라이버 · 빅케 글, 카롤라 홀란드 그림/문공사) • 해와 달이 된 오누이 (이규희 글, 심미아 그림/보림) • 까치와 호랑이와 토끼 (김중철 글, 권문희 그림/웅진) • 멋진 뼈다귀 (윌리암 스타이그 글 · 그림, 조은수 옮김/비룡소)

출처: 김현자 외(2020: 51). 아동문학. 서울: 창지사.

(3) 초기 아동기(5~8세) 발달에 적합한 책

표 V-7 초기 아동기 발달특성에 따른 그림책 특성

구분	발달특성에 따른 그림책 특성	그림책의 예
신체발달	• 신체적 놀이가 다양하게 포함되어 있는 책 • 성에 대한 호기심을 해결해 주는 책	• 이상한 곳에 털이 났어요 (배빗 콜 지음/여명미디어) • 파랑이와 노랑이 (레오 리오니 글·그림/물구나무) • 나는 여자, 내 동생은 남자 (정지영·정혜영 글·그림/비룡소)
인지발달	• 경험을 확장시키고 다양한 지식을 습득할 책 • 다양한 주제를 다루고 있는 책	• 네가 무당벌레니? (주디 앨런 글, 튜더 험프리스 그림/다섯수레) • 퉁명스러운 무당벌레 (에릭 칼 글·그림/몬테소리CM)
언어발달	• 다양한 장르의 책을 골고루 제공 • 단순한 구성의 내용이 담긴 책, 다양한 구성의 내용이 담긴 책 • 혼자서 읽을 수 있는 책	• 팥죽할멈과 호랑이 (조대인 글, 최숙희 그림/보림) • 깊은 밤 부엌에서 (모리스 샌닥 글·그림/시공주니어)
사회 정서발달	• 지이의 중요성을 다룬 책 • 타인의 관점에 대해 이해할 수 있는 책 • 정서적 안정과 위안을 주는 책 • 동료, 선생님, 지역사회의 인물을 다룬 책	• 새앙쥐와 태엽쥐 (레오 리오니 글·그림/마루벌) • 프레드릭 (레오 리오니 글·그림/시공주니어) • 어둠을 무서워하는 꼬마 박쥐 (게르다 바게너 글, 에밀리오 우르베루아가 그림/비룡소) • 우리 선생님이 최고야 (케빈 행크스 글·그림/비룡소)

출처: 김현자 외(2020: 52). 아동문학. 서울: 창지사.

3) 아동문학의 활동방법

교사는 아동들에게 그림책을 보여주고 후 그림책에 대한 이야기를 나누며 아동들은 감상 자세를 배우게 된다. 감상은 문학적 감수성을 불러일으키고 문학에 대한 태도의 변화와 이해력을 향상시킨다. 아동들이 그림책에 관심을 갖도록 동기유발을 하도록 다양한 방법으로 접근하는 것이 바람직하다.

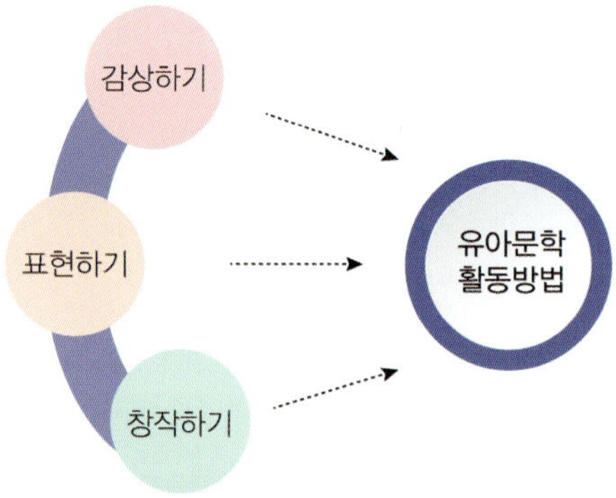

그림 Ⅴ-1 아동문학 활동방법

(1) 감상하기

영유아들은 그림책을 읽거나 성인들이 들려주는 이야기를 들으며 언어발달이 시작된다. 옹알이의 상호작용을 통해 새로운 단어를 익히며 아동들은 작가들이 사용하는 문장의 구조와 패턴을 익히며 언어적 자극을 받게 된다. 또한, 그림책을 가까이 두어 세상에 대한 지식을 얻고 상상력을 통해 자신의 감정을 탐험하기 시작한다.

그림책의 감상은 아동들의 생활에 강력한 영향력을 갖게 됨으로써 교사들은 다양한 방법으로 동화를 감상하도록 한다.

첫째, 교사가 그림책을 소리 내어 읽어준다.

교사는 이야기 속에 내재된 작가의 의도를 잘 파악하여 이야기의 분위기에 맞는 음성과 표정, 빠르기, 음성의 강, 약과 억양을 조절하며 읽어준다. 이는 아동으로 하여금 상상력, 판단력과 공감능력을 신장시킬 수 있다.

둘째, 교사와 아동이 함께 소리 내어 읽어보도록 한다.

아동에게 책을 읽어줄 때 교사는 손가락으로 글자를 짚어가며 글을 읽으면 단어의 소리와 철자가 자연스럽게 1:1 대응이 가능해진다. 이때 교사는 읽는 동안에 책에 대한 친근성을 높이기 위해 다양한 비계설정을 할 수 있다. 즉, 내용에 대한 질문에서 글자에 대한 질문으로 변화를 시키고 때에 따라 특별한 단어를 찾아내는 등 다양한 전략을 할 수 있다

(Scjickedanz, 1986: 120). 또한, 아동들은 읽기활동을 통해 책의 구성과 규칙을 알게 된다. 즉, 글을 왼쪽에서 오른쪽으로 읽고 책은 한 장씩 넘기면서 본다는 것을 깨닫게 된다. 더욱이 이야기의 글과 그림의 기능을 연결하여 글의 기능이 무엇인지 인식하게 된다.

셋째, 다양한 교수매체를 통해 감수성을 키울 수 있다.

교수매체는 개별 또는 대·소그룹 활동에 따라 제공하는 도서의 크기에 유의하고 글 없는 그림책, 다양한 재질의 그림책, 토이북, 팝업북 등을 제공한다.

넷째, 동화를 감상한 후 동화내용에 대한 회상과정을 실시한다.

동화의 내용을 들은 아동은 자신의 경험 및 생각이나 느낌을 이야기 나누기를 실시하고, 친구들과 경험을 나눌 수 있는 기회를 제공한다. 또한, 그림이나 동작 등 다양한 모습으로 표현활동을 하도록 격려한다.

(2) 표현하기

① 언어적 표현하기

가. 그림책 읽고 감정 공유하기

아동들이 그림책을 읽고 또래의 서로 다른 생각과 느낌을 교류하는 방법을 알게 된다. 또한, 아동들은 자신이 경험에 의해 알게 된 지식과 다른 아동들의 간접경험을 통해 이해의 범주가 확장되고 표현력 또한 향상된다. 따라서 교사는 아동들이 문학활동에 적극적으로 참여하고 자신의 생각과 느낌을 다른 아동과 공유할 수 있는 기회를 부여해야 한다. 다음에 제시된 그림책을 읽고 공유하기의 방법을 통해 시도해 보자.

- 책에 대한 제목, 책 표지 고안하기
- 이야기 중에 가장 재미있는 장면, 사건 이야기 나누기
- 이야기 주인공 입장에서 생각해 보기
- 등장인물에 대한 새로운 이야기 만들기
- 극화활동에 통해 경험, 느낌 이야기 나누기

- 작가와 삽화에 대하여 이야기 나누기
- 같은 주제의 책 비교해 이야기 나누기
- 같은 작가의 책 비교해 이야기 나누기

나. 이야기 회상하기

아동에게 '책 읽어 들려주기' 경험은 '이야기 다시 말하기'에 영향을 준다. 즉, 아동은 이야기를 주의 깊게 들을 기회가 많을수록 이야기의 내용을 정확하게 회상할 수 있게 된다. 이를 위해 교사는 아동들에게 자신이 들은 이야기를 사건, 행동, 반응 등 언어, 그림이나 글로 표현해 볼 수 있는 기회를 준다. 이때 아동은 이야기 구성능력과 이야기와 관련된 지식을 획득할 수 있다.

② 비언어적 표현하기

가. 글, 그림으로 자신의 생각 표현하기

아동은 듣거나 읽은 책을 통해 그림이나 글로 자신의 생각을 표현한다. 이러한 활동은 자신의 느낌을 정확히 인지하게 되고 자신의 생각이나 사건의 묘사를 통해 이야기와 관련된 자신의 생각을 깨닫게 된다. 즉, 아동들은 의미 있게 듣거나 읽은 책의 내용을 그림이나 글로 표현하기 때문에 이러한 쓰기는 자신의 무엇을 생각하고 느끼는지 발견하는 데 도움을 준다.

나. 극화활동하기

아동의 극화활동은 동화의 줄거리를 원본으로 하여 아동이 직접 등장인물의 역할을 맡아 행동과 대사를 연기한 동극과 인형 등을 조정하여 동화의 내용을 연출하는 방법이다. 이때 교사는 아동들이 연기하려고 할 때, 등장인물이 느끼는 정서를 느끼도록 하고 등장인물이 어떻게 동작할 것인지 협의하며 이야기 나누기를 해야 한다. 극화활동은 무언극, 즉흥극, 공연극, 노래극으로 나눌 수 있다. 이러한 활동은 동화의 내용과 아동의 연령에 따라 상황에 따라 활동할 수 있다.

(3) 창작하기

① 동시 짓기

동시는 언어의 아름다움과 풍부한 정서를 느끼게 하는 창작하기에 대표적인 활동이다. 이때 교사는 아동들의 느낌과 생각을 언어로 자연스럽게 표현할 수 있도록 문학적 형식에 국한하지 말고 아동들의 생활 속에서 즐거운 경험들을 시적으로 표현할 수 있도록 격려해야 한다. 동시 짓기 방법은 기존의 동시를 모방하여 변형하는 방법과 새로운 동시를 창작하는 방법을 사용할 수 있다. 만약 교사가 동시를 소개할 때 동시의 분위기에 맞게 읊어주고 자연현상이나 사물에 대해 충분히 탐색하고, 소리, 모양, 색깔 등을 충분히 감상하게 한다면 문학적 감수성이 증진될 것이다.

- 자연, 사물을 탐색하고 자신의 느낌 이야기 나누기
- 사물의 움직이나 특징을 언어, 그림으로 표현하기
- 음악을 듣고 느낌을 언어로 표현하기
- 아동들이 표현한 생각들을 정리해 보기
- 제목을 정하고 정리해 보기

② 동화 짓기

다양한 이야기를 통해 아동들로 하여금 생각과 상상력을 확장시키고자 고안된 표현방법이다. 동화를 짓는 방법은 기존의 동화를 이용하여 변형하는 방법과 글 없는 그림을 이용하여 자신의 생각과 경험을 글을 짓는 방법으로 나눌 수 있다. 이러한 활동을 통해 아동들은 하나의 이야기의 실마리를 통해 자신의 경험과 생각을 표현하는 방법을 알게 되므로 창의적인 생각과 표현으로 이해력과 표현력을 향상시킨다.

다음은 다양한 동화 짓기 방법의 예이다.

첫째, 기존에 있는 동화를 이용하여 동화의 내용을 첨가하거나 결말을 바꾸는 것이다. 아동들이 등장인물이 되어 이야기 속의 갈등상황을 독창적으로 해결하거나 중간부터 이야기를 새롭게 꾸미거나 후속 이야기를 지어 보는 등 내용을 확장시킬 수 있다.

둘째, 글 없는 그림책을 이용하여 아동들이 그림의 상황에 맞게 내용이 연결되도록 글을 짓는 것으로, 이때 만화그림을 이용하여 이야기를 짓거나 말풍선 대화를 써넣는 방법을 활용할 수 있다.

셋째, 새로운 동화를 창작하는 방법으로 교사나 아동이 제공한 이야기의 실마리를 중심으로 이야기를 짓는다. 이를 중심으로 등장인물, 배경 등을 정하고 내용을 완성한 후에 제목을 정한다.

넷째, 완성된 동화를 다른 사람에게 보여줄 수 있도록 내용을 그림이나 글을 이용하여 그림동화를 만들거나 녹음 등을 해 본다.

③ 이야기 짓기

이야기 짓기는 라보브와 웨이스키(Labov & Walesky, 1967)에 의해 처음으로 시작되어 이후 넬슨(Nelson, 1989) 등으로 이어져 활발한 연구가 이루어지고 있다.

이야기는 하나 이상의 사건이나 경험이 시간적으로 배열 및 내용조직을 통해 인과적 관계에 따른 의미 있는 에피소드로 조직하는 인지적 과정이라고 할 수 있다. 또한 이야기에는 배경, 사건의 시작, 내적 반응, 목표, 시도, 결과, 반응이라는 구성요소가 있는 이야기 구조를 가지고 있다. 이때 이야기 구조의 특성은 유아가 이야기를 이해하고 기억하는 데 도움을 주며, 특히 이야기 구조가 일치하는 단순한 이야기를 가장 잘 회상하게 된다. 일부 유아의 경우에는 이야기에서 일부 구성요소가 생략된 경우, 빠진 부분을 보충해 이야기 및 추론을 해 이야기 구조에 맞도록 이야기를 구성하는 모습을 보이기도 한다. 이것은 유아들이 많은 이야기를 듣거나 읽으면서 이야기의 구성을 파악 및 이야기가 어떻게 펼쳐질 것인지에 대한 이야기 감각(story sense)을 익혔기 때문이라고 한다(정남미, 2020).

이야기 짓기에 발달은 ① 이야기 구조의 출현 여부, ② 주인공이나 주요 사건의 등장 여부, ③ 사건들의 논리적 연결 정도, ④ 이야기의 복잡성을 기초로 평가한다. 발달을 평가하는 방법으로 ① 1장 또는 2~4장의 연결된 그림을 보고 순서대로 이야기를 짓기, ② '만약 ~라면' 형태의 상상적 주제나 사건에 대한 이야기 짓기, ③ 동화 이야기 짓기, ④ 인형으로 이야기 짓기, ⑤ 글 없는 그림책을 보고 이야기 짓기, ⑥ 융판 자료를 이용하여 이야기 짓기, ⑦ 자료 없이 이야기 짓기 방법이 활용된다.

루멜하트(Rumel-hart, 1975)는 이야기 구조를 문법적으로 설명하는 이야기 문법(story grammar)에서 이야기의 구성요소와 구조를 다음과 같이 제시하고 있다(정남미, 2020 재구성).

이야기의 구성요소와 구조	내용	예
배경	장소, 시간, 등장인물의 소개	옛날에 붕어가 숲속에 있는 연못에 살았어요.
사건의 시작	사건이 시작되는 아이디어나 행동	어느 날 붕어는 연못 주위를 다니다가 커다란 지렁이를 발견했어요.
내적 반응	사건에 대한 주인공의 반응	붕어는 그 지렁이가 맛있다는 것을 알았어요.
목표	사건 해결을 위한 주인공의 노력	그래서 붕어는 지렁이를 잡아먹기로 마음먹었어요.
시도	목표 달성이나 문제해결을 위한 노력	붕어는 지렁이에게 가까이 가서 한입에 지렁이를 덥석 물었어요.
결과	노력과 시도로 초래된 결과	바로 그때 붕어는 물 위로 끌려 올라왔어요. 붕어는 낚시꾼에게 잡혔던 거예요.
반응	결과에 대한 주인공 감정	붕어는 아주 슬펐어요, 그리고 좀 더 조심할 걸 하고 생각했어요.

출처: 정남미(2020: 109). 2019 개정 누리과정을 반영한 유아언어교육. 서울: 창지사.

이야기 구성능력이란 이야기의 구조에 의해 논리적이며 일관성 있도록 이야기를 조직하는 능력을 의미한다. 이때 유아의 이야기 구성능력은 이야기를 구조적으로 조직하는 능력과 이야기를 길게 산출하는 능력에 영향을 받는다. 또한, 책을 많이 읽고 접할수록 이야기 구성능력은 발달하게 된다. 대부분 우리나라의 4~5세 유아들은 문장수 3~4개, 단어수 21~22개 정도를 사용하여 이야기를 구성하고 있다. 또한, 이 시기에 이야기 구조 수준이 높은 유아는 중문 및 삽입 문장을 사용해 이야기를 좀 더 복잡하고 길게 구성하는 경향을 보인다.

이와 함께 이야기를 이해한다는 것은 이야기 속의 중요한 내용 및 아이디어를 찾고 사건의 인과관계를 추론할 수 있다. 또한 이는 이야기 속의 사건을 시간적·공간적인 순서로 나열하며, 주어진 정보를 가지고 이야기의 내용을 추론하며, 이야기 속의 사건을 요약할 수 있음을 말한다. 이야기를 이해하는 것을 통해 유아들은 주인공의 마음에 공감할수록, 이야기의 사건에 연관되어 사전 지식이 풍부할수록 이야기에 대한 이해가 깊어진다.

이야기 이해력에 영향을 주는 관련 변인들은 이야기 자체의 특성 및 이야기 들려주기 방법이 있고, 이야기를 들은 후의 추후 활동과 이야기에 대한 사전 지식 및 주인공에 대한 공감 등이 있다. 이와 함께 유아의 이야기 이해력에 대한 평가는 유아로 하여금 들은 이야기를 다시 말하기(story retelling) 방법과 본문의 내용을 질문을 통하여 묻는 방법 등이 있다. 이때 교사들은 각 방법은 장단점이 인지하고 유아의 특성을 고려하여 적합한 방법을 선택해야 할 것이다.

유아들의 이야기 표현능력 향상을 위해서는 그림 동화책을 읽고 상호작용할 때 성인들의 일방적인 본문의 내용 읽어주기 및 상호작용 주도보다는 개방적이고 자연스러운 분위기를 제공하도록 해야 한다. 이때 구체적인 지도방안은 다음과 같다.

- 유아들에게 이야기를 많이 들려주도록 한다.
- 유아가 자신의 경험에 대해 이야기하도록 일상생활에서 경험한 내용을 회상할 수 있는 다양한 환경과 자료들을 계획하고 준비한다.
- 유아가 자신감을 가지고 즐겁게 이야기할 수 있도록 격려한다.
- 유아에게 들려줄 이야기를 선택할 때 이야기의 구조를 고려해 배경이

분명하거나 계기가 되는 사건이 있는 이야기, 인과적 관계에 따라 결과가 분명히 보이는 이야기를 선정한다.

- 책을 읽은 후 이야기 다시 말하기, 이야기 짓기, 극화 활동 등 다양한 추후활동을 계획한다.

이야기 이해력을 증진시키기 위한 질문 유형은 다음과 같다.

- 이 이야기를 좋아하니? 왜 좋아하니? 혹은 왜 싫어하니?
- 이 이야기에서 가장 재미있었던 것은 무엇이었니?
- 이야기에서 제일 기억에 남는 사람(혹은 동물 등)은 누구니?
- 만약 네가 이 이야기 속에 나오는 어떤 사람(혹은 동물 등)이 될 수 있다면 누가(어떤 동물이) 되고 싶니?
- 이 이야기 속의 등장인물은 기분이 어떠했을까? 너도 그런 기분을 느낄 수 있니?
- 이 이야기 속의 등장인물과 비슷한 사람(혹은 동물 등)이 나오는 다른 이야기를 알거나 들어 본 적이 있니? 어떤 것들이 비슷하니?
- 이 이야기 속에서 네가 가장 오랫동안 생각하고 싶은 것은 무엇이니?

마지막으로 이야기 짓기는 상상력과 창의력 및 언어능력을 필요로 하는 활동으로 이야기 구조에 대한 개념이 이야기 짓기에 근간이 된다. 즉, 이야기 짓기에 발달은 이야기 구조의 출현 여부 및 주인공이나 주요 사건의 등장 여부가 있다. 또한 사건들의 논리적 연결 정도, 이야기의 복잡성을 기초로 평가하게 된다.

- 이야기 짓기(꾸미기) : 다음 그림을 보고 누가 무엇을 하고 있는지 표현해 보시오.

출처: 정남미(2020: 111). 2019 개정 누리과정을 반영한 유아언어교육. 서울: 창지사.

4) 아동발달에 적합한 그림책 읽어주기

발달에 적합한 그림책을 읽어주기 위해서는 다음과 같은 지침을 고려해야 한다.

- 교사는 읽어줄 그림의 내용과 특징을 미리 이해해야 한다.
- 그림책을 읽을 시 질문할 내용, 토의할 내용을 미리 고려해야 한다.
- 화자와 청자는 같은 방향으로 위치해야 한다.
- 일방적인 읽어주기보다 아동과 눈을 맞추고 반응을 살펴야 한다.
- 그림책을 읽는 동안 질문, 흉내 내기, 평가 등을 수용해야 한다.
- 등장인물의 감정, 이야기 분위기에 맞는 적절한 목소리, 표정으로 표현한다.

(1) 영아기 읽어주기

영아기의 책 읽기는 영아가 세상과 상호작용하는 방법, 책을 가지고 놀던 경험과 책읽기 경험, 책의 종류, 운동과 언어기술 영역의 발달 정도에 다양한 요소들로 인해 차이가 많이 난다. 따라서, 교사는 영아의 발달단계를 인지하여 바람직하고 좋은 그림책 읽기 경험을 제공해 주어야 한다.

그림책 읽기 전 활동

- 그림책을 영아가 잘 볼 수 있도록 제시하여 영아의 주의를 끈다.
- 오감을 자극할 수 있는 다양한 그림책을 제시한다.
- 영아에게 친숙한 물건이나 활동의 그림을 포함한 책을 제시한다.
- 그림책을 만져보고 두드리는 등 탐색할 수 있는 시간을 준다.
- 부모나 교사가 재미있게 그림책을 보는 모습을 보여준다.

그림책 읽기 중 활동

- 그림책 속의 사물의 모습을 설명하고 흉내를 내본다.
- 그림책 속의 물체의 명칭을 붙여주고 가리키며 무엇인지 물어본다.
- 소리 나는 그림책의 조작방법을 시범 보이며 조작을 도와준다.
- 영아가 조작하며 소리에 대한 반응을 할 때 적당히 피드백한다.
- 리듬, 운율, 노래를 결합하여 신체표현과 함께 즐기도록 한다.
- 촉각, 청각, 시각, 후각 등의 경험활동에 참여하도록 한다.
- 의성어, 의태어를 따라 함으로써 단어에 대한 흥미를 느끼게 한다.

그림책 읽기 후 활동

- 영아들이 매일 보고 행동하는 일상의 생활과 연결되는 그림책을 통해 영아의 세계와 연결시키도록 한다.
- 그림책 속의 내용을 표현할 수 있도록 한다. '부드러워요', '딱딱해요'
- 그림책을 보고 난 후 '눈은 어디 있니?', '안녕, 손을 흔들고 있어요.' 등 다양한 질문을 한다.
- 그림책을 끝까지 잘 보고 활동한 내용을 격려해 준다.

(2) 유아기 읽어주기

유아기의 책 읽기 경험이 초등학교까지 성공적인 읽기발달에 많은 영향을 준다. 유아는 그림책을 읽는 동안 이야기의 내용을 더욱 정확히 말할 수 있는 능력이 증가하게 되고, 글자에 흥미를 가지고 문자와 말의 관계를 이해하게 된다. 이를 통해 유아는 인쇄된 글자를 읽을 수 있게 언어 능력이 발달된다.

그림책 읽기 전 활동

- 그림책의 제목과 표지를 보여주며 무엇에 관한 책인지 예측해 본다.
- 그림책의 작가와 화가에 대해 관심을 갖도록 한다.
- 그림책 표지에 있는 작가를 읽어본다.
- 그림책의 주제와 관련된 자신들의 경험을 이야기해 본다.
- 그림책의 등장인물과 배경을 소개한다.

그림책 읽기 중 활동

- 유아들이 예측한 내용을 확인, 다양한 정보를 통해 내용을 심화시킨다.
- 유아에게 일방적으로 읽기보다 유아의 반응에 적절히 반응한다.
- 유아가 궁금해하는 부분은 읽기가 방해되지 않도록 대답을 해 주고, 이야기의 흐름이 끊어지지 않도록 유의한다.
- 필요에 따라 이야기 진행 중에 다음 장면에 대해 예측하도록 한다.
- 그림과 이야기에 대한 유아들의 생각을 이야기하도록 한다.
- 그림책의 단어 중 의성어, 의태어 또는 반복되는 문장을 같이 읽어본다.
- 유아가 읽기에 흥미를 갖도록 따라 읽거나, 같이 읽기를 시도해 본다.

그림책 읽기 후 활동

- 처음부터 그림만 보여주며 이야기의 내용을 회상해 본다.
- 이야기를 들려주고 느낌에 대한 질문을 할 수 있으나 재미있었는지를 확인하거나 도덕적인 훈계는 하지 않는다.
- 그림책의 등장인물과 사건을 자신의 경험과 연결시켜 이야기해 본다.
- 그림책의 내용을 회상하며 인상 깊은 장면을 그림으로 표현해 보도록 한다.
- 그림책에서 발견된 재미있는 단어, 어려운 단어 등을 찾고 써본다.
- 그림책의 내용과 관련된 이야기를 짓거나 후속 이야기를 만들어 본다.

아동문학의 실제

<table>
<tr><td rowspan="2">활 동 명</td><td rowspan="2">시골 풍경 모습 표현하기</td><td>활동연령</td><td>3~5세</td></tr>
<tr><td>소요시간</td><td>15분</td></tr>
<tr><td>활동목표</td><td colspan="3">• 동화를 듣고 옛날 시골 풍경의 모습을 안다.
• 자유롭게 그림으로 표현할 수 있다.</td></tr>
<tr><td>활동자료</td><td colspan="3">동화 “솔이의 추석 이야기”, 시골 농촌 풍경, 다양한 미술 재료(크레용, 색연필, 사인펜, 물감 등)</td></tr>
<tr><td colspan="4">활동방법</td></tr>
<tr><td>도입</td><td colspan="3">• 동화 “솔이의 추석 이야기”를 듣고 이야기를 나눈다.
– 솔이는 왜 시골에 갔나요?
– 시골에 가기 위해 어떤 준비를 했나요?
– 시골에 가는 길은 어떤 모습이었나요?</td></tr>
<tr><td>전개</td><td colspan="3">• 동화 “솔이의 추석 이야기” 중 어떤 장면이 가장 기억에 남는지 이야기를 나눈다.
– 동화에서 어떤 풍경들이 나왔나요?
– 어떤 장면이 가장 기억에 남나요?
• 시골 풍경 표현하기 활동을 소개한다.
– 동화책 장면과 다양한 시골풍경의 모습을 보면서 그림으로 표현해 보자.
– 그림을 그리기 위해 필요한 것은 무엇이 있을까요?
• 다양한 미술재료를 이용하여 그림을 그려보도록 한다.</td></tr>
<tr><td>마무리</td><td colspan="3">• 내가 활동한 그림을 친구들에게 소개해 준다.</td></tr>
<tr><td>연계활동</td><td colspan="3">• 미술영역에 전시하여 다른 친구들이 그린 그림을 감상하도록 한다.</td></tr>
<tr><td>유의점 및 평가</td><td colspan="3">• 자신이 경험한 시골 풍경과 동화에서의 시골 풍경의 차이점을 평가한다.</td></tr>
</table>

출처: 황은순 외(2013: 324). 유아문학교육. 경기: 공동체.

활 동 명	내 몸이 변한다면?	활동연령	2세
		소요시간	15분
활동목표	• 몸의 변화를 이해한다. • 어린이 된 모습을 상상해서 그릴 수 있다.		
활동자료	성장과정 그림자료, 다양한 종류의 종이, 그리기 자료, 꾸미기 자료, 가위, 목공용 풀 등		

활 동 명	환경보호 신문 만들기	활동연령	3~5세
		소요시간	15분
활동목표	• 책을 바르게 이야기하고 환경 관련 기사에 관심을 가진다. • 환경오염을 일으키는 원인에 대해 관심을 갖는다.		
활동자료	책 환경에 관련된 기사, 종이, 가위, 풀, 필기도구 동화 '숲을 그냥 내버려 둬!'		

활 동 명	동물원 꾸미기	활동연령	3~5세
		소요시간	15분
활동목표	• 경험했던 일에 대해 다른 유아들과 이야기를 나눌 수 있다. • 여러 가지 블록을 이용하여 동물원을 구성한다.		
활동자료	동물원 사진자료, 동물 모형, 동물 사진자료, 여러 가지 블록		

활 동 명	새로운 음식이름 찾아보기	활동연령	3~5세
		소요시간	20분
활동목표	• 동화 속 음식의 종류에 대해 안다. • 창의적으로 단어를 표현할 수 있다.		
활동자료	동화 '난 토마토 절대 안 먹어', 새로운 음식이름 찾아보기 활동지		

출처: 이경우 외(1994: 252). 유아의 도덕성 함양을 위한 부모교육 프로그램. 서울: 교육부.

4 창의적인 독서지도

- 창의적인 독서의 개념과 원리를 이해한다.
- 창의적인 독서 방법에 대해 안다.
- 창의적인 독서지도가 아동의 발달영역에 미치는 영향을 안다.

1) 창의적 독서의 개념과 원리

(1) 창의적 독서의 개념

창의적 독서는 독서를 통해 얻은 결과를 적용하거나 확장하는 것이다. 즉, 독자가 필자의 아이디어를 재조직하거나, 아이디어를 새로운 것으로 창조하기 위해 적용하거나 이용할 때 창의적 독서라 한다.

또한 번스(Burns) 등도 독서에 있어서의 이해에 대한 위계를 다음과 같이 정리한 바 있다. 직접적으로 표현된 아이디어를 이해하는 것은 축자적 이해이며 행간을 읽는 것은 해석적 이해이다. 평가를 위한 읽기는 비판적 읽기, 글 뒤에 숨겨진 의미를 파악해 내는 것은 창의적 읽기이다.

창의적 독서에 대한 이러한 논의들을 종합해 볼 때, 창의적 독서는 독자가 새로운 상황에 적용하거나 새로운 결과를 산출할 목적으로 텍스트의 의미를 재구성하여 통합하고 확장하는 사고의 과정이라고 할 수 있다.

(2) 창의적 독서의 원리

토랜스(Torrance)는 창의적 사고를 진작시키기 위해 여러 학자의 창의적 사고력 개발 원리를 참고로 하여 다음과 같은 원리들을 제시하였다.

첫째, 창의적 사고의 가치를 높이 평가하고 가치를 부여하여야 한다.

기계적인 암기력보다는 창의적 사고력을 가치 있는 것으로 여겨야 한다. 또한 창의적 사고의 현실적 필요성 및 중요성을 인식함으로써 적극적으로 접근토록 하고 이를 습관화하려는 동기를 강화하여야 한다.

둘째, 창의적 사고를 할 수 있는 분위기를 조성해야 한다.

학습자가 창출해 낸 아이디어에 대해 높이 평가하고 장려하는 분위기가 확산되어야 한다.

셋째, 창의적 사고에 관해 다양하고 새로운 지식을 갖도록 해야 한다. 문제의 발견과 설정에 관한 기술을 습득케 함으로써 문제에 대한 창의적 접근태도를 형성할 수 있다.

또한, 다양한 아이디어를 산출할 수 있도록 고안된 사고기술을 습득함으로써 어떤 사실에 대해 여러 방법으로 사고할 수 있는 능력 및 태도를 형성할 수 있다.

넷째, 문제해결에 있어 가능한 한 많은 자료를 제공해 주어야 한다.

다양한 자료를 접해 봄으로써 학습자들은 창의적인 문제해결 과정을 이용하여 여러 가지 문제를 해결해 볼 수 있고, 그 중요성을 알며 문제를 다양하게 접근, 해결하는 능력과 태도를 기를 수 있다.

다섯째, 건설적인 비판능력을 향상시켜야 한다.

비판능력을 향상시킴으로써 사물의 장단점을 발견하고 문제해결의 최선책을 발견할 수 있게 하는 것은 창의성을 발달시키는 한 방법이다.

여섯째, 논리적 사고와 비판적 사고를 진작시켜야 한다.

창의적 사고는 독립된 변인이 아니라 사고의 여러 과정 혹은 위계 속의 하나임을 인식해야 한다.

일곱째, 명제적 지식보다는 과정적 지식이 강조되어야 한다.

따라서, 사고나 활동의 결과에 있어서 단순한 정보나 지식의 결과보다는 과정에 대한 피드백을 제공해야 한다.

여덟째, 창의적인 활동에 대해서 적절한 보상이 제공되어야 한다. 격려와 칭찬을 해 줌으로써 학습동기를 유발한다(김창극, 2006: 17).

2) 창의성과 독서활동

고도의 사고과정인 독서는 글자를 익히는 데 도식 기회의 해석을 필요로 한다. 읽기에 있어서 완전한 이해를 하기 위해서는 비유적이며 은유적인 언어를 이해해야 하고, 글쓴이의 의도를 파악해야 하며, 제시된 개념들의 가치를 평가하고 삶의 현장에 그 개념들을 적용하기 위해서는 추론하기 위한 정보를 사용할 수 있어야 하고, 비판적·창의적으로 읽을 수 있어야 한다.

독서는 문장을 읽고 쓰는 기초능력을 넘어서서 언어와 사고 사이에 복잡한 문제들을 창의적으로 해결하는 과정이다. 이를 통해 주체적인 의식과 분석적인 능력, 그리고 객관적인 시각이 길러지게 된다. 이러한 관점에서 볼 때, 인간은 결국 사고하기 위한 지식을 독서에서 구하고 생각하는 것을 독서에서 배우며 독서와 더불어 생각하게 될 때 비로소 사물에 대한 이해와 판단이 빠르고 폭넓은 인간으로 성장하게 된다. 더 나아가 새로운 것을 창출해 낼 수 있는 창의력을 가질 수 있게 된다(김세광, 2006: 9 재인용).

창의적 독서에 대한 바른 인식은 독서활동의 정당성을 바르게 인식하게 한다. 특히 상황맥락의 중요한 요소인 독서활동 환경은 적극적·창의적 사고활동을 유도해 준다. 창의적 독서활동 주체인 참가자들에 대한 격려와 존중, 허용적인 분위기는 창의적 독서활동에 있어서 중요한 요소이다. 즉, 의미 있는 독서상황을 제시하는 것이 독서지도에 중요한 관건이 되는 것이다. 특히 참여자들이 독서활동을 자유롭게 수행할 수 있도록 격려하는 것은 무엇보다도 중요하다(김세광, 2006: 10).

뿐만 아니라 인간이 해결하기 어려운 여러 문제가 있다. 인간과 인간 사이 삶의 문제 등이다. 위대한 책들은 이에 관해 잘 생각할 수 있도록 도와준다. 적극적 사고능력이며 문제해결을 할 수 있는 인간만이 가진 능력으로서의 창의성은 창의적 사고능력을 더 많이 활용한 사람들의 정신이 담겨 있는 책을 읽고 적극적으로 활용할 때 신장된다고 할 수 있다.

창의적 독서는 텍스트를 창의적으로 이해하기 위한 독서이기에 창의적으로 접근해야 한다. 창의적 독서활동을 한다는 것은 단순히 책을 읽고 느낌을 감상문으로 쓰는 정도의 쓰기활동으로 마무리하는 것이 아니다. 텍스트를 통해 얻은 이해를 바탕으로 새로운 지식과 문제해결방법을 생성하는 것이다. 즉, 비판적 독자이면서 동시에 창의적 독자여야 한다.

특히 창의적 사고활동 중 발산적 사고는 많은 생각을 이끌어내야 한다. 또한, 독창적인 사고와 융통성을 이끌어내는 과정이므로 하나의 정답이나 특정한 사람의 사고에 얽매여서는 안 된다는 점에서 독서 지도과정 중에서 정교화 단계에서의 활동을 촉진시키는 것이 창의력 향상에 도움이 될 것이다.

3) 놀이중심 독서와 창의성

놀이중심 독서활동은 스페인 저널리스트인 몬세라 사르트(Montserrat Sarto)에 의해 개발된 '독서 아니마시온(animacion)' 방법이다. 이는 학생들의 독서 능력을 신장시키며, 책을 읽지 않는 학생들에게 독서의 가치를 발견하게 한다. 또한 소극적으로 책을 읽는 학생들이 적극적으로 독서하도록 도와주며(놀이 형태로 전략을 사용하고, 놀이에 적절한 책을 선정한다), 활동중심 독서활동이란 책에는 여러 가지 분야가 있다는 것을 알도록 하는 데 적절한 지도방법을 말한다. 라틴어의 'anima'를 의미하는 '아니마시온'은 모든 인간이 가지고 태어난 그 생명과 혼을 생생하게 활동시키는 일, 생명력과 활력을 불어넣어 심신을 활성화시키는 것을 말한다. 즉, 재미있거나 즐거움을 추구하는 가운데 정신을 활성화시키는 개념이다. 이것은 놀이 형태를 띤 활동중심 독서지도를 통해 사실적 이해 기능과 추론적 이해 기능을 증진하는 독서지도방안을 통해 아동의 읽기능력의 향상과 읽기태도함양을 목표로 하는 독서지도방법이라고 할 수 있다.

여기서 놀이란 간접적이며 실제적인 목적을 추구하지 않으며 움직임의 유일한 동기가 놀이 자체의 기쁨이 있는 정신적·육체적인 자발적인 활동이며, 어떤 일정한 원칙과 규칙에 따라 진행되는 활동을 의미한다. 활동중심 독서지도에서 활동은 독해를 중심으로 한 활용을 의미하며, 지적인 놀이를 통해 학생의 지적능력 및 사고력을 신장시키는 독서활동이라고 말할 수 있다.

독서지도의 가장 효과적인 방법은 독서가 주는 즐거움을 주는 것으로 놀이를 통해 독서활동을 경험하는 것은 즐거움이 지속될 수 있는 효과가 드러나는 것이며, 감수성을 불러일으켜 독서라는 유익한 지적 활동을 지속적으로 할 수 있는 계기가 된다.

독서를 하는 동안 다양한 활동을 통하여 몸으로 취득한 즐거움, 감수성으로 취득한 즐거움은 독서에 대한 긍정적인 효과를 일으킨다. 자신의 몸을 움직여 활동하여 얻은 독서에 대한 적극성은 다른 독서 활동에도 전이될 것이다.

활동중심으로 독서 활동이 진행되면 심미적 읽기를 더 잘할 수 있고, 책에 대한 경험도 깊게 할 수 있다.

활동중심 독서지도는 학생들로 하여금 책을 전체로 체험하게 하는 접근 방법이다. 책에 대해 체험으로 접근시키는 방식은 책에 대한 전체적 경험의 지평을 넓히는 일일 뿐만 아니라 자신의 기존 체험과 결합하여 새로운 체험적 감각을 형성시킨다.

다양한 언어적·비언어적 표현과 반응활동을 하면서 학생들은 매우 즐겁게 수업에 참여할 수 있다. 또한 활동중심 독서지도는 학생들의 다양한 반응을 자유롭게 표출할 수 있도록 해 준다. 활동중심 독서지도를 적용하여 읽기에 대한 흥미와 자신감을 갖게 하였다고 한다(홍지연, 2008).

4) 창의적 독서의 방법

책을 읽을 때 창의적으로 독서를 한다는 것은 독자들이 글을 읽을 때 깊이 생각하고 최대한 자신의 상상력을 발휘함으로써 책의 내용을 더욱 더 새롭게 하는 고등 수준의 사고 작용을 말한다.

(1) 정서적 반응 촉진활동

독자들은 글과 끊임없는 상호작용을 통하여 의미를 재구성해 나간다. 이런 활동을 돕는 것으로 독자의 정서적 반응을 촉진시키기 위한 기제를 동원할 수 있다. 반응의 촉진기제는 독자의 반응을 정확하고 빠르게 할 뿐만 아니라 작가가 의도한 바를 뛰어넘어 창의적 결과를 산출하는 데도 크게 도움이 된다. 독서 전의 명상이나 음악, 영화 등은 뛰어난 반응 촉진 활동이 된다.

(2) 사전지식의 활성화

독자들의 머리는 진공상태가 아니라 다양한 지식과 경험들로 가득 차 있다. 독서는 결국 개인이 갖고 있는 언어로부터 출발하여 개인의 언어로 귀결될 수밖에 없다. 배경지식은 학생들이 모호한 단어를 해석할 수 있게 해 주고 필요한 문장 상호 간의 추론과 예측, 그리고 문장을 더 정교하게 이해할 수 있도록 해 준다. 따라서 교사들은 학습자들이 이미 갖고 있는 사전 지식을 최대한 활용할 수 있도록 교수방법을 구안해야 한다.

(3) 예측활동

예측하기란 글 속에 나타나 있는 어떤 사실이나 표현을 근거로 해서 숨겨진 내용이나 그 이상의 사실, 정보, 표현 등을 추리해 내는 것을 말한다. 사실적 정보를 근거로 해서 더 발전된 정보를 창조적으로 구성해 내는 것이나 부분적 단서를 바탕으로 하여 완결된 정보를 예측하는 것 등은 창의적 읽기를 촉진시키는 중요한 활동의 하나이다.

(4) 측면적 사고(수평적 사고) 활동

측면적사고란 드보노(de Bono)가 만든 개념으로 수평적 사고(horizontal thinking)가 있는데 이는 측면적 사고(lateral thinking)와 같은 의미로 본다. 이 개념과 대비되는 내용으로 볼 수 있는 수직적 사고(vertical thinking)가 주어진 어떤 문제 내에서의 사고인 데 비해, 측면적 사고는 문제를 다시 표상해 보는 사고라고 할 수 있다. 즉, 수직적 사고가 문제에 대한 논리적 사고라면 측면적 사고는 문제를 다르게 만들어 보는 사고과정이라고 본다.

(5) 비판하며 읽기

창의적 읽기를 위한 독서활동 중의 하나가 비판적 읽기이다. 내용에 대해 비판적으로 읽는 것은 창의적 읽기의 바탕이 된다고 할 수 있다. 비록 많은 사람이 비판적 읽기를 필요 이상의 사치스러운 단계로 간주하지만, 이는 독해에 있어서 매우 핵심적인 부분으로 논의될 수 있다. 비판적 읽기는 독자로 하여금 스스로 생각하게 하고 실제 활동을 통해 글을 쓰고 읽을 수 있게 한다.

(6) 유추하기

우리가 아무리 많은 말을 알고 있다고 하더라도 모든 표현을 다 배울 수는 없다. 항상 한계가 있는 지식에 의해 무한하게 다양한 말을 이해해야 한다. 언어활동은 창조적인 활동으로 처음에 시작되는 것이 모방, 재인식이라면, 그다음에는 아직 배우지 않은 말을 이해하고 사용하는 활동이다. 이것이 바로 언어활동이 창조적 활동이라고 보는 것이다. 이는 언어를 습득하는 도중에 있는 아동에게서 가장 활발하게 찾아볼 수 있는 현상으로, 새로운 지식을 터득하는 과정에서 이미 알고 있는 지식으로부터 유추하는 활동은 필요하며, 매우 중요하다. 한계가 있는 말에 의해 그것을 훨씬 초월하는 표현을 어떻게든 이해할 수 있는 것도 그 때문이다.

5) 아동의 발달영역 측면에서의 창의적인 독서의 의의

(1) 정서발달 영역

정서발달은 인간발달의 중요한 한 영역이다. 창의적인 독서지도를 통해 문학작품은 아동들에게 폭넓은 정서적 경험을 해 주고 감성지능을 발달시키는 기회를 제공한다.

- 아동에게 즐거움을 준다. 대부분의 아동은 아동문학 작품을 접하면서 큰 즐거움과 기쁨을 맛본다.
- 긍정적 자아개념을 발달시킨다. 즉, 아동 자신의 능력을 인식하고, 아동의 실제 및 성장과 변화를 인식하고 또한 자신의 능력에 대한 확신을 갖게 한다.
- 자아존중감을 형성하고 자신의 가치를 인식한다.
- 자신의 감정을 이해하고 자연스럽게 표현하는 방법을 모색한다.
- 다른 사람의 감정을 이해하고 긍정적으로 수용하는 태도를 갖는다.
- 감성지능을 발달시킨다.

(2) 언어발달 영역

창의적인 독서지도는 언어발달과 밀접한 관련이 있다. 아동들은 많은 문학작품을 통해서 음성언어와 문자언어의 총체적 발달을 경험할 수 있다. 즉, 어휘력이 발달하고, 이야기 감각이 발달하며, 글짓기의 모델이 될 수 있으며, 또한 모국어에 대한 이해를 촉진시킨다. 그리고 언어를 창의적이고 심미적으로 사용하고, 비유적·은유적인 언어를 접하며 다양한 언어의 소리, 패턴을 즐기게 된다.

(3) 사회 · 도덕적 발달 영역

창의적인 독서지도에서 다루는 작품들은 실제의 세계 및 환상의 세계 등 다양한 세계를 담고 있다. 아동들은 문학작품 속의 여러 세계를 간접 경험하는 것을 통해 사회 · 도덕적 발달을 도모할 수 있다. 즉, 다양한 세계에 대한 지식과 도덕성이 발달한다. 또한 타인에 대한 지식과 민족, 민족의 이상에 대한 이해력이 발달하고, 사회에 대한 긍정적 사고와 친사회적 행동이 증가한다.

(4) 인지발달 영역

창의적인 독서지도를 통해, 아동은 문학작품으로써 사고력과 창의성을 발달시키게 되는데 여기에서 상상력, 창의성, 새로운 개념 획득, 다양한 사고과정 속에서의 관찰, 분석, 조직을 적용하는 사고능력, 논리, 추론, 비판, 문제해결능력 등이 발달한다.

창의적 독서활동의 실제

<table>
<tr><td rowspan="2">활 동 명</td><td rowspan="2">우리끼리 가자</td><td>활동연령</td><td>3~5세</td></tr>
<tr><td>소요시간</td><td>20분</td></tr>
<tr><td>활동목표</td><td colspan="3">• 책의 표지를 통해 예측하고, 사전경험을 말할 수 있다.
• 등장인물의 특성을 분석하고 말할 수 있다.
• 추운 겨울을 나는 동물들의 특성을 알고, 다양한 방법으로 표현해 볼 수 있다.</td></tr>
<tr><td>활동자료</td><td colspan="3">'우리끼리 가자' 그림책</td></tr>
<tr><td colspan="4">활동방법</td></tr>
<tr><td>도입</td><td colspan="3">• 그림책의 표지를 보고 다양한 접근을 통해 그림책에 대해 관심과 흥미를 유도한다.
- 여기에 있는 것에 대해 알고 있나요?(단순질문)
- 토끼에 대해서 이야기해 볼 친구 있나요?(난이도 조절)
- 눈을 감고 산속에 있는 토끼를 떠올리고 무엇을 먹고 사는지 생각해 보기로 해요.(연상)
- 그럼 여기에 있는 동물들은 무엇을 먹고 겨울을 어떻게 지낼까요?(예측)
- 동물들이 좋아하는 먹이가 산에 있을 것 같은데 무엇이 있을까요?(추론하기)</td></tr>
<tr><td>전개</td><td colspan="3">• '우리끼리 가자' 그림책을 보며 이해, 감상한다.
- 토끼가 어디를 가고 있나요?
- 동물들이 사는 곳은 어디인가요?
- 무엇을 하기로 했나요?
• 그림책을 읽고 창작과 비평을 해 볼 수 있다.
- 그림책을 보고 난 후 관련지어 동시를 지어 볼까요?
- 그림책에 나오는 동물들이 왜 그렇게 했는지 이야기해 볼까요?
- 처음에 서로 같이 가자고 한 약속이 지켜지지 않은 이유는 무엇일까요?

</td></tr>
<tr><td>마무리</td><td colspan="3">• 동물들의 다양한 특성을 알고 표현해 본다.
• "그래 그래", "우리끼리 가자" 등의 언어를 통해 서로의 의사를 주고받음을 알고 이해한다.
• 동물들의 먹이사슬의 관계 등을 이해한다.</td></tr>
<tr><td>연계활동</td><td colspan="3">• 가면을 만들어 동물들을 다양하게 표현해 본다.</td></tr>
<tr><td>유의점 및 평가</td><td colspan="3">• 그림책에 제시된 표현을 강요하지 않고 의성어나 의태어를 자유롭게 표현해 볼 수 있게 한다.</td></tr>
</table>

<table>
<tr><td rowspan="2">활 동 명</td><td rowspan="2">코뿔소 한 마리 싸게 사세요!</td><td>활동연령</td><td>7세</td></tr>
<tr><td>소요시간</td><td>20분</td></tr>
<tr><td>활동목표</td><td colspan="3">• 동화를 듣기 전에 예측하고 추론해 볼 수 있다.
• 동화를 듣고 상상하여 재현하고, 변형시킬 수 있다.
• 책 속에서 일어난 일들을 신체나 소리로 표현해 볼 수 있다.</td></tr>
<tr><td>활동자료</td><td colspan="3">'코뿔소 한 마리 싸게 사세요!' 그림책</td></tr>
<tr><td colspan="4">활동방법</td></tr>
<tr><td>도입</td><td colspan="3">• 표지에 보이는 그림을 보고 다양하게 이야기해 볼 수 있다.
- 어떤 동물이 보이나요?
- 코뿔소 머리에 리본을 묶은 이유는 무엇일까요?
- 코뿔소는 어디에 살까요?
- 코뿔소는 무엇을 할 수 있을까요?

</td></tr>
<tr><td>전개</td><td colspan="3">• 코뿔소가 우리 집에 오면 무엇을 할 수 있을지 창의적으로 생각할 수 있다.
- 코뿔소가 나랑 친구가 되면 기분이 어떨까요?
- 코뿔소가 엄마와 할머니를 돕는 방법은 어떤 것이 있을까요?
- 코뿔소가 내 숙제를 할 수 있을까요?
- 코뿔소와 할 수 있는 놀이는 무엇이 있을까요?
• 코뿔소를 팔기 위한 광고를 만들 수 있다.
- 누구에게 코뿔소를 팔고 싶은가요?
- 어디에 코뿔소를 광고할까요?
- 코뿔소의 장점을 어떻게 설명할까요?</td></tr>
<tr><td>마무리</td><td colspan="3">• 모아진 다양한 생각들을 서로 이야기해 본다.
- 그림책에 나와 있는 방법 외에 어떤 것이 있을까요?
- 내가 가장 재미있다고 생각되는 점은 무엇일까요?
- 어떤 친구의 생각이 재미있다고 느꼈나요?</td></tr>
<tr><td>연계활동</td><td colspan="3">• 코뿔소 가게 놀이</td></tr>
<tr><td>유의점
및 평가</td><td colspan="3">• 상상의 가능성을 열어두고 자유롭게 생각을 표현해 볼 수 있도록 한다.</td></tr>
</table>

활 동 명	빨강	활동연령	3~5세
		소요시간	15분
활동목표	• 앞면지와 뒷면지를 비교해 보고 다른 이유를 생각해 본다. • 빨강이처럼 자신이 노력할 수 있다는 것을 안다. • 서로 격려하고 자존감을 가질 수 있다.		
활동자료	‘빨강 크레용 이야기’ 그림책		

활 동 명	내 토끼 어딨어?	활동연령	3~5세
		소요시간	15분
활동목표	• 자신에게 주어진 활동을 끝까지 할 수 있다. • 내가 할 수 있는 일을 해 본다. • 등장인물의 표정에 나타나 있는 기분을 생각해 본다. • 내 물건에 애착을 가지고 책임감을 가진다.		
활동자료	‘내 토끼 어딨어?’ 그림책		

활 동 명	소피가 화나면 정말 정말 화나면	활동연령	3~5세
		소요시간	20분
활동목표	• 소피가 화난 이유를 알 수 있다. • 소피가 나무 위에 앉아 있는 기분을 공감할 수 있다. • 가족 안에서 내가 얼마나 사랑스러운 존재인지를 안다. • 내가 화나면 어떨까? 를 생각해 볼 수 있다.		
활동자료	‘소피가 화나면 정말 정말 화나면’ 그림책		

<table>
<tr><td rowspan="2">활 동 명</td><td rowspan="2">북 아트(나만의 책 만들기)</td><td>활동연령</td><td>7세</td></tr>
<tr><td>소요시간</td><td>30분</td></tr>
<tr><td>활동목표</td><td colspan="3">• 책 만들기 복사자료를 책 형태로 붙인다.
• 변하는 색깔 사과 하나하나를 자른다.
• 사과는 모두 오른쪽 면에 고정시킨다.
• 하나씩 넘기며 변하는 사과를 관찰한다.

</td></tr>
<tr><td>활동자료</td><td colspan="3">복사자료, 가위, 풀, 색연필·사인펜 등 필기구</td></tr>
</table>

<table>
<tr><td rowspan="2">활 동 명</td><td rowspan="2">사랑에 빠진 개구리</td><td>활동연령</td><td>3~5세</td></tr>
<tr><td>소요시간</td><td>20분</td></tr>
<tr><td>활동목표</td><td colspan="3">• 친구에게 내 감정과 생각을 표현할 수 있다.
• 나와 다른 사람의 감정을 알고 조절할 수 있다.
• 친구에게 자신의 마음을 표현할 수 있는 표현능력을 기를 수 있다.

</td></tr>
<tr><td>활동자료</td><td colspan="3">'사랑에 빠진 개구리' 그림책</td></tr>
</table>

<table>
<tr><td rowspan="2">활 동 명</td><td rowspan="2">우리 아빠는 기린이에요</td><td>활동연령</td><td>3~5세</td></tr>
<tr><td>소요시간</td><td>15분</td></tr>
<tr><td>활동목표</td><td colspan="3">• 나를 사랑하는 사람이 누구인지 알 수 있다.
• 아빠의 소중함을 알 수 있다.
• 용기를 가지고 무엇이든 할 수 있는 마음을 가질 수 있다.
• 나도 잘할 수 있는 것을 생각해 본다.

</td></tr>
<tr><td>활동자료</td><td colspan="3">'우리 아빠는 기린이에요' 그림책</td></tr>
</table>

<table>
<tr><td rowspan="2">활 동 명</td><td rowspan="2">프레드릭</td><td>활동연령</td><td>3~5세</td></tr>
<tr><td>소요시간</td><td>20분</td></tr>
<tr><td>활동목표</td><td colspan="3">• 프레드릭과 친구들이 겨울을 어떻게 준비하는지를 안다.
• 프레드릭이 준비하는 겨울은 다른 점이 무엇인지를 안다.
• 나만의 겨울준비를 생각해 볼 수 있다.

</td></tr>
<tr><td>활동자료</td><td colspan="3">'프레드릭' 그림책</td></tr>
</table>

<table>
<tr><td rowspan="2">활 동 명</td><td rowspan="2">북아트(나만의 책 만들기)</td><td>활동연령</td><td>3~5세</td></tr>
<tr><td>소요시간</td><td>20분</td></tr>
<tr><td>활동목표</td><td colspan="3">• A4 용지를 접어서 접이 책을 만들 수 있다.
• 만들어진 책을 다양하게 나만의 책으로 꾸밀 수 있다.
• 책을 모아 전시회를 가져본다.
</td></tr>
<tr><td>활동자료</td><td colspan="3">A4용지 2매, 가위, 풀, 색연필・사인펜 등 필기구</td></tr>
</table>

5 사고력 쑥쑥 NIE

- 신문활용교육의 정의와 유형 및 교육적 효과를 이해한다.
- 신문을 활용하여 언어, 인지발달과 창의적인 사고력을 향상시킨다.
- 토론 활동을 통하여 협동학습 및 문제해결능력을 기르도록 한다.

1) 신문활용교육의 정의

신문활용교육(Newspaper In Education: NIE)이란 '신문을 가르치고 신문으로 가르치자'라는 교육적 시도이다. 학습자에게 신문을 친숙하게 하고 신문을 학습과정에 활용하여 교육 효과를 높이는 교수-학습방법이라 할 수 있다. 좀 더 구체적으로 다음의 여섯 가지 형태로 정의할 수 있다.

첫째, 신문 안에서 교육적 요소를 찾아 학습하는 형태이다. 둘째, 신문과 친근해지기 위해 신문으로 다양한 표현을 하거나 공작활동을 하는 형태이다. 셋째, 개인 또는 모둠이 신문을 만들어 보는 형태이다. 넷째, 신문으로 읽기 · 쓰기 연습을 하여 언어능력을 향상시키는 형태이다. 다섯째, 신문 속에 다루어지는 정보의 종류와 중요성을 이해하는 형태이다. 즉, 정보를 다루면서 정보탐색능력, 분석능력, 응용능력 등의 활용능력을 향상시키는 것이다. 여섯째, 신문별 고유한 특징이나 주장을 분석하여 신문의 역할과 책임을 이해하고 비판능력을 배양하는 형태이다.

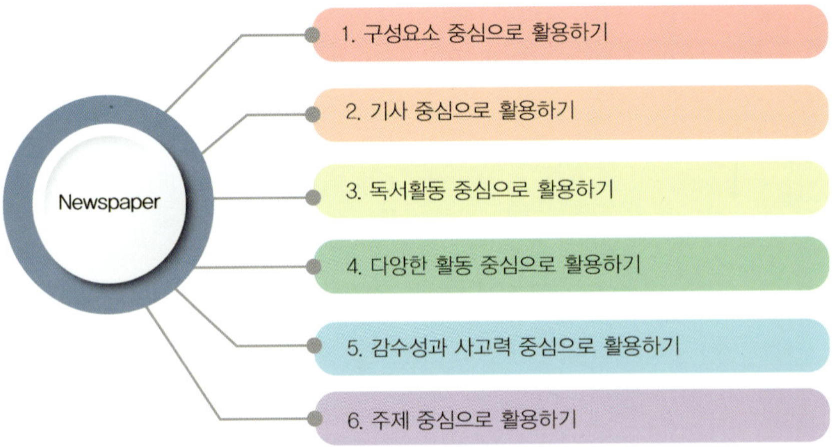

2) 신문활용교육의 유형

(1) 구성요소 중심으로 활용하기

- 신문만화(풍선 글씨 완성하기, 만화 그리기)
- 신문사진(떠오르는 생각 쓰기, 적절한 사진 붙이기)
- 사진 설명(사진 내용 설명하기, 주인공의 생각 쓰기)
- 일기예보(일기예보 모으기, 관련 용어 찾기-고기압, 저기압, 엘니뇨, 황사 등)

(2) 기사 중심으로 활용하기

- 음식기사
- 운세풀이기사
- 경제기사
- 문화행사기사(사진 보고 무엇을 하는 것인지 상상해 보기)
- 특집기사

(3) 독서활동 중심으로 활용하기

- 낱말 익히며 읽기
- 같은 글자(낱말, 자모음) 찾기

(4) 다양한 활동 중심으로 활용하기

- 스크랩 지도
- 신문 활용 퀴즈
- 인터뷰
- 자기소개서
- 광고 만들기
- 극화연습(신문사진으로 이야기 꾸미기)

(5) 주제 중심으로 활용하기

(6) 감수성과 사고력 중심으로 활용하기

잠든 감각 깨우기	• 감각과 관련된 기사 찾고 분류하기 • 기사내용을 감각화하기
청각활용	• 신문으로 소리 만들기 • 신문글자 이용해서 발음하기 어려운 글자 만들기 • 청각 신문 만들기
자유연상하기	• 떠오르는 것 모두 말하기 • 타인 의견 비판하지 않기 • 타인 의견을 발전적으로 변형하기
상상력 키우기	• 신문에서 사람이나 동물 오려 붙이고, 신문에서 수식어 오려 주인공에게 어울리는 것붙이기

3) 신문활용교육의 교육적 효과

첫째, 신문 안에 담겨 있는 다양한 형태의 문자를 통하여 문자에 대한 관심을 가질 수 있다.

둘째, 누구나 언제 어디서나 쉽게 구할 수 있으며 최신 정보를 얻을 수 있다.

셋째, 현실에서 사회적으로 문제화한 것을 다루기 때문에 현실감 있는 학습이 이루어진다.

넷째, 언어활동을 통해 어휘력과 언어 사고력을 향상시킬 수 있다.

다섯째, 미술활동으로 신문의 사진이나 그래프 그림 등을 다면적으로 활용할 수 있다.

여섯째, 다양한 삶의 모습에 대한 이해를 넓힐 수 있다.

일곱째, 토론을 통한 의사소통 교환 능력 향상을 통해 남과 더불어 사는 방법을 자연스럽게 학습할 수 있다.

4) 신문활용교육의 방법

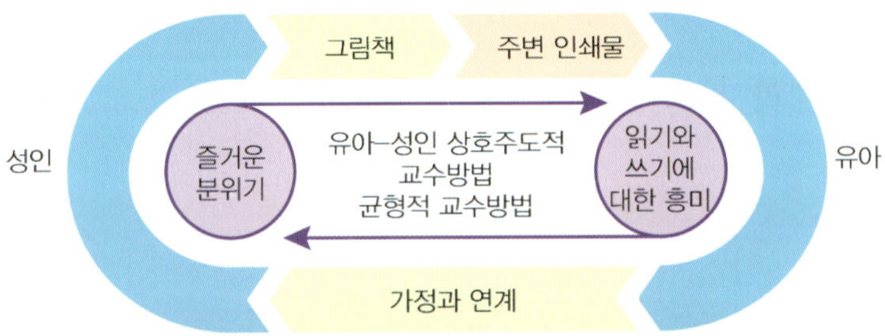

5) 신문활용교육의 활동 예시

활동 예시

- 〈내가 좋아하는 TV프로그램〉
- 〈어떤 생각을 하고 있을까요?〉
- 〈우리 집 음식자랑〉
- 〈어떤 느낌이 들까요?〉
- 〈사랑하는 우리 가족〉
- 〈어떤 사람이 될까요?〉
- 〈시원한 여름〉

신문활용교육 활동 예시

요리 레시피

끝말이어가기

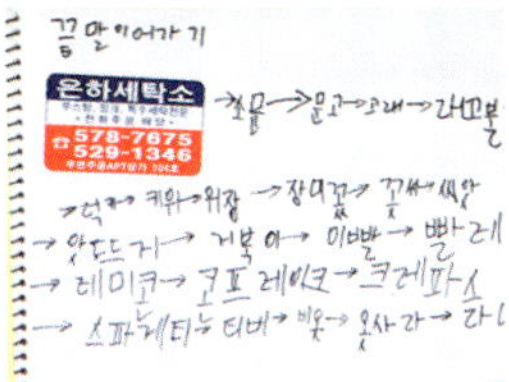

전화번호 구행시

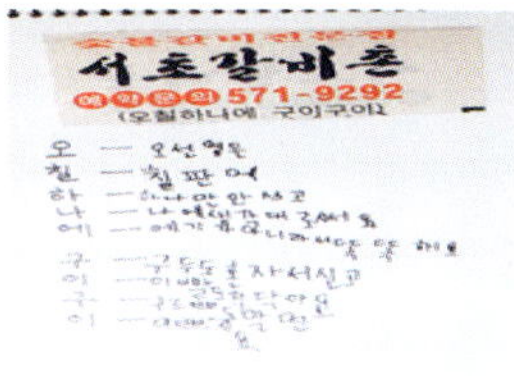

시장놀이

어떤 생각을 하고 있을까요?

음식 건강식단

사고력 쑥쑥 NIE 프로그램의 실제

활 동 명	우리 집 음식자랑	활동연령	3~5세
		소요시간	30분
활동목표	• 우리 집에서 만드는 음식(간식)에 대해서 이야기해 보고, 나와 가족의 건강과 소중함을 이해한다. • 자신의 작품에 대한 생각과 느낌을 말로 표현할 수 있다.		
활동자료	신문이나 잡지, 색연필, 가위, 사인펜, 풀, 사진기 또는 스마트폰, 다양한 요리 재료와 식기		
활동방법			
도입	• 우리 가족들이 즐겨 먹는 음식(간식)을 이야기해 본다. - 주로 어떤 종류의 간식을 먹나요? - 왜 간식을 먹을까요?		
전개	• 준비된 음식 재료 사진을 보며 이야기를 나눈다. - 이 재료들을 본 적 있나요? - 가족이 즐겨 먹는 간식을 만들려면 무엇이 필요할까요? • 개인이 준비한 재료들을 탐색해 본다. - 요리의 이름과 필요한 재료, 만드는 순서를 글과 그림으로 표현해 볼까요? - 어떤 방법으로 만들어야 할까요? • 다양한 재료를 선택하여 직접 요리해 본다.		
마무리	• 완성된 음식을 감상하고 평가한다. - 이 음식을 보고 가족들의 반응은 어떠할 것 같나요? - 직접 음식을 만들면서 좋았던 점과 어려웠던 점이 있었나요?		
연계활동	• 가족들의 음식 먹는 모습을 촬영하여 액자에 넣거나 소감 표현하기		
유의점 및 평가	• 음식(간식)을 요리할 때 도구들을 안전하게 사용하도록 한다. • 재료가 미비할 경우 그림이나 사진으로 음식을 만들어 볼 수 있다.		

<table>
<tr><td rowspan="2">활 동 명</td><td rowspan="2">내가 좋아하는 TV프로그램</td><td>활동연령</td><td>3~5세</td></tr>
<tr><td>소요시간</td><td>20분</td></tr>
<tr><td>활동목표</td><td colspan="3">• TV프로그램의 표가 있음을 알고, 자신이 좋아하는 것을 말과 글로 표현할 수 있다.
• 어른들이 보는 프로그램과 어린이들이 보는 프로그램이 어떤 것인지 알고 올바른 시청방법에 대해 이해한다.</td></tr>
<tr><td>활동자료</td><td colspan="3">신문, 안전가위, 풀, 색연필</td></tr>
</table>

<table>
<tr><td rowspan="2">활 동 명</td><td rowspan="2">어떤 생각을 하고 있을까요?</td><td>활동연령</td><td>3~7세</td></tr>
<tr><td>소요시간</td><td>30분</td></tr>
<tr><td>활동목표</td><td colspan="3">• 신문이나 잡지에서 사진을 찾아보고 어떤 생각을 하고 있는지 이야기해 본다.
• 사진을 보고 어떤 상황인지 상상하여 그림이나 글로 표현할 수 있다.</td></tr>
<tr><td>활동자료</td><td colspan="3">신문이나 잡지, 가위, 풀, 색연필, 사인펜, 도화지</td></tr>
</table>

<table>
<tr><td rowspan="2">활 동 명</td><td rowspan="2">시원한 여름</td><td>활동연령</td><td>3~7세</td></tr>
<tr><td>소요시간</td><td>30분</td></tr>
<tr><td>활동목표</td><td colspan="3">• 우리 생활에서 시원한 여름을 보내기 위해 필요한 것들을 알 수 있다.
• 더운 여름을 시원하게 보내는 다양한 방법을 창작할 수 있다.</td></tr>
<tr><td>활동자료</td><td colspan="3">신문이나 잡지, 가위, 풀, 색연필, 사인펜, 도화지</td></tr>
</table>

<table>
<tr><td rowspan="2">활 동 명</td><td rowspan="2">내가 만든 광고</td><td>활동연령</td><td>4~12세</td></tr>
<tr><td>소요시간</td><td>30분</td></tr>
<tr><td>활동목표</td><td colspan="3">• 광고의 말과 내용을 살펴보고 특징을 이해한다.
• 자신의 생각을 그림이나 글로 표현할 수 있다.</td></tr>
<tr><td>활동자료</td><td colspan="3">신문이나 잡지, 가위, 풀, 색연필, 사인펜, 색지, 우드락</td></tr>
</table>

6 창의적 체험활동

- 창의적 체험활동에 필요성을 이해한다.
- 창의적 체험활동의 종류를 알고 그에 따른 활동을 실시한다.

1) 창의적 체험활동의 필요성

초등학생 돌봄의 경우 대부분 아동이 하교한 후 오후 동안 보살핌을 담당하게 된다. 저학년인 경우 등·하원 보호 및 오후 간식 챙겨주기, 학원 시간 지도하기, 숙제, 준비물 챙기기 등 다양한 역할이 요구된다. 때로는 부모의 늦은 퇴근으로 저녁 식사를 챙기는 일도 필요할 때가 있다. 그러나 영유아 돌봄에 비해 상대적으로 돌봄이 덜 요구되어 돌봄시간이 자칫 무료해질 수도 있다. 이때 돌봄교사가 적극적인 역할을 하지 않는다면 한 공간에서 핸드폰, 인터넷 게임 등의 소극적인 돌봄의 역할만 하게 되는 경우가 일어날 수 있다.

따라서 초등학생 아이돌봄서비스의 질을 향상시키고 돌봄교사와 아동이 함께하는 시간에 적극적인 돌봄서비스를 제공하기 위해 상호작용할 수 있는 다양한 활동을 제안해 보고자 한다.

2) 창의적 체험활동

(1) 독서활동

독서는 상상력, 사고력을 발달시킬 뿐만 아니라 독서를 실시함으로써 아동에게 어휘력, 독해력, 이해력을 높이는 데 효과적이다. 또한, 책을 통해 문법을 구사하고 언어능력을 향상시키는 데 큰 강점이 될 수 있다. 이러한 독서활동을 아이돌봄시간에 활용하여 올바른 독서습관을 기르게 하고 스스로 독서를 하도록 지도한다면 아동 개인의 발전뿐만 아니라 부모의 입장에서도 만족도가 매우 높아질 것이다. 아동과 함께할 수 있는 독서 관련 활동 등은 다음과 같이 제시할 수 있다.

① 집에서 하는 독서

아동이 독서의 습관을 가지는 데 가장 중요한 것은 책을 읽으라고 말하고 기다리기보다는 함께 읽는 분위기를 조성하는 것이 무엇보다도 중요하다. 그러므로 이때 돌봄교사와 함께 일정한 시간을 정해 책을 읽는 것이 필요하다. 이때 도서 습관이 잘 형성된 아동인 경우 하루에 일정한 시간을 아동과 정해 책을 함께 읽는다면 아동에게 독서가 곧 당연히 해야 하는 것으로 인식하게 되어 습관화될 수 있을 것이다. 이러한 활동을 위해 아동의 방이나 거실, 식탁 등 편안한 자세로 책을 읽을 장소를 정해 각자의 책을 약속한 시간 동안 읽도록 지도한다. 처음에는 10분, 20분 정도로 짧게 시작하여 차츰 시간을 늘려가는 것이 중요하고 독서 목록을 정할 때도 습관화되어 있지 않은 아동을 배려하여 책의 종류를 학습 중심이 책으로 국한하지 말고 자유롭게 선택할 수 있도록 지도한다.

② 학교 도서관 활용

대부분의 초등학교는 어린이도서관을 운영하고 있다. 방과후에도 교사들의 퇴근시간 전까지 도서관을 개방하며, 토요일이나 방학에도 도서관을 개방하여 도서관과 친하게 지내도록 노력하고 있다. 또한 학교에서 하는 '학교도서관 활용 수업'은 도서관을 이용하는 방법과 책을 찾는 방법을 교육하는 것에서부터 각 학년 발달과정에 맞게 선정한 책을 활용하여 연극, 독서 치료, 책 만들기, 글쓰기, 놀이 등 다양한 방법으로 이뤄진다. 이러한 초등학교에서 운영하는 다양한 프로그램에 관심을 가지고 활용한다면 올바른 독서습관 형성 및 교과내용의 이해를 돕기 위한 배경지식을 쌓게 하여 아동의 학력 신장에도 도움이 될 수 있을 것이다.

③ 지역 도서관 활용

대부분의 지역마다 주민 복지 차원의 도서관, 어린이 전용 도서관이나 영어 도서관 등이 있다. 이곳에는 방대한 양의 도서가 소장되어 있어서 다양한 책을 접할 수 있을 뿐만 아니라 책 읽는 분위기를 접할 수 있는 기회를 제공한다. 또한 정기적으로 운영되는 다양한 문학 관련 전시 및 프로그램, 다양한 활동을 접하고 관람할 수 있는 곳이기도 하다. 특히 어린이도서관에는 책뿐만 아니라 CD, DVD, 오디오북, 잡지, 역사적 자료 등도 잘 갖추어져 있다. 이와 함께 도서대여 활동은 책을 빌릴 때 제시하는 도서 대출증, 도서대여 현황을 기록하는 독서 카드 등을 이용할 수 있다. 최근에는 각 지역 도서관에서 실시하는 지역 어린이들의 요구에 따른 맞춤식 교육프로그램(독서문화프로그램, 동화요리, 창의퍼즐, 독서토론) 등이 제공된다. 이에 학부모와 돌봄교사가 관심을 가지고 참여하는 것도 좋다.

서울시 통합 평생 학습관/도서관(http://lib.sen.go.kr) 사이트를 방문하면 서울시교육청에서 운영하는 평생 학습과 도서관을 찾을 수 있다. 서울시 종로구에 위치한 서울시립어린이도서관은 대표적인 어린이도서관(http://childlib.sen.go.kr)으로 다양한 프로그램 활동을 실시하고 있다. 또한 지역별로 어린이 전용 도서관과 국공립 도서관에서 운영하는 어린이도서관, 영어도서관, 작게는 어린이를 대상으로 하는 문고나 북카페 등이 있다. 이러한 곳에서도 도서관별로 아동을 위한 영화 상영 및 체험 프로그램, 문화행사 등 다양한 프로그램을 운영하고 있다. 예를 들어, 서울 중용산구에 있는 어린이도서관을 소개하면 다음과 같다.

표 V-8 서울시 용산구 어린이도서관

구분	도서관명	사이트/지역	비고
도서관	남산도서관	http://nslib.sen.go.kr/	시교육청
	용산도서관	http://yslib.sen.go.kr/	
	청파도서관	https://www.yslibrary.or.kr/cheongpa/	구립
	청파어린이영어도서관	http://www.celc.go.kr/	
	용암어린이영어도서관	http://www.yelc.go.kr/	
	용산초등학교 개방도서관	http://school.jbedu.kr/yongsan4u	공립
작은 도서관	청마루북카페	용산구청	
	단꿈도서관	후암동	사립
	고래이야기	효장동	

④ 독후활동

독후활동의 목적 중 가장 중요한 것은 독서를 통해 내용을 이해하고 그에 따른 생각과 느낀 감정을 나만의 표현방식으로 재생산하는 것이라 할 수 있다. **영유아**라면 애벌레 책을 읽고 "초록 애벌레가 귀여워.", "색이 예뻐다." 등을 표현하기 위해 미술활동을 통해 표현하거나 일상 속에서 "일주일", "과일" 같은 단어를 익혀볼 수도 있다. **초등학교 아동**이라면 책 내용을 '얼마나 이해하고 활용하는가? 작가의 의도를 충분히 이해하고 비판적으로 독서할 수 있는가? 또한 그 과정에서 나의 생각을 얼마나 넓혀주고 호기심이 확장될 수 있는가?' 이런 부분을 고민해야 할 것이다. 그런 사고과정을 기록하는 것의 다양한 예를 살펴보고자 한다.

주인공처럼 그 상황극을 통해 체험해 보기
책 내용 소재로 인상적인 장면 그리거나 만들기
책 읽은 내용과 유사한 상황을 상기하며 책에 관련한 대화 유도
독후감 작성(줄거리 요약하기), 주인공에게 편지쓰기, 책 광고 만들기,
만화로 표현하기, 내용 바꿔 써보기

(2) 아동을 위한 지역사회와의 협력

지역사회는 아동이 태어나서 자라는 가족이 거주하는 일차적인 환경이다. 즉, 지리적·행정적 분할에 의해 나뉘기 때문에 일정한 지역 안에서 성립되는 공동체이며 그 지역의 특성과 위치, 인구구조 등에 따라 각각의 특성을 가지고 있다. 또한 각기 다른 지역 주민의 다양한 요구들을 주민과 공동으로 실현하는 집단에서 나타나며 아동들은 이런 지역사회 안에서 사회 구성원들과 상호작용하면서 성장하며 사회화를 배우게 된다. 이런 성장은 아동들에게 각 지역의 독특한 역사적·사회적·문화적 맥락 안에서 영향을 받는다. 「아동복지법」에서 제시된 보육의 기본원칙에도 '지역사회와의 교류'라는 내용이 포함되어 있듯이 지역사회의 특성을 반영한 다양한 활동은 아동 개인의 성장과 발달을 및 지역사회 전체의 다양한 영역으로 발전을 확장할 수 있을 것이다.

① 지역사회와 소통

아동들은 일상생활에서 지역사회 구성원과 상호작용을 하며 경험하고 학습하며 그러한 일련의 활동들을 통해 사회적으로 성장하고 발달해 나간다. 유아기는 자아가 형성되고 가치관이 정립되는 시기라는 것을 미루어 볼 때 유아가 자신이 살고 있는 지역을 중심으로 생활체계를 이해·발달하기 위해서는 각 지역사회와의 소통이 긴밀하게 유지되어야 할 것이다.

- **다양한 경험 제공**

  교사들은 지역사회에 대한 다양한 경험을 제공하고, 아동으로 하여금 지역사회의 한 구성원으로서 자신의 역할을 다할 수 있도록 지도해야 한다.

- **지역사회 소속감**

  지역사회는 아동들에게 지역사회를 통해 서로 상부상조할 수 있는 기능을 배우고 소속감을 느낄 수 있도록 하며, 아동이 사회에 기여하는 사람이 되도록 지역사회 역할의 중요성을 강조한다.

- **지역사회의 지지와 기여**

  아동이 지역사회의 지지와 여러 가지 협력관계를 통해서 아동과 가족이 자신의 지역사회를 이해하고 지역사회에서 지지를 받을 수 있도록 지도한다.

- **공동체 의식 강화**

  아동을 둘러싸고 있는 지역사회를 중심으로 협력과 나눔 교육은 단순히 교육적 차원이 아니라, 사회적 차원에서 공동체 의식을 기르도록 한다.

② 지역사회의 특성을 반영한 활동 계획

지역사회의 특성을 고려한 활동계획은 아동발달에 시사하는 바가 매우 크며, 그들의 삶에 미치는 영향은 다음과 같다.

- 지역사회 특성을 고려한 다양한 보육 경험들은 아동이 자신이 속한 지역사회에 대한 자부심과 애향심을 기를 수 있다.
- 아동들에게 제공되는 보육계획은 그 지역의 특성을 반영한 문화, 축제 등에 아동들이 참여할 수 있도록 하여 보존되어야 할 문화유산을 사랑하고 지역사회에 적합한 보육이 이루어질 수 있도록 구성한다.
- 아동 주변에서 경험할 수 있는 지역사회와 연계한 다양한 현장 학습은 직접 또는 구체적인 관찰을 통해 학습의 기회를 제공하는 역할을 한다.
- 유아교육기관과 지역사회가 협력한 보육활동은 아동의 삶의 맥락 안에서 의미 있는 경험을 할 수 있다.
- 서로 다른 지역사회와의 교류를 통해 소통과 지역사회에 대한 깊이 있는 이해와 더불어 다른 지역에 대한 관심을 높일 수 있다.

출처: https://blog.naver.com/sotiere/221752405125

그림 Ⅴ-2 경기도 안성시 바우덕이 축제

그림 Ⅴ-3 서울시 성북구 세계음식축제 누리마실

출처: https://blog.naver.com/tour_bangbang/221543291629

(3) 문화활동

① 지역문화센터, 복지관, 시민회관, 어린이 공연장 등 활용

각 지역별로 무료 또는 저렴한 금액으로 찾아볼 수 있는 문화생활이 많이 있다. 지역문화센터, 복지관 등의 정보를 찾아보고 적극적으로 활용해 본다. 예를 들어, 경기도 이천시의 경우 쌀문화재 축제를 통해 지역 내 다양한 문화공간에서 이루어지는 체험활동, 공연, 전시 등의 정보를 확인할 수 있다.

② 지역 박물관, 고궁 등 명소 활용

지역마다 있는 명소들 중에 동네에서 마을버스나 전철로 몇 정거장만 움직이면 갈 수 있는 근거리 장소들이 많이 있다. 아동과 함께 인터넷으로 찾아보거나 부모와 상의하여 허락을 받은 후 이러한 명소를 활용하는 것이 좋다. 이때 명소 체험을 처음부터 학습의 의도를 가지고 접근하기보다 돌봄교사와 함께 다양한 문화공간에 친숙해지는 기회를 갖는 데 의의를 두고 시작하는 것이 좋다.

표 V-9 서울 시내 주요 박물관

구분	박물관명	사이트
국립	공연예술박물관	https://www.ntok.go.kr/kr/Museum/Main/Index
	국립고궁박물관	https://www.gogung.go.kr/
	국립민속박물관	http://www.nfm.go.kr/
	국립중앙박물관	http://www.museum.go.kr/
	화폐금융박물관	https://www.bok.or.kr/museum/main/main.do
공립	서대문 자연사박물관	https://namu.sdm.go.kr/
	서대문형무소역사관	https://sphh.sscmc.or.kr/
	서울교육박물관	http://edumuseum.sen.go.kr/
	서울약령시 한의약박물관	https://museum.ddm.go.kr/
	서울역사박물관	https://museum.seoul.go.kr/www/
	전쟁기념관	https://www.warmemo.or.kr/
사립	박을복자수박물관	http://www.embromuseum.com/
	한국영화박물관	https://www.koreafilm.or.kr/museum/main
	근현대 디자인박물관	http://www.designmuseum.or.kr/
	김치박물관	https://www.kimchikan.com/
	한국 자수 박물관	https://twitter.com/sajeonga
	떡 박물관	http://www.tkmuseum.or.kr/
	보나장신구박물관	http://www.bonamuseum.com/
	한국 현대의상박물관	https://talktravel.tistory.com/34322
	종이나라박물관	http://www.bonamuseum.com/

VI

영유아 중심·놀이중심의 다양한 방과후 프로그램의 운영

1 놀이의 의미와 돌봄의 역할

- 놀이의 의미에 대해 안다.
- 돌봄의 역할에 대해 알고 실천한다.

1) 놀이의 의미

놀이는 유아가 흥미와 관심을 가지고 자발적으로 즐겁게 참여하며 배우는 과정이다. 놀이가 곧 유아의 삶이자 배움의 방식이다. 즉, 유아에게 놀이는 단순한 경험이 아니라 세상을 살아가며 만나는 수많은 문제를 해결하고 배워가는 앎과 삶의 방식이다. 유아가 주도적으로 참여하는 놀이는 세상에 대해 알고 있는 또는 알아야 할 모든 내용을 유아 자신의 방식으로 표현하는 행위이자 배움 그 자체라고 할 수 있다. 그러므로, 교사는 유아의 놀이에서 놀이의 의미와 특성뿐만 아니라 놀이가 배움으로써 지니는 가치도 이해할 수 있어야 한다(교육부 · 보건복지부, 2019a: 17-18).

2) 놀이의 특성

(1) 놀이는 자유롭다

놀이에서의 자유는 계획된 목적으로부터의 자유, 미리 결정된 규칙으로부터의 자유, 사실로부터의 자유, 시간과 공간의 제약으로부터의 자유를 포함한다. 즉, 정해진 규칙이나 외부 지시에 따르지 않고, 유아가 자발적으로 나름대로의 방식으로 놀이하는 것을 말한다(박찬옥 외, 2013: 30). 이러한 자유로움은 유아기 자율성의 바탕이 된다.

(2) 놀이는 주도적이다

놀이에서의 주도성은 유아의 자발성, 능동성, 내재적 동기, 즉흥적 전개와 같은 특성과 관련되어 있다(교육부 · 보건복지부, 2019a: 21). 실제로 유아들은 호기심이 생기고 하고 싶어서 하는 놀이에는 적극성을 띤다. 또한, 유아는 배고픔과 같은 충동이나 부의 축적과 같이 외적으로 동기화된 것이 아니라 유아 내부에서 놀이에 대한 동기가 생겨서 자발적으로 놀이를 한다(박찬옥 외, 2013: 28). 그러므로 놀이경험이 많은 유아일수록 어떤 상황에든 호기심과 흥미를 나타내고 융통적이며 자발적인 성향을 보인다(박찬옥 외, 2013: 31).

(3) 놀이는 즐겁다

놀이에는 재미와 기쁨, 몰입, 실험, 마주침, 해소, 심미성, 유머 등의 정신적 · 정서적 상태를 수반하는 즐거움이 있다. 놀이를 할 때 목표 성취에 대한 압력이 없으면 유아는 다양한 놀이를 더 시도할 수 있으며, 놀이가 목표 지향적 행동보다 더 융통성을 띠는 중요한 이유가 된다. 또한 유아들의 상징놀이에는 비사실적 행동의 특성이 있으며 가작화 행동은 이후 가설적 추론 기술이나 사고로 이끌 수 있다는 점에서 중요하다(박찬옥 외, 2013: 29). 하지만 놀이가 언제나 반드시 기쁘고 즐거운 것만은 아니다. 놀이는 유아의 두렵거나 불안하고 슬픈 기분도 긍정적인 정서로 전환시키는 특성을 갖고 있다(박찬옥 외, 2013: 31).

3) 놀이하며 배우는 유능한 유아를 위한 돌봄의 역할

유아는 놀이를 좋아하고 놀이를 하면서 가장 잘 배운다. 유아는 놀이하는 능력을 가지고 태어났다. 모든 영아는 태어나면서부터 세상과 소통하며 세상에 대해 배운다. 세상에 관심을 갖고 세상이 무엇인지 알려고 하는 것이다. 호기심에 가득 찬 아기는 보고, 듣고, 맛보고, 만지면서 탐색하며, 주변의 사람을 쳐다보고 울고 웃으며 소통한다. 영아가 세계와 소통하는 방식 역시 놀이이다. 유아는 영아기 경험을 바탕으로 놀이하는 힘을 더욱 키우며 다양한 놀이경험을 통해 더욱 유능해진다. 먼저 사물, 물체, 놀이 자료 등을 조작하는 방식이 점차 다양해지고 풍부해진다. 또한, 놀이를 통해 신체를 더욱 자유롭게 움직일 수 있고, 의사소통 능력이 급격하게 발달하면서 적극적으로 탐구하고 상상한다. 나아가 사회적 관계도 복잡해지고 다양한 정서를 경험하게 된다(교육부 · 보건복지부, 2019a: 10). 그러므로 놀이하는 유능한 유아의 돌봄은 다음과 같이 이루어져야 한다.

첫째, 유아의 몸을 움직일 수 있도록 지도한다. 놀이에서 유아는 감각으로 세상과 만난다. 보고, 듣고, 냄새 맡고, 맛보고, 만지고, 온몸을 마음껏 움직이며 온 감각으로 느낄 수 있는 기회를 충분히 제공해야 한다. 또한, 몸을 움직이며 놀이하면서 자신의 몸을 안전하게 보호할 수 있는 방식에 대해서도 알아갈 수 있도록 교육적 도전과 안전의 경계 넘기가 이루어져야 한다.

둘째, 유아로 하여금 하고 싶은 것을 스스로 선택할 수 있도록 지도한다. 이는 놀이에서 유아를 적극적으로 탐색하게 하고, 유아 스스로 놀이 속에서 다양한 시도를 하게 하며, 놀이에서 자신이 원하는 것을 선택하면서 자신이 무엇을 할 수 있는지를 알아가게 된다. 이러한 놀이 속에서 유아들은 자존감, 자긍심, 자부심을 느낄 수 있다.

셋째, 유아의 상상을 지지한다. 호기심이 많은 유아는 놀이하면서 상상한 것을 창의적으로 탐구한다. 모든 궁금증에 스스로 대답해 보는 방식이 바로 상상이며, 상상은 유아가 세상에 대한 호기심을 나타내는 방식이고 세상을 알아가는 방식이다. 그러므로 유아가 자신이 상상하고 탐구한 것을 자기만의 방식으로 자유롭게 표현할 수 있도록 지도해야 한다.

넷째, 유아가 놀이 속에서 느끼는 재미와 기쁨을 표현할 수 있도록 지도한다. 놀이에서 유아는 아름다움과 감성을 느끼면서 자신의 감정을 다양한 언어로 자유롭게 표현하며, 때로는 놀이를 통해 부정적 감성을 해소하기도 한다. 그러므로 유아가 주변 환경 속에서 아름다움을 발견하고 공감하며 다양한 언어, 노래, 몸짓으로 풍요로운 감정을 표현하고 부정적인 감정을 해소할 수 있도록 지도한다.

다섯째, 세상의 모든 사람, 모든 것과 관계를 맺고 싶어 하는 유아의 특성을 인정한다. 유아는 주변의 또래, 교사 등 모든 사람에게 관심을 갖고 소통하기를 원하며 이러한 과정 속에서 다른 사람의 감정을 소중히 여기고 서로 필요한 도움을 주고받는다. 그러므로 놀이하는 유아가 세상과 소통하고, 협력하고, 배려하고, 돌볼 수 있도록 지원해야 한다.

4) 영유아의 놀이지원자로서의 교사의 역할

제4차 어린이집 표준보육과정은 놀이를 통한 영유아의 배움을 강조하며 교사를 영유아의 놀이지원자로 제안하고 있다. 영유아는 어디서나 자유롭게 놀이하며 배울 수 있지만, 교사의 지원을 통해 더욱 유의미한 배움이 될 수 있다. 그러므로 교사는 다양한 방식으로 영유아가 놀이를 통해 배우고 성장할 수 있도록 돕고 지원하는 역할을 해야 한다(보건복지부, 2020a: 32-34).

첫째, 놀이를 통한 배움을 이해해야 한다. 영유아는 놀이하면서 자연스럽게 세상과 교감하며 성장해 간다. 놀이는 시작과 끝이 정해져 있는 것이 아니라 이어지고 끊어지며 새롭게 생성되어 가는 연속적 과정이며 이는 곧 배움의 과정과 같다. 교사는 영유아의 놀이를 배움의 과정으로 이해하고 영유아의 놀이를 지원해야 한다(보건복지부, 2020a: 34).

둘째, 놀이와 연계한 활동을 통해 영유아의 배움을 지원해야 한다. 교사는 일상생활 경험과 활동에도 영유아의 흥미와 관심을 반영하여 영유아가 즐겁게 경험하며 배우도록 지원한다. 활동을 운영할 때 교사는 영유아가 주도하는 놀이의 내용과 활동이 연계되도록 지원하여 영유아가 즐겁게 배우도록 한다. 그러나 교사가 영유아의 놀이를 지원하기 위해 다양한 활동을 계획했더라도 이는 영유아의 관심과 흥미에 따라 얼마든지 수정할 수 있다. 영유아의 흥미나 관심 등을 고려하지 않고 미리 정해진 생활주제에 따라 활동을 진행하기보다는 영유아가 주도해 가는 놀이와 연계하여 활동을 진행하는 것이 바람직하다(보건복지부, 2020a: 34-35).

셋째, 자율성을 바탕으로 영유아의 놀이에서의 배움을 지원한다. 영유아는 자신에게 가장 적합한 방식으로 놀이하기 때문에 영유아의 놀이는 예측하기 어렵다. 교사는 영유아의 특성, 안전, 놀이환경, 자료, 날씨, 기관의 상황 등을 고려하여 놀이를 지원해야 한다. 교사는 영유아가 놀이하며 배울 수 있도록 상황에 따라 필요한 교육적 판단을 자율적으로 할 수 있어야 한다. 교사가 영유아의 놀이를 존중한다는 것은 영유아의 놀이를 바라만 보거나 방관하는 것이 아니라, 영유아의 배움에 필요한 지원 내용을 생각하고, 준비하고, 지원하는 과정을 모두 포함한다(보건복지부, 2020a: 35).

구체적인 놀이지도 방법은 다음과 같다.

표 Ⅵ-1 놀이지도 방법

<table>
<tr><th colspan="2">개입의 정도</th><th colspan="2">놀이지도 방법</th><th>예시</th></tr>
<tr><td rowspan="7">최소개입
↑
↓
최대개입</td><td rowspan="5">지지적 역할</td><td>관찰하기</td><td>교사가 유아들의 놀이를 관객처럼 구경하며 관찰하는 지도 방법</td><td>• 엄지손가락을 치켜들기(비언어적 표현)
• 참 재미있겠구나!(언어적 표현)</td></tr>
<tr><td>놀이환경 구성 지원하기</td><td>유아의 놀이에 개입하지 않고 놀이가 시작되면 놀이 영역 가까이에서 놀이를 위한 준비를 돕고, 놀이환경을 구성하는 데 도움을 주는 등 적극적인 역할을 하는 방법</td><td>• 지금 해변 놀이를 하는데 수영복 대여소를 만들면 어떨까?
• 빌려준다는 팻말도 만들어 보면 어때?</td></tr>
<tr><td>병행 놀이하기</td><td>교사가 유아의 곁에서 같은 놀이 자료를 가지고 놀지만 유아와 직접적인 상호작용은 하지 않음</td><td>• 유아 가까이에서 블록 쌓기를 하며 혼잣말을 한다. “와, 멋진 아파트가 되었네!”</td></tr>
<tr><td>공동 놀이하기</td><td>교사가 유아의 놀이에 동등한 파트너로 참여하는 방법으로 중심 역할은 유아가 하게 하고 대개 주변 역할을 맡음</td><td>• “나도 놀이해도 되니?”라고 말하면서 개입</td></tr>
<tr><td>놀이 이끌기</td><td>교사가 공동 놀이하기처럼 유아의 놀이에 적극적으로 참여하는 방법이나 유아에게 새로운 놀이 주제를 제안하거나 놀이를 촉진시키기 위해 새로운 소품이나 극적 요소를 첨가하는 등 의도적으로 개입함</td><td>• 비행기 놀이에 흥미를 잃어갈 때, “폭풍우 때문에 비행기가 추락하고 있어!”</td></tr>
<tr><td rowspan="2">지시적 역할</td><td>지시하기</td><td>교사가 유아의 놀이를 통제하고 유아에게 무엇을 해야 할지 지시하는 방법</td><td>• 교사가 역할을 지정해 주거나 놀이 전개를 지시하며 “ㅇㅇ이가 미용사를 해 보자.”</td></tr>
<tr><td>교수하기</td><td>놀이를 학습을 위한 매개체로 활용하는 지도방법으로 교사는 놀이를 잠시 중단하고 유아에게 학습과 현실 지향적인 질문을 함</td><td>• 생일파티 놀이를 할 때 수의 연산을 다룰 좋은 기회라 생각하여 초의 수나 케이크 나누기에 관련된 질문 던지기</td></tr>
</table>

출처: 박찬옥 외(2013: 175-178). 놀이지도. 경기: 양성원. 재구성.

2 놀이중심의 프로그램

- 영유아의 음악적 개념에 대해 안다.
- 영유아의 음률교육의 내용과 지도방법에 대해 안다.
- 영유아를 위한 놀이중심의 음률활동을 직접 계획, 실행, 평가해 봄으로써 돌봄교사로서의 음악적 소양을 갖는다.

1) 음률프로그램

(1) 음률프로그램의 의의

영유아 음률활동은 가락이나 리듬과 같은 음 재료를 형식적으로 결합하여, 목소리나 악기를 통해 사상이나 감정을 나타내는 예술이다. 음률활동의 주요 목적은 음악 그 자체가 영유아에게 만족감을 주고 즐거움을 주는 것이며, 노래나 리듬을 통해 자신을 자유롭게 표현함으로써 영유아의 마음속에 내재되어 있던 긴장과 갈등을 해소시키고 정신건강을 돕는 일이 되어야 한다(이영자 외, 2012: 288). 즉, 영유아들에게 있어 음악은 감정을 전하며, 느낌을 포착하고 이해하는 수단이 되고, 영유아들의 인지, 사회, 정서, 신체, 언어 등의 모든 영역에서의 발달을 촉진하므로, 영유아기는 음악을 학습하는 데 있어 중요한 시기이다(신동주 외, 2021: 21).

(2) 음악의 구성요소

음악의 구성요소란 음색, 셈여림, 빠르기, 리듬적 요소들, 선율적 요소들, 화음의 여섯 가지 요소로 구성된다(신동주 외, 2021: 61).

① 음색

소리의 높낮이나 강도와 관계없이 악기나 사람의 목소리에는 고유한 색깔이 있는데 이는 음악에서는 음색이라고 한다.

- 음색개념을 발달시키기 위한 음악활동(신동주 외, 2021: 64-65)
  - 녹음한 소리를 듣고 누구의 목소리인지 알아맞히기
  - 바이올린과 피아노 소리 듣고 무슨 악기인지 알아맞히기
  - 핸드드럼(북)으로 다양한 소리 만들어 보기
  - 같은 노래를 다른 음색의 악기로 연주한 음악 듣고 차이점 이야기하기
  - 크기가 서로 다른 핸드드럼 소리 내어 보기
  - 금속악기와 나무악기 소리 탐색하기
  - 이야기를 소리로 만들어 보기

② 셈여림

음악에서 셈여림은 소리의 세기 또는 강도(강약)를 의미한다.

- 셈여림개념을 발달시키기 위한 음악활동(신동주 외, 2021: 66-67)
  - 지휘에 따라 크게/보통/작게 노래 부르기
  - 타악기 소리의 크기에 따라 걸어 보기
  - 북으로 크고/보통/작은 소리 만들기
  - 셈여림 그림카드(f, p)에 따라 노래 부르기
  - 큰 소리와 작은 소리로 연주하는 음악듣기 느낌을 이야기 나누기
  - 셈여림 수준에 따라(작게, 보통, 크게) 연주되는 음악을 듣고 알아맞히기
  - 3개의 셈여림 수준을 칠판에 쓰고, 유아가 가리키는 수준에 따라 노래 부르기
  - 교사가 책을 크게/보통/작게 읽을 때, 유아가 해당 셈여림 카드 고르기

③ 빠르기

빠르기란 음악이 연주되는 속도를 말한다.

- 빠르기 개념을 발달시키기 위한 음악활동(신동주 외, 2021: 69-70)
  - 빠르고 느린 소리 구별하기
  - 빠르기 수주에 따른 음악을 듣고 느낌의 차이를 이야기 나누기
  - 메트로놈의 빠르기에 맞춰 손뼉 치기/노래 부르기
  - 지휘자의 빠르기에 따라 노래 부르기/악기 연주하기
  - 리듬막대의 따르기에 맞춰 걷기/달리기
  - 빠르기가 상반되는 음악을 들으며 신체표현하기
  - 빠르기를 반영한 음악을 들으며 감정을 그림으로 표현하기
  - 음악을 들으며 빠르기 카드 고르기

④ 리듬적 요소들

리듬은 하나의 단위가 아닌 박(박동), 박자, 음길이(장단), 리듬패턴 등의 하위 요소늘이 포함된다.

㉠ 박

박은 리듬의 가장 단위로 일정한 간격(거리)을 두고 울리는 규칙적인 소리이다.

- 박의 개념을 발달시키기 위한 음악활동(신동주 · 김향숙 · 김선희, 2021: 73-74)
  - 주변에서 일정하게 반복되는 소리 찾아보기
  - 규칙적인 소리와 불규칙적인 소리 구별하기
  - 빠른 박과 느린 박 구별하기
  - 강한 박과 여린 박의 차이
  - 박에 맞추어 노래 부르기
  - 박에 맞추어 제자리 손뼉 치기/걷기
  - 박에 맞추어 그림 그리기
  - 박을 치며 노래 부르기

㉡ 박자

박자는 박의 개념을 포함하고 있다. 박자는 더 강하고 더 약한 박들이 되풀이해서 일어나는 패턴으로 박의 그루핑이다.

- 박자 개념을 발달시키기 위한 음악활동(신동주 외, 2021: 75-76)
  - 2박자/3박자/4박자에 맞춰 신체악기 연주하기
  - 2박자/3박자/4박자에 맞춰 타악기 연주하기
  - 시각적 자료를 이용한 박자 만들기
  - 박자 연주하기

㉢ 장단

장단이란 음의 길이로서 소리의 길고 짧음, 즉 음의 지속시간을 의미한다. 한 마디에서 길고 짧은 소리가 어떻게 결합되는지에 따라 다양한 리듬이 이루어질 수 있다.

- 장단 개념을 발달시키기 위한 음악활동(신동주 외, 2021: 77-78)
  - 긴 소리와 짧은 소리 듣고 구별하기
  - 긴 소리와 짧은 소리 목소리로 흉내 내기
  - 악기를 이용해 길거나 짧은 소리 만들기
  - 긴 소리와 짧은 소리로 노래 부르기
  - 악기 소리를 듣고 그림으로 표현하기
  - 짧은 소리로 연주하는 음악과 긴 소리로 연주되는 음악을 감상해 보기

㉣ 리듬패턴

리듬에는 박, 박자, 길이의 조직, 패턴 등의 속성이 있다. 즉, 리듬은 박과 박자 선상에서 음의 길이(장단)들이 다양하고도 자유롭게 조직된 것으로 음악이 되도록 하는 길이적 속성을 갖는다. 음의 길이를 어떻게 조직하느냐에 따라 다양한 리듬이 만들어진다. 박은 동일한 시간 간격으로 흘러가는 소리라면, 리듬은 불규칙적인 시간 간격의 흐름이다(신동주 외, 2021: 78).

⑤ 선율적 요소들

선율이란 가락 또는 멜로디라고 부른다. 선율은 리듬적 구조에 음높이 요소가 추가된 것으로 음높이와 음 흐름 등이 있다.

㉠ 음높이

음높이는 소리의 높고 낮음의 정도를 의미한다.

- 음높이 개념을 발달시키기 위한 음악활동(신동주 외, 2021: 84-85)
  - 높은 소리와 늦은 소리 듣고 구별하기
  - 주변에서 높은 소리와 낮은 소리 찾아보기
  - 높은 소리와 낮은 소리로 연주되는 음악을 듣고 알아맞히기
  - 실로폰의 높은 소리와 낮은 소리 탐색하기
  - 시소가 올라갈 때 높은 소리, 내려갈 때 낮은 소리내기

㉡ 음 흐름

음 흐름은 높고 낮은 음의 움직임에 따라 나타나는 선율의 형태를 말한다.

- 선율 개념을 발달시키기 위한 음악활동(신동주 외, 2021: 90)
  - 선율 듣고 제목 알아맞히기
  - 선율 듣고 틀린 부분 찾아내기
  - 선율 듣고 같은지 또는 다른지 알아맞히기
  - 선율의 모양이나 윤곽이 무엇인지 알아맞히기
  - 음고 기록하기: 어떤 음이 더 높은지, 낮은지 알아맞히기
  - 음고 방향: 선율이 위로 올라가는지 아래로 내려가는지 알아맞히기
  - 음고 움직임: 선율이 차례가기/건너뛰기/반복인지 알아맞히기
  - 음정 크기: 음정이 크게, 중간, 작게 도약하는지 알아맞히기
  - 계단을 오르내릴 때 음높이로 표현해 보기

⑥ 화음/화성

화음은 음높이가 다른 두 개 이상의 음이 동시에 울리는 것을 말하며,

이런 화음들이 연속적으로 연결되는 것을 화성이라고 한다.

- 화음 개념을 발달시키기 위한 음악활동(신동주 외, 2021: 95)
  - 화성을 이루어 연주되는 음악 감상하기
  - 핸드벨이나 공명 실로폰으로 화음 연주하기
  - 한 팀은 오래 하고 다른 팀은 화음 연주하기

(3) 영유아 음률교육의 내용과 지도방법

① 듣기와 음악감상, 몸 움직이기(신체표현)

음악감상은 그냥 듣기, 음악적 요소에 반응하며 듣기, 생각을 표현하며 듣기, 분석하며 듣기 등으로 이루어질 수 있다. 몸 움직이기(신체표현)는 영유아의 언어적 표현을 대신하고, 음악적인 개념의 습득을 도우며, 신체발달과 심신의 안정을 가져온다. 또한, 창의적 표현이 가능하도록 돕는다.

첫째, 듣기 활동의 기본적인 경험은 소리의 탐색이다.

둘째, 녹음된 음악과 함께 생동감 있는 실제 연주를 보고 들을 수 있도록 지도한다.

셋째, 영유아들이 활동 속에서 자연스럽게 흘러나오는 배경 음악을 자주 경험하게 한다.

넷째, 영유아의 이동(기본) 동작과 비이동(신체) 동작, 이동과 비이동의 복합적인 움직임을 장려한다.

다섯째, 영유아가 음악에 반응해서 움직일 때는 형식적 · 구조적 음률활동, 비구조적 음률활동, 창의적 음률활동의 움직임을 고려해야 한다.

② 노래 부르기

- 제1단계 : 초기 발성기(출생~3개월)

  갓 태어난 아이들의 소리 레퍼토리는 제한되어 있으나, 매우 빨리 새로운 소리들과 접하게 된다.

- 제2단계 : 목소리 실험과 소리 모방하기(3개월~1년 6개월)

  주위의 다른 사람들이 내는 소리들과 자기 자신이 내는 소리들을 주의 깊게 듣고 모방하기도 하고 변화시키기도 하며, 새로운 발성을 개발하기도 한다.

- 제3단계: 대략적으로 노래 부르기(1년 6개월~3세)
  노래의 곡조와 리듬과 음높이를 대략적으로 표현하기 시작한다.
- 제4단계: 한정된 범위 내에서 정확하게 부르기(3~4세)
  노래를 대략적으로 표현해 보면서 점점 노래를 정확하게 부를 수 있는 능력을 얻는다.
- 제5단계: 좀 더 넓은 범위 내에서 정확하게 노래 부르기(4세 이상)
  좀 더 넓은 음높이 범위와 어려운 리듬과 노랫말을 복잡한 곡조로 부를 수 있게 된다.

위의 단계들을 거치고 5세가 되면서 유아들의 음악에 대한 반응력은 눈에 띄게 증가하게 된다.

③ 악기 다루기

영유아가 경험해야 할 악기의 종류는 소리를 만들 수 있는 것들(냄비, 깡통 속에 다양한 물체를 넣은 것 등), 리듬악기(손가락 심벌즈, 마라카스 등), 멜로디 악기(실로폰, 피아노 등), 하모니 악기(우쿨렐레 등) 오케스트라와 밴드 악기 등이다. 이러한 악기 가운데 영유아들은 리듬 막대, 탬버린, 북, 트라이앵글, 샌드 블록, 핸드벨 등을 자주 사용한다. 이 외에도 악기를 만들어 보는 활동은 미술, 과학, 수학, 음악을 통합해서 배울 수 있기 때문에 교육적으로도 대단히 가치가 높다.

④ 음악 만들기

영유아들의 음악 만들기 활동은 성인들이 인지하는 오선 악보에 음표를 그리는 작곡의 의미와는 구별되어야 하며, 자연스러운 분위기 가운데 노래 부르기, 악기 연주하기 등의 다양한 활동을 하면서 음악적 개념에 기초하여 음악 만들기 활동이 이루어질 수 있도록 교사는 지속적으로 관찰하고 지도해 나가야 한다.

음률프로그램의 실제

<table>
<tr><td rowspan="2">활 동 명</td><td rowspan="2">악기연주</td><td>활동연령</td><td>3~5세</td></tr>
<tr><td>소요시간</td><td>15분</td></tr>
<tr><td>활동목표</td><td colspan="3">• 즐겁게 노래를 부르고, 간단한 노랫말을 만들 수 있다.
• 여러 가지 주방 기구를 이용하여 소리를 낼 수 있다.</td></tr>
<tr><td>활동자료</td><td colspan="3">탬버린, 칭칭이, 영유아들이 만든 주방 기구 악기(주걱에 방울을 단 것, 나무젓가락 악기, 숟가락 악기, 바가지 악기 등)</td></tr>
<tr><td colspan="4">활동방법</td></tr>
<tr><td>도입</td><td colspan="3">• 유아들이 좋아하는 노래를 부른다.
- 영유아들이 소리를 듣고 알아맞힐 수 있게 한 가지씩 악기소리를 내며 노래를 부른다.</td></tr>
<tr><td>전개</td><td colspan="3">• 익숙하게 되면 영유아들이 만든 주방 기구 악기를 이용해 노랫말을 바꾸어 부른다.
- 이것들은 어디에서 볼 수 있었니?
• 주방 기구 악기를 소리 내어 보고, 노래 음절에 맞게 노랫말을 만들어 부른다(주걱 방울 소리, 젓가락 소리, 숟가락 소리, 바가지 소리 등).
- 주방 기구들은 어떤 소리를 낼 수 있을까?
- 어떻게 하면 소리가 날까?
• 원하는 영유아들이 나와서 자신이 만든 악기를 연주하고 다른 영유아들은 함께 노래를 부른다.
- 주방 기구 악기를 연주해 볼 친구가 있니?
- ○○가 주방 기구 악기를 연주해 주면 우리는 노래를 불러보자.</td></tr>
<tr><td>마무리</td><td colspan="3">• 주방 기구 악기를 연주한 경험에 대해 이야기를 나눈다.
- 2개의 악기로 연주하면 어떤 느낌이 날까?</td></tr>
<tr><td>연계활동</td><td colspan="3">• 악기 만들기</td></tr>
<tr><td>유의점
및 평가</td><td colspan="3">• 주방 도구를 충분히 탐색할 수 있는 교사의 적절한 발문이 필요하다.</td></tr>
</table>

활 동 명	땅벌의 비행	활동연령	2세
		소요시간	15분
활동목표	• 땅벌의 비행곡을 듣고 즐긴다. • 다른 사람의 생각이나 표현을 인정하고 존중한다. • 음악을 듣고 난 뒤 느낀 점을 말한다.		
활동자료	땅벌의 비행곡, CD 플레이어		

활 동 명	낙엽을 밟으며	활동연령	3~5세
		소요시간	30분
활동목표	• 낙엽 소리를 주의 깊게 들어보고, 자연이 만들어 내는 소리를 경험한다. • 유아들의 경험과 느낌을 창의적인 노랫말로 만들어 부른다.		
활동자료	낙엽, 가사판, 피아노		

활 동 명	소리가 왜 다를까?	활동연령	3~5세
		소요시간	25분
활동목표	• 악기연주를 통해 자신의 생각과 느낌을 표현한다. • 진동에 따라 소리가 다르게 나는 것을 활동을 통해 경험한다. • 주변의 재활용품을 활용하여 악기를 만들어 연주할 수 있다.		
활동자료	빨대의 수와 간격을 다르게 붙인 악어인형, 젓가락, 길이가 다른 빨대 피리 등		

활 동 명	새노래 배우기	활동연령	3~5세
		소요시간	20분
활동목표	• 동물에 대해 알게 된 사실을 노래로 만들어 부른다. • 생명의 소중함을 알고 동물을 사랑하는 마음을 갖는다.		
활동자료	컴퓨터(인터넷), 동물에 대한 정보를 주는 책자, 동시판, 신체표현 자료		

2) 수학프로그램

- 영유아의 수학적 개념과 과정기술 및 태도 형성을 위한 교수방법을 이해한다.
- 영유아를 위한 놀이 중심의 활동을 계획, 실행, 평가해 봄으로써 지식, 기술, 태도를 습득한다.

(1) 유아 수학교육의 목적 및 목표

유아기 수학교육의 목적은 기계적으로 수를 세거나 반복, 연습을 통해 연산하는 것을 넘어서서 유아의 수학적 소양 또는 수학적 힘을 키우는 것이다(NCTM, 2000). 여기에는 네 가지가 포함된다. 첫째, 일상생활 또는 주변에서 발생하는 문제를 수학적으로 해결할 수 있는 문제해결능력을 발달시킨다. 둘째, 일상생활 속에서 수와 연산, 대수, 기하, 측정, 자료 분석과 확률 등의 수학적 지식과 개념을 이해할 수 있다. 셋째, 문제해결하기, 추론 및 증명하기, 의사소통하기, 연계하기, 표상하기의 수학적 과정 기술을 증진할 수 있다. 넷째, 유아가 수학에 대한 가치와 유용성을 인식하고 자신의 수학적 능력에 대한 자신감을 가지며 수학에 대한 긍정적인 태도를 형성한다.

(2) 유아 수학교육의 내용

① 수학적 개념

- **수개념**
  - 일대일 대응: 물체 하나에 다른 물체 하나를 짝지어 봄으로써 한 집단이 다른 집단과 수가 같다는 것을 이해하는 것이다.
  - 수세기: 유아의 수세기는 처음에는 수의 이름을 무조건 암기해서 말하는 말로 시작해서 점차 수의 명칭과 물체를 정확히 일대일 대응시켜 세는 물체 수세기로 발달한다.
  - 숫자 인식: 숫자의 모양이 서로 다르다는 것을 알고 숫자를 구별

할 수 있으며 숫자 읽기와 쓰기의 형태로 나타난다.

- 더하기와 빼기 : 유아의 더하기 책략발달 초기 단계는 구체적 물체를 전부 세기이며, 이후 손가락 또는 다른 대체물 세기로 전환 과정을 거쳐 마지막으로 정신적 수세기 책략이 나타난다.
- 수의 부분과 전체 : 전체는 여러 부분으로 나눠질 수 있고, 이 부분들이 합쳐져서 다시 전체를 이룰 수 있음을 이해하는 것이다.

• **기하**

- 공간 : 유아가 주변 세계를 이해하고 일상생활을 살아가는 데 필수적인 요인이다.
- 도형 : 유아는 원형, 사각형, 직사각형, 삼각형 순으로 인식하며 평면도형보다 입체도형을 먼저 소개하는 것이 바람직하다.

• **측정**

- 비교하기와 순서 짓기 : 물체들을 어떤 속성에 따라 비교하거나 순서대로 배열하는 것이다.
- 측정하기 : 어떤 속성에 대해 비교할 수 있도록 물체에 숫자를 부여하는 것이다. 측정 개념은 놀이와 모방, 비교, 임의적 단위 사용, 표준단위의 필요성 인식, 표준적 단위 사용의 다섯 단계를 통해 발달한다.

• **규칙성** : 흔히 패턴(pattern)으로도 불리는 것으로서 어떠한 기본 단위가 일정한 순서로 반복되는 것이다.

• **자료 분석** : 개개의 자료를 일정한 준거에 따라 수집·분류하고, 이를 그래프 등으로 조직하여 제시하거나 설명하는 것이다.

② 수학적 과정 기술

• 문제해결하기
• 추론 및 증명하기
• 의사소통하기

- 연계하기
- 표상하기

③ 수학적 태도

- 호기심
- 주의집중
- 개방성
- 적극성
- 지속성

(3) 유아 수학교육의 운영

① 교사의 역할

- 촉진자의 역할
- 제공자의 역할
- 질문자의 역할
- 관찰자의 역할
- 참여자의 역할
- 전달자의 역할

② 교사의 수학적 상호작용

의미 있는 수학활동은 교사와 영유아 간 상호작용의 질에 의해 결정된다고 주장해도 과언이 아니다. 하루 일과 중 자연스럽고 우연적으로 이루어지기도 하고, 계획된 수학활동 과정에서 이루어지기도 한다. 유아와의 상호작용에서는 교사의 질문을 통해 유아 스스로 의문점을 갖게 되고, 문제를 해결하는 수학적 과정을 통해 수학적 능력을 향상시킬 수 있게 된다. 교사는 첫째, 매일매일 적절한 순간에 적절한 질문을 하는 시범을 보여주고 둘째, 자신의 문제해결 전략에 대해 이야기할 수 있도록 요청하고 셋째, 놀이의 주도권을 아동에게 주면서, 자신의 수학적 아이디어와 경험을 확장할 수 있도록 이끌어 주고 때로는 교사가 주도권을 가짐으로써 아동이 수학적으로 문제해결할 수 있는 기회를 줄 수도 있도록 한다. 구체적으로 요약하면 다음과 같다.

- 수학적으로 풍부한 환경 제공하기
- 아동과 함께 수학활동에 참여하기
- 수학적 어휘를 사용하여 상호작용하기
- 수학적 사고를 일으키는 발문하기
- 수학적 지식 전달하기
- 주의 깊게 관찰하고 파악하기

③ 교수-학습원리

- 유아의 능동적 학습을 격려한다.
- 유아에게 구체적 조작 경험을 제공한다.
- 유아의 기존의 지식을 기초로 사용한다.
- 유아의 개인차를 수용한다.
- 유아에게 표현의 기회를 제공한다.
- 또래나 교사와의 상호작용을 강조한다.
- 결과보다 과정에 관심을 기울인다.

(4) 유아 수학교육의 평가

평가의 목적

첫째, 유아의 수학적 성향과 태도 및 수학적 능력발달 수준과 학습수준을 이해한다.
둘째, 차별화된 교수 적용을 통해 수학적 성취를 평가한다.
셋째, 유아의 학습효과 및 발달상의 변화를 발견한다.
넷째, 유아의 학습 준비도를 진단한다.
다섯째, 교사 스스로 수학교육자로서의 전문성을 기른다.

유아기 수학교육에서 평가는 유아의 성장과 발달을 돕고 유아의 학습에 영향을 주는 과정중심 평가가 되어야 한다. 이를 위해서는 목적과 목표에 맞는 기준과 규준에 근거한 객관적이고 종합적인 자료를 유아의 일상생활에서 수집하여야 할 것이다. 즉, 유아가 문제 상황을 탐구하고 스스로 지식을 구성해 나가면서 수학에 대해 긍정적 태도를 형성해 나가는지를 기록하여 체계적인 피드백과 지원을 하는 것이 평가가 필요한 이유이다(황정숙, 2015: 117).

수학활동 예시

도형

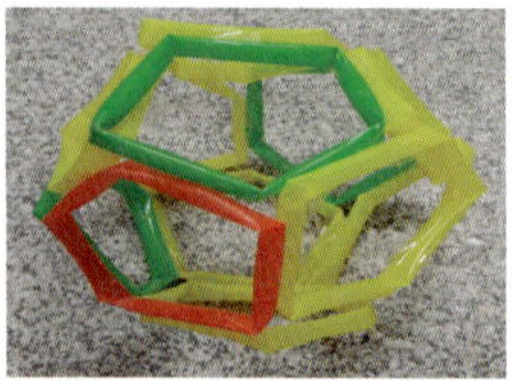

규칙성

수퍼즐

낚시놀이

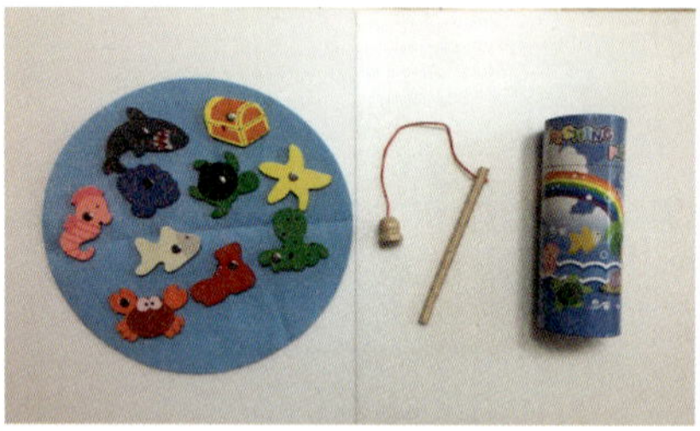

칠교놀이

수학프로그램의 실제

<table>
<tr><td rowspan="2">활 동 명</td><td rowspan="2">나뭇잎 찢기와 퍼즐 만들기</td><td>활동연령</td><td>2세</td></tr>
<tr><td>소요시간</td><td>20분</td></tr>
<tr><td>활동목표</td><td colspan="3">• 나뭇잎의 질감을 느끼고 의도대로 소근육을 사용할 수 있다.
• 나뭇잎 조각을 맞추어 전체 나뭇잎으로 구성할 수 있다.</td></tr>
<tr><td>활동자료</td><td colspan="3">크고 작은 나뭇잎 5개</td></tr>
</table>

<table>
<tr><td rowspan="2">활 동 명</td><td rowspan="2">열매로 길이 재기</td><td>활동연령</td><td>3~5세</td></tr>
<tr><td>소요시간</td><td>30분</td></tr>
<tr><td>활동목표</td><td colspan="3">• 여러 가지 물건의 길이를 열매나 나뭇잎으로 측정할 수 있다.
• 문제를 해결하기 위해 다양한 형태로 추론, 조사하고 증명할 수 있다.</td></tr>
<tr><td>활동자료</td><td colspan="3">열매, 나뭇잎, 나뭇가지, 다양한 물건</td></tr>
</table>

<table>
<tr><td rowspan="2">활 동 명</td><td rowspan="2">2000원으로 장보기 게임</td><td>활동연령</td><td>5~8세</td></tr>
<tr><td>소요시간</td><td>30분</td></tr>
<tr><td>활동목표</td><td colspan="3">• 물건의 무게를 어림잡아 보고 비교할 수 있다.
• 돈의 합산에 대해 알 수 있다.</td></tr>
<tr><td>활동자료</td><td colspan="3">가격만큼 무게를 맞춘 실물포장(우유 500원=500g), 장바구니, 가격 저울, 1000원짜리 모형 돈 4장</td></tr>
</table>

<table>
<tr><td rowspan="2">활 동 명</td><td rowspan="2">피라미드 쌓기</td><td>활동연령</td><td>5~7세</td></tr>
<tr><td>소요시간</td><td>30분</td></tr>
<tr><td>활동목표</td><td colspan="3">• 사각뿔의 특성을 탐색할 수 있다.
• 수세기를 통해 간단한 수의 가감을 경험할 수 있다.</td></tr>
<tr><td>활동자료</td><td colspan="3">피라미드(사각뿔) 모형, 다른 색깔의 종이벽돌 80개, 피라미드 판 2개</td></tr>
</table>

3) 과학프로그램

- 영유아의 과학적 개념의 학습과 과학적 과정기술 및 태도 형성을 위한 교수방법에 대해 안다.
- 영유아를 위한 놀이 중심의 과학 활동을 직접 계획, 실행, 평가해 봄으로써 돌봄교사로서의 지식, 기술, 태도를 습득한다.

(1) 과학프로그램의 의의

영유아를 위한 과학교육은 영유아의 이처럼 과학에 대한 흥미에서 출발하여 영유아의 경험과 밀접한 관련이 있는 상황에서 다양한 탐구활동을 통해 일상생활 문제를 창의적으로 해결하는 데 필요한 과학적 소양을 길러주는 데 그 초점이 맞춰져야 한다(안도연, 2019).

과학에 대한 흥미를 함양시키는 것은 그 자체만으로도 중요한 과학교육의 목표이다. 과학에 대한 흥미와 동기의 중요성이 강조되면서 영유아들이 쉽고 재미있게 흥미를 느끼며 할 수 있는 놀이중심의 과학활동이 개발 및 실행되고 있다.

놀이를 통한 과학교육은 단편적인 기술이나 지식 습득이 아닌 영유아에게 의미 있고 통합적이며 실제적인 상황을 제공하며, 놀이가 가지는 힘은 과학과 실제적인 생활을 연결시키며, 과학적 안목을 가지고 상황을 조명할 수 있게 한다(한주연, 2018). 또한, 놀이를 한 과학교육 활동은 과학적 문제 이해와 해결 자체를 매우 자연스럽게 유아 주도적으로 탐구할 수 있도록 안내한다는 데 그 의의가 있다.

(2) 과학프로그램의 내용

① 과학적 개념

- **물리과학**

물리과학은 물리는 자연현상의 보편적 법칙이다. 즉, 영유아는 일상생활 속에서 물리과학에서 핵심내용인 힘과 운동, 자력, 소리, 빛과 그림자, 생활 속에서 물리(도구와 기계) 에너지에 관한 다양한 경험을 한다.

- **화학**

화학은 물체와 물질이 특정한 성질과 형태를 가지고 있고, 다른 물질에 반응하여 새로운 물질이 형성되고 분해되는지 등 물질의 연속성과 변화를 탐구하는 것이다.

- **지구 및 우주과학**

지구 및 우주과학은 지구를 구성하는 지표면, 지하, 수권, 대기권 등 다양한 자연환경의 특징과 진화 과정 및 우주 현상에 관한 것이다.

- **생명과학**

생명과학은 생명체가 환경 속에서 생존해가는 방식에 관한 것이다.

② 과학적 과정 기술

- **관찰하기**

무엇인가를 발견하겠다는 목적을 가지고 다양한 감각을 활용하여 보는 것을 의미한다.

- **분류하기**

유사한 특성이나 준거에 따라 대상(사람, 물체, 사건 등)을 서로 함께 묶어 보거나 그 관계를 연결하는 과정으로, 유사한 물체의 공통점을 추상화하는 능력이 요구된다.

- **측정하기**

단위를 사용하여 사물의 길이, 무게, 부피 등을 수량화하는 것을 말한다.

- **예측하기**

현재 알고 있는 지식이나 관찰을 토대로 앞으로 일어날 일을 미리 짐작하는 것이다.

- **추론하기**

  어떤 결과를 관찰하고 이러한 결과의 원인을 되짚어 설명하는 것을 말한다.

- **의사소통하기**

  단순히 사람들 간에 말을 주고받는 것뿐만 아니라 몸짓, 그림, 만들기 등과 같은 다양한 방법으로 서로의 생각을 이해하기 위해 활용하는 모든 수단이다.

- **실험하기**

  앞서 제시한 모든 기술이 통합적으로 요구되는 과학과정이다. 이는 궁금한 것을 알아보기 위해 구체적인 자료들을 마련하고 과정을 계획하여 직접 조작함으로써 결과를 알아보는 것이다.

③ 과학적 태도

- **호기심**

  신기한 것을 탐구하려고 하는 정서로, 이는 문제해결이나 학습의 동기가 된다.

- **자신성과 적극성**

  실험이나 학습, 그리고 문제해결 과정에 자신해서 적극적으로 참여하고 활동하려는 태도이다.

- **솔직성**

  관찰 및 실험결과를 왜곡하거나 선택적으로 취하지 않고, 편견 없이 사실을 제시하는 태도이다.

- **객관성**

  주관적인 생각이나 가설에서 벗어나 가설에 반대되는 증거를 수집하여 결론을 내리기 전에 가능한 한 많은 자료로부터 객관적인 결론을 내리려는 태도이다.

- **개방성**

  새로 밝혀진 근거에 따라 자신의 주장을 변경하려는 태도, 반대의 견해나 결론도 기꺼이 수용하고 새로운 아이디어와 방법을 기꺼이 추구하려는 태도이다.

- **비판성**

  타인의 결론이나 설명에 대해 옳고 그름을 판단하기 위해 증거를 요구하고 논쟁하려는 태도이다.

- **판단유보**

  성급히 판단이나 결론을 내리지 않고, 확실한 증거에 의해 지지될 때까지 사실로 받아들이지 않는 태도이다.

- **협동성**

  개인보다는 집단의 이익을 먼저 생각하고 행동하며 이견이 있을 때 서로 협의하는 태도이다.

- **끈기성**

  해결되지 않는 문제를 포기하지 않고 지속적으로 해결하려고 노력하는 태도이다.

(3) 교수-학습 방법

영유아는 끊임없이 주변의 탐색하고 직접 체험하는 과학을 통해 과학적 탐구를 즐기며 지식을 확장시킨다. 따라서 과학교육을 위한 교수 방법은 영유아가 과학을 학습하는 방법에 대한 이해를 기초로 이러한 영유아의 과학적 탐구가 보다 의미 있게 이루어질 수 있도록 계획되어야 한다(조형숙 외, 2014: 111).

첫째, 전달식 교수법(transmission approach)은 교사가 지식의 소유자인 동시에 제공자로서 영유아의 학습에 핵심역할을 하는 방법으로, 교사가 학습의 내용과 방향 등 가르칠 것이 무엇인가를 결정한 후 그 내용을 시범이나 설명을 통해 전달하는 방식이다. 이러한 전달식 교수법은 영유아가 일상생활에서 제기하는 지적 호기심을 즉각적으로 채워줌으로써 지식의 이해를 돕고 탐구의 기회를 확장한다(조형숙 외, 2014: 111-113).

둘째, 발견적 교수법(discovery approach)은 영유아가 여러 가지 과학적 과정을 활용해 문제해결을 해 보는 방법이다. 이 교수법에서는 과학은 자연세계에 대한 탐구를 영유아가 발견하는 것이라고 보고, 과학 학습은 영유아의 직접적인 관찰과 물리적 환경의 조작을 통해 영유아 스스로 배우는 과정이라고 정의한다(조형숙 외, 2014: 115). 그러므로 교사의 역할은 영유아가 자유롭게 활동하고 실험할 수 있는 자료와 도구들을 마련해 주고 영유가 이를 관찰하고 직접 탐구함으로써 스스로 무엇인가를 발견하도록 하는 것이다.

셋째, 과정적 교수법(process approach)은 개념 이해보다 문제해결 과정에 적극적으로 참여하는 것을 강조한다. 즉, 영유아가 관찰, 토론, 분류, 예측, 가설 설정, 실험 등의 과학적 방법을 적용하여 과학적 탐구 능력을 적극적으로 익힐 때 과학 학습이 이루어진다고 보는 관점이다. 그러므로 교사는 영유아 스스로 과학적으로 탐구하는 과정을 통해 과학에 대한 흥미와 탐구하는 태도를 갖고 사물과 현상을 이해하도록 도와주어야 한다. 그리고 적극적으로 다양한 과학 과정기술을 활용할 수 있도록 격려하고 상호작용해야 한다(조형숙 외, 2014: 117).

넷째, 상호작용적 교수법(interactive approach)은 영유아가 주변 세계를 좀 더 잘 지각하고 이해하는 데 목적을 두고, 조사를 통해 궁금해하는 것에 대한 답을 영유아 스스로 얻도록 교사도 적극적으로 참여하고 지원하는 교수법이다. 상호작용적 교수법의 교수-학습 과정은 주제선정, 주제에 대한 선개념 파악, 질문 선정, 활동 계획 및 실시, 토론, 사후개념 파악 및 평가의 6단계로 나뉜다. 6단계 모두 영유아가 활동의 주체가 되어 직접 참여하며, 영유아-교사, 영유아-영유아, 영유아-환경과의 적극적인 상호작용을 중요시하는 구성주의 이론에 기초한다. 영유아의 연령이 낮을수록 조사 가능한 과학적 질문을 하기가 어렵기 때문에 과학적이며 조사, 실험이 가능한 질문을 하도록 하는 교사의 기술이 요구된다(조형숙 외, 2014: 120-121).

(4) 평가

영유아의 과학교육에 대한 평가는 영유아가 어느 정도의 과학적 지식을 가지고 있는가를 단순하게 검사하는 것이 아니라, 과학의 성취와 진보에 대한 다양한 정보를 수집하고, 정보를 해석하여 교수-학습 과정에 반영하며, 부모와의 의사소통의 수단으로도 사용할 수 있는 복합적인 과정이라고 볼 수 있다(안경숙, 2003).

<table>
<tr><td rowspan="2">활 동 명</td><td rowspan="2">빙글 빙글</td><td>활동연령</td><td>3~5세</td></tr>
<tr><td>소요시간</td><td>15분</td></tr>
<tr><td>활동목표</td><td colspan="3">• 물질의 변화과정을 탐색할 수 있다.
• 예측하고 실험하는 탐구과정에 즐겁게 참여할 수 있다.</td></tr>
<tr><td>활동자료</td><td colspan="3">m&m 초콜릿, 흰색 접시, 따뜻한 물, 차가운 물</td></tr>
<tr><td colspan="4">활동방법</td></tr>
<tr><td>도입</td><td colspan="3">• ‘초콜릿’에 대한 수수께끼를 한다.
– 나는 달콤한 맛이 나요.</td></tr>
<tr><td>전개</td><td colspan="3">• 재료를 탐색한다.
– 어떤 재료들이 있는지 살펴보자.
– 초콜릿을 자세히 탐색해 보자.
• 실험방법을 함께 이야기를 나눈다.

〈실험방법〉
① 흰색 접시에 초콜릿을 원형으로 놓는다.
② 물을 부어 색소 확산 현상을 관찰한다.
③ 따뜻한 물과 차가운 물에 따른 초콜릿의 변화를 관찰한다.

• 실험활동을 해 본다.
– 초콜릿이 어떻게 되고 있니?
– 녹은 초콜릿이 흰색 접시 안에서 어떻게 되었니?
– 녹은 초콜릿이 흰색 접시 안에서 어떤 쪽으로 움직이고 있니?
– 따뜻한 물과 차가운 물의 초콜릿의 같은 점은 무엇이니?
– 따뜻한 물과 차가운 물의 초콜릿의 다른 점은 무엇이니?</td></tr>
<tr><td>마무리</td><td colspan="3">• 초콜릿을 녹일 수 있는 다양한 방법을 알아본다.
– 위험하지 않으면서 초콜릿을 녹일 수 있는 또 다른 좋은 방법은 없을까?</td></tr>
<tr><td>연계활동</td><td colspan="3">• 얼음 그림 그리기</td></tr>
<tr><td>유의점 및 평가</td><td colspan="3">• 물질의 변화과정을 자세히 탐색할 수 있는 교사의 적절한 발문이 필요하다.</td></tr>
</table>

활 동 명	보였다 안 보였다!	활동연령	2세
		소요시간	20분
활동목표	• 탐구과정에 즐겁게 참여함으로써 적극적인 탐구능력을 기른다. • 셀로판지 안경에 흥미를 가지고 주변을 탐색할 수 있다.		
활동자료	셀로판지 액자틀, 셀로판 안경 교구, 색깔 숫자판		

활 동 명	정전기를 없애요	활동연령	3~5세
		소요시간	20분
활동목표	• 궁금한 점을 다양한 방법을 통해 해결하는 태도를 기른다. • 계절의 변화에 따른 생활 속 자연현상에 호기심을 갖는다. • 정전기를 효과적으로 없애는 방법을 탐구한다.		
활동자료	털이 긴 동물인형, 빗, 털옷, 정전기 스프레이, 물 분무기, 로션		

활 동 명	색깔물이 이동해요	활동연령	3~5세
		소요시간	25분
활동목표	• 모세관 현상을 직접적인 실험활동을 통해 경험한다. • 물이 흡수되는 원리를 생활 속에 적용할 수 있다. • 색의 혼합을 통해 색의 다양성에 관심을 가진다.		
활동자료	테이크아웃 투명컵 2개, 키친 타월, 물감		

활 동 명	소리가 왜 다를까?	활동연령	3~5세
		소요시간	25분
활동목표	• 악기연주를 통해 자신의 생각과 느낌을 표현한다. • 진동에 따라 소리가 다르게 나는 것을 활동을 통해 경험한다. • 주변의 폐품을 활용하여 다양한 악기를 만들어 연주할 수 있다.		
활동자료	아이스 막대 2개, 고무줄, 빨대, 가위		

4) 신체프로그램

- 영유아의 연령별 신체활동의 특성에 대해 이해한다.
- 영유아의 발달에 적합한 신체활동의 사례를 이해하고 실행할 수 있다.
- 동작의 기본동작을 이해하고 실행할 수 있다.

(1) 영유아신체활동

① 영유아 신체활동

영유아가 몸을 움직여 신체적 기술 및 자신의 생각을 표현함으로써 다양한 지식을 습득하게 된다. 특히 언어발달이 미숙한 유아들에게 동작은 자신의 생각이나 감정을 표현할 수 있는 효과적인 자기표현과 의사소통의 수단이 된다. 즉, 신체활동은 유아의 신체적・인지적・정서적 측면을 함께 다룰 수 있는 활동이며, 활동에 참여하는 동안 유아는 여러 가지 동작 기술을 탐색, 실행하며 연습해 볼 수 있는 기회를 갖는다(김은심, 1996: 37). 유아는 신체활동을 통해 세상을 이해하고 상호작용하며 자신의 경험, 상상, 정서, 생각을 표현하고 자신의 신체적 능력을 실험하게 된다. 이러한 경험들은 신체발달, 인지발달, 언어발달, 정서발달은 물론 창의성과 자신감 발달 등 유아기 발달의 기초를 이루어 유아가 환경과 능동적으로 상호작용하는 기회를 제공하게 된다. 더 나아가 전인적 발달기제로서의 역할을 한다.

② 연령별 발달특성과 신체활동

- **영아기 전기(0~18개월) 발달에 적합한 신체활동**

  영아기의 전기의 영아의 신체능력은 다른 연령대의 유아들과 비교해 보았을 때 극히 제한적이다. 이 시기 영아들은 유형화된 동작을 따라 하거나 성인들에 의해 팔과 다리가 조작되는 구조적 신체활동 등에 참여하는 것은 불필요하다. 오히려 영아들은 한 번에

한 가지 목표를 가지고 동작활동에 참여하면서 교사가 제공하는 언어적 · 시각적 격려를 통해 자신의 능력을 시험해 보는 것이 더욱 의미가 있다. 특히 우리 고유의 전통적인 영아놀이에는 신체와 리듬, 언어가 통합되어 영아들의 언어발달과 신체발달에 도움을 줄 수 있는 활동들이 많이 있다. 다음에 제시한 예는 3개월 이후부터 발달에 특성에 적합한 전통놀이의 예를 제시해 보고자 한다.

- **도리도리**
  머리를 좌우로 번갈아 흔드는 동작으로 누워서 생활하는 영아에게 목 운동을 시키기 위한 놀이
- **짝짜꿍**
  두 손바닥을 마주치며 짝짝 소리를 내는 동작으로, 눈과 손의 협응력이 필요한 놀이
- **곤지곤지**
  곤지곤지란 손을 뜻하는 옛말인데, 오른쪽 집게손가락으로 왼쪽 손바닥을 찧는 동작
- **죔죔**
  두 손을 앞으로 내놓고 손가락을 쥐었다 폈다 하는 동작으로 10개의 손가락을 모두 사용
- **까꿍**
  영아의 얼굴을 가렸다가 벗겨주거나, 얼굴을 등이나 이불 등에 숨겼다가 다시 나타내는 놀이
- **고네고네**
  성인의 왼손바닥 위에 영아를 세우고 오른손으로 영아의 겨드랑이를 잡고 받아준 다음, 잠깐 동안 오른손을 떼어줌으로써 영아가 잠시 손바닥 위에 서 있게 하는 놀이
- **목말타기**
  생후 1년경이 되어야 할 수 있는 놀이로, 성인의 목 뒤에 아기를 태우고 두 손으로 영아의 다리를 잡은 다음 여기저기 걸어 다니는 동작
- **똥단지팔기**
  성인의 허리 뒤에 여아를 가로로 업고서, "똥단지 사세요, 똥단지 팝니다."하면 다른 가족이 "똥냄새 나서 안 사요."하는 과정을 반복하는 놀이

• **걸음마기(18~36개월) 발달에 적합한 신체활동**

이 시기의 영아는 아직 다양한 신체활동에 참여할 만한 대근육 기술을 갖고 있지 않다. 이들은 끊임없이 움직이지만, 집중시간이 짧아 조직화된 신체활동에 참여시키는 것은 어렵다. 또한, 걸음마기 영아들이 참여할 수 있는 발달과업이 무엇인지 파악해야 한다. 그리고 실제로 실행할 수 있는 활동보다 더 많은 활동을 준비해서 한 활동에서 다른 활동으로 빨리 전이될 수 있도록 사전에 준비하는 것이 중요하다. 이렇게 함으로써 양육자는 어떤 활동이 원활히 이루어지지 않고 있다는 것을 인지하였을 경우 영아들이 흥미를 가질 수 있는 다른 활동으로 손쉽게 대체할 수 있어야 한다.

• **3~5세 유아의 발달에 적합한 신체활동**

3~5세까지의 취학 전 유아들은 이전 시기의 유아들보다 훨씬 더 많은 운동기술을 습득하며, 인지적 · 사회적 능력도 급속히 성장한다. 그러므로 신체활동 프로그램을 좀 더 다양하게 구성해야 한다. 유아들은 자신만의 고유한 발달 이정표에 따라 대근육 운동기술을 습득한다. 그러나 유아들이 이런 기술을 즉시 완벽하게 수행할 수 있는 것은 아니다. 유아들은 불안전하고 개별적인 방법으로 새로운 기술을 습득하므로 교사는 개별 유아들이 오랫동안 연습하였음에도 불구하고 기술 숙달에 아무런 진전을 보이지 않는다고 하여 걱정할 필요는 없다.

• **초등학교 저학년 아동발달에 적합한 신체활동**

일반적으로 6~8세의 초등학교 저학년 아동들은 여러 발달적인 특성이 초등학교 고학년보다 취학 전 유아들과 유사하다. 따라서 초등학교 저학년 아동을 위한 신체활동 프로그램은 전인적 발달을 추구하는 유아교육기관 교육프로그램과 같이 능동적이고 통합적인 학습경험을 이루어야 한다. 이 시기의 아동을 위한 신체활동 시간 구성 시 고려할 점으로는 눈과 손, 눈과 발의 협응은 9~10세까지 잘 이루어지지 않음을 알아야 하며, 여아의 생리적 발달이 남아들보다 1년 정도 앞선다는 것을 고려해야 한다. 남아와 여아는 초등학교 저학년의 초기에는 비슷한 흥미를 보이지만, 이 단계가 끝날 때쯤은 흥미가 달라지기 시작한다.

다음은 각 연령별 발달특성에 적합한 신체활동의 사례를 제시하였다.

영아전기	걸음마기	유아기	초등학생
시각추적활동 소리게임 숨은 물건 찾기 손 교차시키기 까꿍놀이 코코코 게임 물건잡기와 차기 공굴리기 방울 달고 움직이기	머리, 어깨, 무릎, 발 엄지 어디 있어 신체 악기놀이 구부리고 뻗기 로켓놀이 크게/작게 표정놀이 흉내 내기 거울놀이 리더 따라 하기 점프하기	사이먼 가라사대 신체 반만 움직이기 위, 아래 탐색 감정표현하기 신체로 소리내기 거울놀이 둘이서 발 붙이고 구르기 짝과 함께 움직이기 호키포키	10초 동안 움직이기 그룹 도미노활동 모두 함께 균형잡기 뱀이 되어 보자 규칙 있는 게임 포크댄스

그림 Ⅵ-1 연령별 발달특성에 적합한 신체활동의 예

(2) 기본동작

기본동작(fundamental movement)이란 기본이 되는 신체적 동작을 말한다. 이는 이동 동작(locomotor skill), 비이동 동작(nonlocomotor skill) 및 조작적 동작(manipulative skill) 등 세 가지 범주로 나눌 수 있다. 이것은 2세 이후부터 7세까지 지속되는 것으로 유아는 초보적인 동작 단계에서 점차 다양한 기본동작을 성숙하게 수행할 수 있는 단계로 발전한다. 신체를 안정된 자세에서 굽히고, 뻗고, 흔들고 하는 비이동 동작은 물론, 달리기, 높이 뛰고, 기어오르는 등 다양한 이동 동작이 발달되며, 공을 던지고 잡는 등 물체를 조작하는 동작도 발달된다.

최근에는 더욱 정교한 동작기술을 발달시키기 위해서 유아기부터 기본적인 동작기술을 경험해 보는 기회를 가져야 한다. 기본동작의 유형은

〈표 Ⅵ-2〉와 같으며, 이들에 대해 구체적으로 살펴보면 다음과 같다.

표 Ⅵ-2 기본동작의 유형

기본동작의 유형		
비이동 동작	이동 동작	조작적 동작
뻗기 구부리고 펴기 회전하기 흔들거리기 비틀기 혹은 꼬기 앉기 구르기 재빨리 피하기 균형 잡기	기기(배를 이용해서 기기) 기어가기(두 팔과 다리 이용) 걷기 달리기 점프 홉핑 말뛰기와 미끄러지기 뛰어넘기 스킵	굴리기 던지기 치기 공 되받아치기 잡기

출처: 김은심(2016: 130). 유아동작교육의 이론과 실제. 서울: 창지사.

① 비이동 동작

비이동 동작은 몸을 축으로 하여 장소를 옮기지 않고 움직이는 동작을 말한다. 비이동 동작은 뻗기, 구부리고 펴기, 회전하기, 흔들거리기, 흔들리기, 비틀기 혹은 꼬기, 앉기, 구르기, 재빨리 피하기, 균형 잡기를 포함한다.

- **뻗기(stretch)**
  신체의 한 부분 또는 여러 부분을 수직이나 수평으로 뻗어 늘리는 것이다. 이러한 동작은 운동 근육이 수축되는 것을 막아 준다.

- **구부리고 펴기(bend & stretch)**
  신체의 일부 혹은 전체를 수축시켜 가까이하는 동작으로 팔, 손가락, 다리, 목, 허리 등 모든 신체 부분이 구부러질 수 있다.

- **돌기(turn)**
  몸을 중심으로 하여 자신의 신체 부분 또는 전체를 완전히 돌려보는 동작으로 몸을 회전시킬 때 팔과 머리도 돌리는 방향으로 움직여야 한다. 이것은 시계 반대 방향이나 시계 방향으로 신체 여러 부분을 돌릴 수 있다.

- **흔들기(rock & sway)**

몸의 무게를 한 부분에서 다른 부분으로 옮기는 동작과 비슷한 특성이나 몸의 근육을 긴장시켜 좀 더 세차게 흔드는 동작(rock)과 더 유연하고 가볍게 흔드는 동작(sway)으로 나눈다.

- **흔들거리기(swing)**

한쪽 끝이 고정된 물건이 진동에 의해 포물선을 그리는 것으로 신체 부분, 즉 머리, 팔, 다리 등으로 흔들거리기를 할 수 있으며, 몸 전체로도 흔들거리기를 할 수 있다.

- **비틀기 혹은 꼬기(twist)**

신체의 축을 중심으로 몸이 부분들을 돌리며 꼬는 동작으로 신체 부분인 목, 몸통, 팔, 다리는 쉽게 비틀어 꼴 수 있는 부분들이고, 손목, 발목, 어깨, 엉덩이는 비틀거나 꼬기 어려운 부분이다.

- **앉기(sit)**

신체의 무게가 엉덩이와 대퇴부에 놓이는 자세로 앉는 방법을 다양하게 탐색하는 기회를 통해 공간과 신체에 대해 인식하도록 한다.

- **구르다(roll)**

신체를 앞으로 뒤로 또는 옆의 방향으로 옮기며 무게를 수평으로 이동하는 동작으로 신체와 공간 인식 및 균형을 발달시키기 좋은 활동이다.

- **재빨리 피하기(dodge)**

사물이나 사람을 피하기 위해 몸 전체를 아주 재빨리 움직이는 동작으로 제자리에 선 상태에서 이루어지기도 하며, 달리면서 이루어지기도 한다.

- **균형 잡기(balance)**

  신체의 중심인 척추가 몸을 잘 지지하여 주는 것으로, 한 발 또는 두 발로, 두 손으로, 또는 머리와 두 팔로 균형을 유지할 수 있다. 한 발로 서 있기처럼 정지된 상태에서 균형 잡는 것을 정적 균형, 평균대 위로 걸어가기와 같은 움직이면서 역동적 균형 잡기 동작이 있다.

② 이동 동작

공간에서 신체의 위치를 바꾸는 동작으로 걷기, 달리기, 점프, 홉핑, 말뛰기, 미끄러지기, 뛰어넘기, 스킵 등이 있다. 비이동 동작과 함께 이루어지는 경우가 많다.

- **걷기(walk)**

  발끝과 뒤꿈치에 무게를 옮김으로써 공간 속으로 자신의 신체를 옮기는 동작으로 머리를 똑바로 들고, 시선은 눈높이로 앞을 주시하고, 발이 일직선이 되어 앞을 향해 내디디고, 팔은 자연스럽게 움직이며 걷도록 지도한다.

- **달리기(run)**

  몸을 순간적으로 공중에 뜨게 하며 몸의 무게를 한 발에서 다른 발로 옮기는 동작으로 약간 앞으로 기울고, 팔은 약간 굽히고 발과 반대쪽 팔을 흔들게 된다.

- **점프(jump)**

  두 발 또는 한 발을 이용해서 날아오르듯 몸을 위로 올려 뛰는 것으로 무릎은 바닥에 닿을 때의 충격을 흡수하기 위해 굽혀야 한다. 점프에는 높이뛰기, 멀리뛰기, 높은 곳에서 뛰어내리기 동작들이 포함된다.

- **홉핑(hopping)**

  한 발에 무게를 주고 바닥에서 밀어 올리고 나서 같은 발이 다시 바닥에 닿는 것으로, 한쪽 다리를 들어 올린 채 균형을 유지해야 한다.

- **말뛰기와 미끄러지기(galloping & sliding)**

말뛰기는 한쪽 다리를 앞으로 내밀고 다른 쪽 다리를 앞으로 내민 다리에 빨리 끌어다 붙이는 것이며, 미끄러지기는 옆으로 말뛰기 하는 동작과 같다. 유아가 말뛰기를 할 때 손뼉, 북을 사용하여 말뛰기 박자를 들려주면 쉽게 접근할 수 있다.

- **뛰어넘기(leaping)**

무릎과 발목에 힘을 주고 위쪽으로 뛰어오르는 동작으로 뛰어오를 때 무릎은 더욱 앞쪽으로 향하고 멀리 한 발 뛰어 바닥에 내린다.

- **스킵(skip)**

한 발짝 앞으로 걷고(step) 가볍고 빠르게 뛰어오르는(hop) 동작이 함께 일어나는 움직임이다. 홉(hop) 동작보다는 스텝(step) 동작에 더 강조를 두며, 한발이 순간적으로 바닥 위로 올라가며 가볍게 미끄러지는 듯한 움직임과 동시에 다른 발로 바꾸어 같은 동작을 반복한다.

③ 조작적 동작

물체와의 관계에서 이루어지며 사물에 힘을 주거나 사물로부터 힘을 받게 되는 것을 의미한다. 던지기, 차기, 치기, 공굴리기 등은 물체를 신체로부터 멀리 떨어뜨리는 활동이다. 또한, 신체나 신체의 일부로 물체를 멈추도록 움직이고 있는 물체를 방해하는 자세를 말한 것으로 잡기가 여기에 포함된다.

- **굴리기(roll)**

던지기처럼 손을 사용하여 멀리 보내는 동작으로 바닥으로 공을 굴려 멀리 보내는 움직임으로 볼링이나 발야구 같은 게임에서 활용되기도 한다.

• **던지기(throwing)**

손을 사용하여 물체를 공중으로 멀리 날려 보내는 동작으로 영아기나 걸음마기에는 대부분 물체를 아래쪽을 향해 던진다. 이후 점점 손으로 밑에서 던져 올리다가, 다음에는 한 손으로 밑에서 던져 올리고 마침내 어깨 위로 던지게 된다.

• **차기(kicking)**

물체(공)에 힘을 가하기 위해서 발을 사용하는 것으로 바닥 위에 정지되어 있는 공을 차는 동작과 공중에 떠 있던 공이 바닥에 닿기 전에 차는 동작이다.

• **치기(strike)**

도구를 사용하여 사물에 힘을 가하는 동작으로 날아가는 사물을 시각적으로 추적하는 기술이 미숙한 유아들에게 사물에 눈과 손을 협응시켜 멀리 던져보는 기술을 발달시킨다.

• **공 되받아치기(volley)**

손을 어깨 위로 올려서 치는 것으로 농구, 배구에서 많이 사용되는 기술이다. 이런 동작을 연습하기 위해서 실제 농구공이나 배구공을 사용하기에 앞서 풍선, 비치볼 같은 것을 사용해 보도록 한다. 이 기술은 시각적으로 공을 계속해서 추적하는 기술이 필요하다.

(3) 창의적 신체표현 능력 증진을 위한 질문

유아의 창의성을 향상시킬 수 있는 질문은 로스(Ross)가 제시한 '확산적 질문'과 엘미(Almy)와 게니시(Genishi)가 제시한 '비지시적 질문'의 형태라고 할 수 있다. 이러한 질문은 유아로 하여금 역동적인 탐색 및 유아의 생각을 재구성해 새로운 창조를 할 수 있게 도움을 준다. 코스텔닉 등(Kostelnik et al., 1999)은 개방적 질문의 목적은 유아로 하여금 떠오르는 아이디어나 생각, 감정을 자연스럽게 말하도록 하는 것으로 언급하였다. 즉, 개방적 질문은 유아에게 자신들이 긍정적으로 수용되고 있음을 알게 해 줌으로써 자존심을 높일 수 있고 성인-유아의 관계증진에도 기여한다. 그에 따라 교사의 개방적 질문은 다음과 같은 사고를 요구하게 된다(김은심, 2016).

표 VI-3 개방적 질문의 유형과 유아의 사고

교사의 개방적 질문유형	유아의 사고
~하면 어떻게 될까? 다음에는 어떤 일이 생길 것 같니?	예측하기
너는 길을 잃어 본 적이 있었니? 그때 너는 어떻게 했었니? 그때처럼 해 볼 수 있겠니?	이전의 경험을 재구성하기
이 꽃(동물, 사람, 집, …)들은 어떤 점이 다를까?	비교하기
우리는 운동회 때 어떤 경기를 하면 좋을까?	결정하기
어떤 과일(동화, 색깔. …)을 제일 좋아하니? 왜 그걸 제일 좋아하니?	평가하기
공룡이 오늘날까지 살아 있다면 어떤 모습일까? 그 공룡이 되어볼까?	상상하기
고래 뱃속에서 나올 수 있는 다른 방법은 무엇일까?	대안을 제안하기
일 년 중 지금 같은 계절에 나비를 어디서 찾을 수 있을지 생각해 보자.	사실적인 지식을 적용하기
이 항아리 안에 몇 개의 구슬이 들어 있는지 알려면 어떻게 해야 할까?	문제해결하기
얼음을 녹였을 때 어떤 일이 일어났는지 보았지? 그러면 이제 우리가 이 눈덩이를 녹인다면 어떤 일이 벌어질 것이라고 생각하니?	일반화하기
이 재료들은 가지고 어떻게 빵을 만들 수 있었을까?	변형하기
너는 어떻게 그들이 함께 갔다고 판단할 수 있었니?	유추하기

출처: 허미애(2001). 유아의 사고력 신장을 위한 교사의 발문. 제25회 유아교육학술대회 논문집. 한국전문대학 유아교육과 교수협의회. 영유아교육학회.

햄블렌(Hamblen)은 창의적 표현을 증진시키기 위한 질문 방법을 다음과 같이 제안하고 있다.

- 질문을 연속적으로 하는 것은 피하며, 질문은 하나의 개념이 명료하게 들어 있는 문장으로 진술하도록 한다. 이야기 나누기를 실시하기 전에 핵심이 되는 질문의 내용을 미리 선정해야 한다.
- 교사 중심으로 임의적으로 해석해서는 안 된다.
- 애매하고 모호한 질문은 피한다.

- ‘예/아니오’의 질문을 피한다.
- 단순한 암기를 위한 질문을 해서는 안 된다.
- 답이 들어 있는 질문은 피해야 한다.
- 간단한 대답이나 빨리 대답하도록 유도하는 질문은 피해야 한다.
- 질문의 난이도가 다양해야 한다.
- 교사의 생각, 의도하는 특별한 말이나 단어들을 찾게 하는 질문은 피해야 한다.
- 질문의 길이를 변화시켜야 한다.
- 주의가 산만한 유아를 당황하게 하는 질문을 해서는 안 된다.
- 유아의 주의를 집중시킬 수 있는 질문을 하여야 한다.
- 질문할 때 독특한 개인만의 발음을 흉내 내는 것을 피해야 한다.
- 질문에 대한 대답을 길고 자세한 설명으로 이루어지도록 해야 한다.
- 질문은 유아의 생각을 요약할 수 있도록 해야 한다.

교사의 질문은 유아의 신체활동에 중요한 영향을 미친다. 좀 더 유아 중심적인 신체활동이 이루어지기 위해서는 유아 자신으로부터 자연스럽고 창의적인 신체표현활동을 하도록 교사의 질문이 이루어져야 할 것이다. 유아와 교사가 함께 이야기 나누는 것은 유아의 경험을 바탕으로 하여 연결되지 않았던 사고들을 서로 연결하는 과정이라고 볼 수 있다. 이는 유아들로 하여금 사고력을 증진을 도모하며 사고력의 증진에 의해 새로운 창의적 활동이 될 것으로 사료된다.

활 동 명	고양이의 움직임	활동연령	4세
		소요시간	15분
활동목표	• 고양이의 감정을 창의적인 몸짓으로 표현할 수 있다. • 신체표현 활동에 즐겁게 참여한다. • 고양이에게도 감정이 있음을 이해할 수 있다.		
활동자료	고양이의 감정표현 사진 5장(무서울 때, 쉬고 있을 때, 어리광부릴 때, 기분 좋을 때, 화났을 때), 음악 '고양이들의 음악여행'(출처: 예쁘제)		
활동방법			
도입	• 고양이의 다양한 감정표현 사진을 본다. - 고양이가 어떻게 하고 있니? - 지금 이 고양이의 기분은 어떨까?		
전개	• 고양이가 되어 감정을 표현해 보도록 하고 어떤 감정을 표현한 것인지 친구들이 알아보도록 한다. - 우리도 고양이처럼 기분을 표현해 볼까? - ○○가 어떤 감정을 표현한 것일까? • 다양한 자세로 고양이의 모습을 표현해 본다. - 좋아하는 사람과 같이 있을 때는 어떻게 할까? - 엄마에게 어리광을 부리고 싶을 때는 어떻게 할까? - 화가 났을 때는 어떻게 할까? - 고양이가 졸리거나 쉴 때는 어떻게 할까?		
마무리	• 음악 '고양이들의 음악여행'을 들으며, 교사와 자유롭게 신체를 표현한다. • 활동의 평가를 한다. - 재미있던 점은 무엇이니? /힘들었던 점은 무엇이니?		
연계활동	• 고양이 모자를 쓰고 '고양이들의 음악여행'에 따른 교사 내레이션에 맞춰 이야기 상황에 맞는 신체표현		
유의점 및 평가	• 고양이의 감정을 창의적인 몸짓으로 표현하는지 평가한다. • 신체표현 활동에 즐겁게 참여하는지 평가한다. • 고양이에게도 감정이 있음을 이해하는가?		

<table>
<tr><td rowspan="2">활 동 명</td><td rowspan="2">흔들흔들</td><td>활동연령</td><td>2세</td></tr>
<tr><td>소요시간</td><td>15분</td></tr>
<tr><td>활동목표</td><td colspan="3">• 지시에 따라 움직일 수 있다.
• 다양한 방법으로 움직일 수 있다.</td></tr>
<tr><td>활동자료</td><td colspan="3">노래 테이프</td></tr>
</table>

<table>
<tr><td rowspan="2">활 동 명</td><td rowspan="2">나는 숲속의 음악가</td><td>활동연령</td><td>3세</td></tr>
<tr><td>소요시간</td><td>15분</td></tr>
<tr><td>활동목표</td><td colspan="3">• 노랫말에 맞추어 율동적으로 움직인다.
• 각각 다른 악기의 연구 모습과 동물들의 특징을 신체로 표현한다.</td></tr>
<tr><td>활동자료</td><td colspan="3">다람쥐, 파랑새, 너구리 그림, 바이올린, 피리, 피아노 그림</td></tr>
</table>

<table>
<tr><td rowspan="2">활 동 명</td><td rowspan="2">둘이 살짝</td><td>활동연령</td><td>4세</td></tr>
<tr><td>소요시간</td><td>15분</td></tr>
<tr><td>활동목표</td><td colspan="3">• 신체 각 부분의 명칭을 익힌다.
• 오른쪽, 왼쪽 등 위상학적 개념을 안다.
• 리듬에 맞추어 움직인다.</td></tr>
<tr><td>활동자료</td><td colspan="3">‘둘이 살짝’ 노래 테이프, 전기테이프</td></tr>
</table>

<table>
<tr><td rowspan="2">활 동 명</td><td rowspan="2">구름이 되어보아요</td><td>활동연령</td><td>5세</td></tr>
<tr><td>소요시간</td><td>15분</td></tr>
<tr><td>활동목표</td><td colspan="3">• 신체의 여러 부분을 활용하여 구름이 되어 움직여 볼 수 있다.
• 여러 가지 구름의 모양과 움직임을 표현할 수 있다.
• 여러 가지 구름의 모양과 움직임을 탐색할 수 있다.</td></tr>
<tr><td>활동자료</td><td colspan="3">구름의 모양이 제시된 그림이나 사진, 음악(유연한 흐름결을 느낄 수 있는 레가토 음악)</td></tr>
</table>

5) 미술프로그램

- 아동미술의 개념, 목적, 필요성을 이해하고 심미적 경험을 지원한다.
- 아동 개인의 독창성과 창의성 향상 및 전인적 성장의 조화로운 발달을 돕도록 한다.

(1) 아동미술의 개념

아동미술 활동은 재료와 도구를 가지고 아동이 알고 있는 것, 본 것, 느낀 것을 자유롭게 표현할 수 있는 기회를 제공할 뿐만 아니라, 표현과정에서 즐거움을 느끼며 만족감과 자신감을 경험하여 감각 및 창의성을 발달시키는 활동이다. 즉, 아동들이 개방된 미술경험을 통하여 창의성을 발전시키고, 자신의 감정이나 시각적 표현을 통하여 아동의 정서, 환경, 감정 및 자유로운 생각을 화지나 공작을 통해 표현되는 것을 말한다(이윤옥, 2016). 따라서 아동미술은 어떤 계획이나 의도를 가지고 접근하므로 일반 미술과 구분된 특성과 발달양상을 가진다.

(2) 아동미술의 목적 및 필요성

아동미술의 교육적 가치를 발달적 측면에서 보면, 신체적 발달, 정서적 발달, 사회성 발달, 인지적 발달, 언어적 발달, 창의성 발달 그리고 개성의 신장을 돕는다. 아울러 미술활동을 통해 아동의 창의성과 인성을 함양하고 머리와 감성 그리고 손의 원활한 발달과 협력을 도움으로써 총체적인 인간을 위한 기초교육의 역할을 하므로 매우 중요하다.

여러 학자에 의하여 정리된 아동미술의 필요성을 살펴보면 다음과 같다.

- 아동미술교육은 자아표현의 방법을 제공한다.
- 아동미술교육은 시지각과 미적 안목을 길러준다.
- 아동미술교육은 좌·우 뇌를 균형 있게 발달시켜 준다.

- 아동미술교육은 자유와 질서의식, 개성과 창의성을 길러준다.
- 아동미술교육은 아름다움과 즐거움을 준다.
- 아동미술활동의 경험은 상호관계활동에 있어 협력의 의미를 가지는 모든 활동에서 높은 수준을 보인다.
- 아동미술활동은 창의적인 문제해결을 통하여 다른 영역과 관련될 수 있다.
- 아동미술활동에서 성취감을 맛보았을 때 다른 활동에서도 태도와 변화를 가져오게 되어 성공적인 학습이 이루어진다.

(3) 아동미술 교사의 자질과 전문성

① 아동미술 교사의 자질

- 다양하고 창의적으로 표현할 수 있도록 이끌어 줄 수 있는 창의성을 지녀야 한다.
- 아동을 돕는 체계적인 미술 프로그램을 운영할 수 있는 예술적 전문성을 지니고 있어야 한다.
- 교사는 일상생활 속에서 환경을 보고 공감할 수 있는 예술의 요소와 원리에 대한 이해를 바탕으로 심미감을 지니고 있어야 한다.

② 아동미술 교사의 전문성

- 계획자로서의 교사
- 동기 유발자로서의 교사
- 반응자로서의 교사
- 창의적 전문가로서의 교사
- 모델 시범자로서의 교사
- 촉진자로서의 교사
- 안내자로서의 교사
- 평가자로서의 교사

(4) 발달에 적합한 아동미술 지도방법

미국유아교육협회(NAEYC)에서는 발달에 적절한 미술활동 지도방법과 부적절한 지도방법을 다음과 같이 제시하였다(전경원, 2002).

표 VI-4 아동의 발달에 적합한 미술활동 지도방법

연령	발달에 적합한 지도방법	부적절한 지도방법
2세	• 커다란 크레용, 수성마커, 커다란 종이 등과 같은 재료들이 적절하다. • 미술활동 재료로 음식물을 제공하지 않도록 한다(자기조절능력이 키워지는 시기이므로, 먹을 수 있는 것과 먹을 수 없는 것에 대한 구분을 할 줄 알아야 하는데 음식물을 미술 재료로 활용하게 되면 혼란을 가져오게 할 수 있다).	• 색칠하기나 점선을 따라 오려서 무엇인가를 만들어야 할 때 성인이 꼭 도와줄 필요는 없다. • 미술재료들을 입에 넣는 일이 발생하기 때문에 촉감발달을 위한 핑거 페인팅이나 밀가루 반죽활동을 할 때 먹을 수 있는 재료를 사용하는 것도 주의해야 한다.
3세	• 소근육 운동기술을 발달시키기 위해서 다양한 재료들을 제공하는 것이 좋다(크레용, 붓, 마커, 찰흙 등과 같은 재료). • 아직도 단순한 형태의 수직선이나 수평선을 그리는 정도이고, 어떤 유아들은 자신의 그림에 대해 제목을 붙이기도 한다. • 어떤 표상적인 산출물이 나올 것이라고는 크게 기대하지 않아야 하며, 재료의 탐색 정도로 여기는 것이 좋다.	• 소근육 운동이 발달되어 도형이나 그림들을 잘 오리고, 선 안의 부분만 색칠을 잘할 것이라든지, 점선 안의 그림을 잘 색칠할 것이라고 기대해서는 안 된다. • 유아들이 그림을 그릴 때, "뭘 그리고 있니?"라는 질문을 통해서 표상적인 그림만이 가치가 있다고 생각하는 것도 좋은 지도방법은 아니다.
4~5세	• 날마다 심미안적인 표현을 하고, 미술과 음악활동을 통해서 감상을 하게 된다. • 다양한 예술 재료로는 이젤, 핑거 페인팅, 점토 등이 있다.	• 미술활동을 어느 정도 그려진 형태에 색을 칠하거나, 이미 만들어져 있는 어른들의 작품을 묘사하거나, 어른들의 지침에 따라서 실시하는 것은 바람직하지 않다.

출처: 이윤옥(2016: 74-75). 표준보육과정과 누리과정에 기초한 아동미술. 경기: 정민사. 재구성.

코스터(Koster, 2001)는 아동의 연령별 발달특성에 따른 적합한 미술활동 지도방법을 다음과 같이 제시하였다(이윤옥, 2016 재인용).

표 VI-5 아동의 연령별 발달특성에 따른 미술활동 지도방법

연령	발달특성에 따른 지도방법
18개월~2세	• 단순하고 직접적인 미술 재료들이 적합하다. • 자기조절력이 제한되어 있기 때문에 탐색할 때 반드시 옆에서 지도해야 한다. • 물체를 입에 잘 넣기 때문에 입에 넣었을 때도 안전한 재료를 사용해야 한다. • 집중시간이 10분 미만으로 짧을 때는 단순한 자료를 탐색하는 것이 좋다.
3~5세	• 실제 사물에 대한 표상을 기대하지 않아야 하며, 결과물보다 과정을 강조한다. • 미술재료를 유아 주도적이며 창의적이고, 표현적인 방법으로 사용할 수 있도록 격려해야 한다. • 자기조절력과 주의집중 시간이 증가하며 혼자서 10분 또는 그 이상의 시간 동안 작업할 수 있다. • 손목과 손을 사용하는 능력이 발달하므로 그리기 도구를 제대로 잡고 사용할 수 있도록 한다. • 미술 감상활동과 자신의 생각을 표현할 수 있도록 한다.

출처: 이윤옥(2016: 75-76). 표준보육과정과 누리과정에 기초한 아동미술. 경기: 정민사. 재구성.

(5) 아동미술교육의 감상과 평가

① 아동미술교육의 감상

- **감상교육의 필요성**

아동에게 감상교육이 필요한 이유는 첫째, 감상교육은 아동에게 보는 눈의 힘을 길러주며, 감상활동은 미적 대상을 '보는 활동'이다. 둘째, 전인적 성장을 촉진시킨다. 셋째, 미적 안목을 제공해 준다. 넷째, 미술표현능력을 길러줄 수 있다. 다섯째, 미술문화를 선택하는 능력을 함양시킬 수 있다. 마지막으로 전통문화와 인류문화를 이해하도록 돕는다.

따라서, 아동미술 감상교육은 아동 개개인의 생각을 수용하고 그들이 자신의 생각과 느낌을 자유롭게 표현하도록 유도하면서 작품을 이해하는 데 중요성을 두어야 한다(이윤옥, 2016: 181).

- **감상지도의 방법**

- 아동의 발달단계에 맞추어 지도해야 한다.
- 통합적인 접근에 의해 지도해야 한다.
- 언어를 매개로 한 발달 및 토론 등을 통해 지도해야 한다.
- 일상적인 삶 속에서 활용될 수 있도록 지도해야 한다.
- 미술문화를 선택할 수 있도록 지도해야 한다.

표 Ⅵ-6 펠드만(Feldman)의 미술 감상 4단계

단계	분류	정의	활동(교사의 언어적 상호작용)
1단계	서술 (Description)	작품의 주제	작품을 자세히 살펴보고 무엇이 보이는가를 객관적으로 이야기하거나 목록을 만든다. • 그림 속에서 본 것들을 모두 이야기해 보자. • 1분 정도 보고나서 눈을 감고 무엇이 있었는지 기억해 보자.
2단계	형식적 분석 (Formal Analysis)	작품 구성요소 (선, 색, 형태, 공간, 질감, 균형, 조화 등)	작품 속의 대상들이 어떻게 구성되어 있는가? • 눈으로 이 선을 따라가 보자.

단계	분류	정의	활동(교사의 언어적 상호작용)
			• 선과 선이 만나 무엇이 되었니? • 서로 반대로 느껴지는 색은 무엇이니?
3단계	해석 (Interpretation)	작가의 의도 및 작품에 대한 변경	작품에 대한 느낌, 분위기, 작가의 의도, 작품제작의 배경 등 전달하고자 하는 의미를 알아본다. • 작품의 전체적인 분위기 혹은 느낌은 어떠니? • 작품속의 사람은 어떤 사람일까?
4단계	판단 (Judgement)	작품의 가치와 중요성 평가	작품에 대한 호감도를 넘어서 판단 혹은 평가한다. • 이 작품을 어떻게 생각하니? • 이 그림의 어떤 점이 좋아 보이니?

출처: 이선애 외(2016: 194-195). 누리과정에 기초한 유아미술교육. 경기: 정민사. 재구성.

- **감상지도 시 유의점**
  - 자연이나 사물을 관심 있게 보도록 지도한다.
  - 작품에 대한 소중한 것임을 알도록 지도한다.
  - 작품을 분석하거나 지식, 정보를 찾아보도록 지도한다.
  - 발달단계에 맞는 작품과 감상방법을 제공한다.
  - 유아 자신의 생각이나 느낌을 언어로 표현하도록 형식의 틀을 제공한다.
  - 감상태도, 실제 미술현장에서 이루어지는 용어를 통해 미술문화에 친근감을 갖도록 지도한다.
  - 경험의 확장을 위해 연계교육을 고려한다.

② 아동미술 교육의 평가

아동은 자신의 작품을 소중히 여기고 다른 사람의 감정과 의도를 이해하는 능력을 기를 수 있으며, 교사는 아동의 심성과 태도를 진단하고 활동에 대한 개선점을 파악할 수 있다.

- **아동미술 평가의 필요성**

아동미술에 대한 평가는 첫째, 아동의 미술능력의 발달 및 성장 정도를 파악하고 둘째, 미술활동의 목표가 제대로 성취되었는지에 대한 검증, 마지막으로 부모에게 아동의 미술 발달상황에 대한 객관적 정보 제공을 위하여 필요하다.

- **아동미술 평가의 방법과 내용**

아동의 활동과정을 관찰하고 작품을 격려, 인정, 칭찬하는 개별평가와 미술활동에 필요한 지식을 습득하고 작품비교를 통해 성취, 판단력 습득 등의 집단평가 방법이 있다.

평가내용으로는 미술활동의 과정에 대한 평가, 다양한 미술도구 및 재료를 적절히 사용하는 능력에 대한 평가, 매체 사용능력에 대한 평가, 대상에 대한 변별력과 분석력에 대한 평가, 아동의 개별적 발달수준에 대한 평가 내용이 포함되어 있는 것이 바람직하다.

교사 자신에 대한 평가

- 유아의 능력에 맞는 자료를 준비하였나?
- 유아의 생각, 느낌, 경험을 표현하도록 제작하였나?
- 유아의 독창적인 창의력을 발휘하는 데 불편함이 없었나?
- 유아가 서로 작품의 계획, 진행함을 존중하고 능력, 성취의 만족감을 경험하였나?
- 다양한 자료를 통해 새로운 발견과 자유로움을 실험할 수 있는 기회가 있었는가?
- 작업환경에서 신체적 발달에 저해가 없었는가?
- 작품에 열중하고 마무리하였는가?

미술활동 예시

바닷속 풍경

동물가면

물고기 가방

종이여행

입체액자

곤충나라

미술프로그램의 실제

<table>
<tr><td rowspan="2">활 동 명</td><td rowspan="2">아름다운 바닷속 꾸미기</td><td>활동연령</td><td>3~5세</td></tr>
<tr><td>소요시간</td><td>40분</td></tr>
<tr><td>활동목표</td><td colspan="3">• 바닷속 풍경에 대해 알아보고 바닷속 풍경을 꾸밀 수 있다.
• 다양한 재료를 통하여 상상력과 창의력을 기를 수 있다.</td></tr>
<tr><td>활동자료</td><td colspan="3">다양한 색깔의 셀로판지, 유성매직, OHP필름, 과자(고래밥), 색종이, 화지, 그물망, 털실, 네임펜, 색연필, 파스텔, 본드, 가위, 칼</td></tr>
<tr><td colspan="4">활동방법</td></tr>
<tr><td>도입</td><td colspan="3">• 그림이나 사진, 영상을 보면서 바닷속을 탐색해 본다.
- 이 사진은 어디일까요?
- 이곳에 가본 적이 있나요?
- 무엇을 보고 어떤 놀이를 했는지 이야기 나누어 볼까요?</td></tr>
<tr><td>전개</td><td colspan="3">• 바다 생물에 대해 이야기를 나눈다.
- 바다에서 본 생물들의 이름과 생김새, 특징을 이야기해 볼까요?
• 준비된 여러 가지 재료들을 탐색해 보고 사용방법에 대해 이야기한다.
- 이 재료들을 보거나 사용해 본 적이 있나요?
- 그림을 그릴 때나 사용할 때 어떤 느낌이 들었나요?
- 다양한 재료로 바닷속을 표현해 볼까요?
- 털실, 색종이 접기, 물풀, 바위, 배경을 창의적으로 꾸며 볼까요?</td></tr>
<tr><td>마무리</td><td colspan="3">• 여러 가지 재료를 이용하여 꾸민 바닷속 풍경을 감상해 본다.
- 바닷속 물고기나 생물들을 보니 어떤 느낌이 드나요?
- 물고기(생물)들의 어느 부분이 가장 잘 표현되었나요?
- 물고기(생물)가 다양하게 표현되었나요?</td></tr>
<tr><td>연계활동</td><td colspan="3">• 물고기를 색칠하여 '낚시놀이' 게임하기
• 만든 작품을 이용하여 동극 활동하기</td></tr>
<tr><td>유의점 및 평가</td><td colspan="3">• 여러 가지 생물에 대해 책이나 사진을 미리 준비하여 관찰할 수 있도록 한다.
• 충분한 공간을 확보하고 도구나 재료들을 안전하게 활동하도록 한다.</td></tr>
</table>

활 동 명	칫솔로 닦어 이빨 색칠해요	활동연령	2세
		소요시간	10분
활동목표	• 색과 모양이 다른 재료를 탐색할 수 있다. • 새로운 재료를 이용하여 색칠해 보는 경험을 할 수 있다. • 이 닦기에 관심을 가질 수 있다.		
활동자료	도화지, 도안, 색연필, 크레파스, 사인펜, 파스텔, 지우개		

활 동 명	지점토 자동차 만들기	활동연령	3~6세
		소요시간	20분
활동목표	• 자동차의 여러 가지 종류와 모양을 이해한다. • 모양과 공간의 개념을 발달시킬 수 있다. • 다양한 촉감의 경험을 하며 상상력과 창의성을 기를 수 있다.		
활동자료	자동차 사진, 지점토, 플라스틱 빵칼, 붓, 아크릴 물감, 막대		

활 동 명	사계절 나무 꾸미기	활동연령	4~10세
		소요시간	30분
활동목표	• 계절의 변화를 알고 나무의 변화를 이해한다. • 자연의 아름다움을 알고 자연물에서 미적 요소를 발견할 수 있다. • 나무를 꾸미면서 창의적인 표현력이 발달할 수 있다.		
활동자료	다양한 나뭇잎과 열매, 색종이, 모조지, 풀, 크레파스, 사인펜, 연필, 양면테이프, 지끈		

활 동 명	행복한 우리 동네	활동연령	4~12세
		소요시간	30분
활동목표	• 우리 동네 공공기관들의 종류와 역할에 대해서 이해한다. • 기관의 모습과 특징을 알아보고 탐색해 볼 수 있다. • 다양한 재료를 활용하여 창의적으로 꾸며 보고 생각과 느낌을 표현할 수 있다.		
활동자료	공공기관의 그림과 사진, 여러 종류의 상자, 색종이, 가위, 풀, 시트지, 우드락, 매직, 본드, 수수깡, 칼, 골판지, 양면테이프		

6) 자연생태프로그램

- 자연에 대한 이해를 통해 자연을 바르게 대한다.
- 자연생태활동을 통해 자연 속에서 놀이를 통해 배운다.
- 다양한 생태활동을 경험하며 자연과 공감한다.

(1) 자연체험

① 자연체험의 의의

놀이를 통하여 배우는 아이들이 자연과 가까이하면 그 속에서 몸과 마음이 얼마나 자유로워질까? 늘 다니던 길가의 꽃들도 보고, 나무도 보고, 작은 벌레들의 움직임을 볼 수 있고, 숲으로 한걸음 내디뎌 졸졸 흐르는 시냇물 소리와 새소리, 나무들의 이야기를 들을 수 있다면 얼마나 많은 것을 느낄 수 있을까? 나무는 그들의 이야기를 끊임없이 들려줄 것이고, 나이는 몇 살인지, 이름은 무엇인지, 묻지 않아도 어느 날 알게 해 줄 것이다. 크고 작은 새들의 노래 속에 아름다운 하모니를 발견할 것이며, 계절의 변화 봄, 여름, 가을, 겨울을 알게 할 것이다. 늘 그 자리에 서 있는 나무들, 오늘 새로 피어난 꽃, 느리게 움직이는 작은 달팽이를 쪼그리고 앉아 들여다보는 아이들과 애벌레가 꼬물꼬물 기어가는 것을 보고 탄성을 지르는 아이들을 생각한다.

숲을 이동하다 발견하는 다람쥐나 청설모, 장수하늘소 등의 발견은 어린이들의 감각을 일깨우게 되며 탐구능력과 관찰능력을 기르게 된다. 또한 바닥에 떨어진 나뭇가지를 활용하기 위한 창의적 사고를 하게 되며, 스스로 다양한 놀이를 개발하게 된다(김미경, 2013: 6).

② 자연체험의 필요성

어렸을 때부터 환경의 소중함을 알게 하고 환경친화적 행동이 습관화 될 수 있도록 교육시켜야 하며, 그 방법으로서 체험식 교육을 강조하고(변영호, 2008: 11), 우리 아이들이 자연을 통해 새로운 즐거움을 발견하고, 가슴에 직접 와 닿는 체험으로 마음속을 빛나게 하는(조셉 B. 코넬, 2002: 9) 경험을 할 수 있게 하는 것이 필요하다.

자연은 인간에게 소중한 자산이며 생명의 근원이다. 자연을 이해하고 받아들이는 것은 연령에 따라 다르다. 성인들이 조용한 사색을 통한 치유의 경험을 숲에서 한다면, 유아들은 놀이를 통하여 숲을 경험하게 된다(김미경, 2013: 17). 이러한 아이들의 특성을 알고 자연생태프로그램을 개발하는 노력으로, 우리 아이들이 자연에서 놀이하는 동안 놀이를 통해 즐겁게 배우고 마음에 평안을 주며 자연과 하나 됨을 느낄 수 있게 하는 자연생태 체험을 하는 것이다.

③ 자연체험 안내자의 역할

자연체험 시 훌륭한 안내자의 역할을 조셉 B. 코넬(Joseph B. Cornell)이 말하고 있는 자연안내인으로서의 자세를 통해 살펴보고자 한다.

표 Ⅵ-7 자연안내인의 자세

자연안내인의 자세	내용
가르치기 보다는 서로 나누자	어른들이 아이들과 이야기를 나눌 때는 마음속으로 느끼는 것을 솔직하게 그대로 이야기하는 것이 중요하다. 마음 깊은 곳에서 있는 생각이나 감정을 서로 나눔으로써 우리가 살아가는 지구와 자연에 대한 사랑과 경외심이 전해져 다른 사람들도 감동을 받는다. 그럴 때 아이들은 자연스럽게 자신의 정서나 감성을 키워가게 되고, 아이들과 어른들 사이에는 틀림없이 아름다운 신뢰와 우정의 고리가 생겨날 것이다.
마음을 열어두자	야외에서 아이들은 자발적으로 무언가에 흥미를 나타낼 때 이것을 기다리고 있다가 계획한 자연학습으로 흥미를 끌어간다. 그러려면 먼저 자연에 대한 아이들의 반응에 민감해져야 하고, 아이들과 활동할 때 민감성은 매우 중요하다. 자연 속에는 무엇인가 가슴 설레는 일, 즐거운 일이 늘 어디선가 일어나고 있다. 자연의 변화에 언제나 깊은 관심을 기울이며 숲에서 마음을 열어두자.

자연안내인의 자세	내용
기회를 놓치지 말자	자연활동 시작 단계에서는 아이들에게 질문하거나 재미있는 물건이나 소리로 흥미를 유발해서 가능한 한 아이들의 관심을 끌도록 한다. 아이들은 평상시에는 자연과 가깝게 만날 기회가 많지 않은 아이들이 무언가 재미있는 것을 찾아내 아이들 스스로 조금씩 관찰해가도록 이끌어주고, 아이들이 발견한 것을 함께 즐거워하는 태도가 중요하다.
체험이 먼저이고 설명은 다음이다	특별한 광경을 보지 못했더라도 아주 흔한 광경을 가까이서 관찰하는 것만으로도 아이들은 자신이 보고 있는 세계 속으로 빠져들 수 있는 훌륭한 능력을 가지고 있다. 사람들한테서 이야기를 들었을 때보다 자신이 직접 자연과 하나 됨을 느꼈을 때 훨씬 깊이 자연을 이해할 수 있는 것이다. 남에게서 들은 이야기는 쉽게 잊어버릴 수 있지만 자신이 체험한 것은 결코 잊어버리지 않으므로 이름보다는 자연물의 실제 모습을 보는 것이 먼저인 것이다.
즐거움은 배움의 원동력이다	떠들썩한 놀이나 조용히 정신을 집중하는 놀이에서 한 즐거운 체험을 아이들은 결코 잊지 못할 것이다. 이때의 즐거움을 간직할 수만 있다면 아이들은 자연에 대해서 좀 더 알고 싶어 할 것이기 때문에 즐거운 경험이 호기심과 흥미를 일으켜 많은 것을 알아가게 된다.

출처: 조셉 B. 코넬(2002: 15-18). 아이들과 함께 나누는 자연체험 1, 2. 서울: 우리교육. 재구성.

(2) 생태유아교육

① 생태유아교육의 필요성

생태유아교육은 취학 이전의 단계에서 시작하여 평생 지속되어야 하며, 발달의 기초가 되는 유아기에 제대로 된 생태유아교육의 기회가 제공되어야 한다. 뿐만 아니라 가정과 지역사회와 유아교육기관이 서로 연계하여 이루어져야 한다. 특히 유아기의 생태유아교육은 유아의 생활과 일생의 가치관에 영향을 주게 되므로 다양한 교육을 계획하고 실행해야 한다. 자연친화적 생태유아교육의 시작점은 유아기의 생활과 자연 속에서 이루어져 자연 속에서 놀고 배우며 자연에 대한 친밀감과 공존 공생의 가치로 배려하는 삶을 사는 것으로 이러한 목적을 달성하기 위한 생태유아교육은 매우 중요하다.

유아들은 타고난 자연주의자들이라 할 수 있다. 유아기는 호기심이 많은 시기로 자연을 받아들이고, 탐색하고, 즐기려 하는 성향을 지닌다. 자연은 유아들에게 호기심을 자극하는 대상일 뿐만 아니라 직접 만지고, 느끼고, 공감하는 상호작용의 대상이다. 즉, 지속적으로 자연과 함께 할 때 자연에 대한 경외심과 공존하는 대상에 대해 공감하게 되므로 유아기에 자연을 직접 체험하는 것은 매우 바람직하고 중요한 일이라고 할 수 있다.

유아는 직접적인 경험을 통해 모든 사물과 자연현상을 민감하게 인식하고 과거 자신이 알고 있는 것과 현재 겪은 것을 재구성하여 새로운 지식을 만들어 낸다. 이러한 관점에서 유아에게 자연은 다양한 동식물과 현상을 직접 경험하게 하는 장이 되며, 자신이 이미 알고 있는 것을 토대로 실험하고, 그 결과를 확인하게 하는 또 하나의 드넓은 교실이 된다. 따라서 유아교육에서 자연을 통한 생태유아교육이 반드시 필요하다고 강조하고 있다.

② 생태유아교육의 개념 및 원리

오감을 활용한 생생한 체험을 통해 느낀 것들을 자연스럽게 표현하고, 생명에 대한 존중, 생명체의 경이로움을 인식하게 하는 교육을 자연친화적 생태유아교육이라고 한다. 자연세계에서 다양한 체험을 통하여 도전하고, 환경에 대한 감수성의 향상과 심미적 이해를 고양시키며, 자연세계의 사물들의 특성을 알게 하는 등 발달의 여러 측면에서 유아의 성장을 지원하는 교육이다. 또한, 자연을 직접 체험하는 활동에 참여함으로써 유아가 자연에 대한 아름다움과 가치, 자연이 주는 혜택과 이로운 점을 알고 행복감을 갖게 되는 것이다.

자연친화적 생태유아교육은 자연 속에서 발견하고 인식하여 친해지는 활동으로 오감과 자연물을 활용하여 적극적으로 놀이하고, 공감하는 활동이라고 할 수 있다. 또한 자연친화적 생태유아교육은 유아가 자연을 하나의 생명으로 인식하고 직접 경험함으로써 자연과 상호적인 교류를 통하여, '전인적 발달을 이루는 교육'이라고 할 수 있다. 특히 자연과 함께하는 삶은 가치관을 형성하는 시기에 인생 전반에 걸쳐 영향을 미친다고 할 수 있다. 그렇기 때문에 자연을 통해 유아는 놀라움과 즐거움을 경험하고 창의적 상상력을 키워가야 할 것이다. 자연친화교육은 유아들이 자연을 공존의 대상으로 받아들이도록 하는 교육이며, 유아들이 지니고 있는 능력을 스스로 발휘하고 깨우칠 수 있도록 기다리고 도와주는 교육이다. 또한, 유아가 자연을 직접 경험함으로써 자연과의 상호보완적 교류가 이루어지고 생명존중과 공존, 공생의 의미를 깨달아 '전인적 발달을 이루도록 하는 교육'이라고 할 수 있다.

③ 생태유아교육과 인성

지금 우리 교육현장은 교육의 전반적인 문제점의 주요한 요인을 인성의 부재로 보고 「인성교육진흥법」이 2015년 7월 21일 제정 공표되고, 2020년 8월 11일 최근 개정되어 8개 인성덕목을 내용으로 교육을 실시하도록 하고 있는 실정이다.

인성교육의 기본방향에서는 '하나, 인성교육은 가정 및 학교와 사회에서 모두 장려되어야 한다. 둘, 인성교육은 인간의 전인적 발달을 고려하면서 장기적 차원에서 계획되고 실시되어야 한다. 셋, 인성교육은 학교와 가정, 지역사회의 참여와 연대하에 다양한 사회적 기반을 활용하여 전국적으로 실시되어야 한다.' 등의 내용을 명시하고 생태유아교육 프로그램과 관련하여 인성교육의 필요성을 주장하고 있는 학자들의 견해를 살펴보면, 남효창(2004)은 자연은 체험을 통하여 올바른 인성발달을 기대하기에 적합한 공간이고 또한 자연과의 만남은 인간의 인성형성에 매우 중요한 요소로 보고 있으며, 임재택(2002)은 유치원 바깥의 자연에서 유아들이 자신의 오감을 이용하여 탐색하며 다양한 감각경험과 학습경험을 하며 유아는 몸과 마음이 건강해지며 정서적으로 안정감을 느끼고, 또래친구와 함께 어울려 놀며 여유로운 인간관계를 맺을 수 있다고 보고 있다. 이와 같이 다양한 연구들에서 유아교육이 자연 체험활동을 기초로 이루어질 때 유아들의 인성형성에 긍정적인 영향을 미친다고 보고 있다. 유아를 위한 인성교육은 유아들이 생활하고 있는 생태환경에서 구성원들이 신념을 갖고 공동의 노력을 기울여, 주변의 자연환경을 활용해야 한다고 본다. 생태교육을 통하여 유아와 교사의 가치 있는 삶이 얼마나 행복한가를 공감하도록 교사는 다양한 생태학습을 통하여 인성교육의 성과를 이루어 낼 수 있도록 계획해야 할 것이다.

유아들은 직접 자연을 관찰하고, 만지고, 느끼고, 숨 쉬며, 생태교육 프로그램을 통해 감각적인 자연체험과 함께 자연이 자라는 만큼 유아들도 변화되어 가는 과정에서 인성 또한 바르게 성장할 수 있다고 본다.

④ 생태유아교육과 정서

생태체험활동은 유아의 자기 정서의 이용, 다른 사람의 정서 이해 및 배려, 감정의 조절 및 충동억제, 자기 정서의 인식, 대인관계 등 정서지능에 효율적인 것으로 보여지는 측면에서, 유아의 정서 지능발달을 증진시키기 위한 교육적인 수단으로 유아 생태체험활동이 중요한 역할을 하는 것으로 볼 수 있다. 자연과 함께 이야기하고, 자연 속에서 마음껏 자신을 표출하는 과정에서 정서는 순화되고, 유아들의 삶은 더욱 풍요로워질 것이다.

생태체험활동의 목적이 자연과 사람이 하나가 되고 함께 더불어 사는 세상을 지향하여 몸과 마음, 영혼의 건강을 되찾아 행복하게 만드는 것이라면, 유아의 정서발달에 영향을 미치는 생태유아교육의 다양한 교육적 방향을 모색해야 할 것이다.

(3) 자연생태프로그램

자연을 하나의 생명으로 인식하고 직접 경험함으로써 자연과 상호적인 교류를 통하여, '전인적 발달을 이루는 교육'(유혜숙, 2015: 18)을 위해 자연생태프로그램을 가지고 아이들과 함께 숲을 이야기하고 자연과 생명을 이야기하는 활동들을 제시하고자 한다. 미국의 환경주의자인 레이첼 카슨(Rachel Carson)은 "아는 것은 느끼는 것의 반만큼도 중요하지 않다."고 말한다(조셉 B. 코넬, 2002: 5). 실제 활동을 통해서 경험하고 느끼고, 마음을 열고, 기회를 놓치지 않고, 즐겁게 활동하는 가운데 배움의 원동력이 되고 우리의 몸과 마음은 건강하고 바르게 성장할 것이다.

영아와 유아를 대상으로 한 활동계획서를 참고하여 자연생태활동을 경험할 수 있는 기회가 될 것이다.

<table>
<tr><td rowspan="2">활 동 명</td><td rowspan="2">천연물감으로 그려요</td><td>활동연령</td><td>3~5세</td></tr>
<tr><td>소요시간</td><td>20분</td></tr>
<tr><td>활동목표</td><td colspan="3">• 숲에서 찾을 수 있는 열매에 관심을 가질 수 있다.
• 열매를 활용하여 놀이를 할 수 있다.
• 열매의 특성을 알고 활용할 수 있다.</td></tr>
<tr><td>활동자료</td><td colspan="3">숲에서 찾은 오디열매, 숲에서 찾은 버찌열매, 매실, 살구, 빈 용기, 떨어진 목련열매, 도화지, 지끈, 집게</td></tr>
<tr><td colspan="4">활동방법</td></tr>
<tr><td>도입</td><td colspan="3">• 숲을 살펴보며 숲에 있는 열매를 찾아본다.
- 여기가 어디예요?
- 여기엔 어떤 것들이 함께 살고 있는지 살펴볼까요?
- 바닥에 떨어진 열매가 있는데 이것으로 무엇을 할 수 있을까요?
- 오디, 버찌, 매실, 살구를 먹어 본 적 있나요?
- 우리가 할 수 있는 놀이는 무엇일까요?
- 손으로 만져볼까요?</td></tr>
<tr><td>전개</td><td colspan="3">• 숲에서 찾은 열매의 활용방법을 안다.
- 목련 열매를 찾았나요?
- 빈 그릇에 버찌와 오디열매를 주워 10개를 담아올 수 있나요?
- 매실과 살구로는 무엇을 할까요?
• 열매를 활용하여 그림을 그려본다.
- 그림을 그리려면 뭐가 있어야 할까요?
- 오디와 버찌를 무엇으로 빻을까요?
- 매실과 살구로 오디와 버찌를 빻을 수 있나요?
- 목련열매를 무엇으로 사용하면 좋을까요?
- 목련열매를 붓으로 사용할 수 있을까요?
- 어떤 색이 나왔나요?
- 열매물감으로 무엇을 표현하고 싶은지 보여줄 수 있나요?
</td></tr>
</table>

마무리	 • 열매물감을 활용하여 그린 그림을 소개해 본다. - 선생님이 준비해 둔 줄에 집게가 달렸는데 친구들이 그린 그림을 줄에 걸 수 있나요? - 자기가 그린 그림을 찾아 그림 앞에 서 볼까요? - 그림 앞에 서서 자신이 그린 그림을 소개할 수 있나요? - 다른 친구들이 소개하는 그림 이야기를 잘 들어볼까요?
연계활동	• 숲속의 다른 열매를 찾아 색깔을 비교해 볼 수 있다.
유의점 및 평가	• 땅에 떨어진 열매를 먹지 않도록 안전교육을 실시한다. • 숲에 있는 열매를 함부로 따 먹지 않도록 주의한다. • 발표 시에는 자신이 그린 그림을 자유롭게 표현해 볼 수 있게 한다.

<table>
<tr><td rowspan="2">활 동 명</td><td rowspan="2">비와 해 놀이</td><td>활동연령</td><td>3~5세</td></tr>
<tr><td>소요시간</td><td>15분</td></tr>
<tr><td>활동목표</td><td colspan="3">
• 자연물을 활용하여 계절에 알맞은 놀이를 즐길 수 있다.
• 해와 비 단어를 인식하고 순발력을 기를 수 있다.
• 더운 여름 스프레이 분사로 인한 시원함을 경험할 수 있다.</td></tr>
<tr><td>활동자료</td><td colspan="3">스프레이, 커다란 나뭇잎</td></tr>
</table>

<table>
<tr><td rowspan="2">활 동 명</td><td rowspan="2">봄눈을 관찰해요</td><td>활동연령</td><td>3~5세</td></tr>
<tr><td>소요시간</td><td>15분</td></tr>
<tr><td>활동목표</td><td colspan="3">• 나무에 대하여 관심을 가진다.
• 봄을 준비하는 식물들의 변화를 알 수 있다.
• 나무들이 가진 봄눈을 비교하여 특징을 알 수 있다.
• 관찰한 봄눈을 표현해 볼 수 있다.
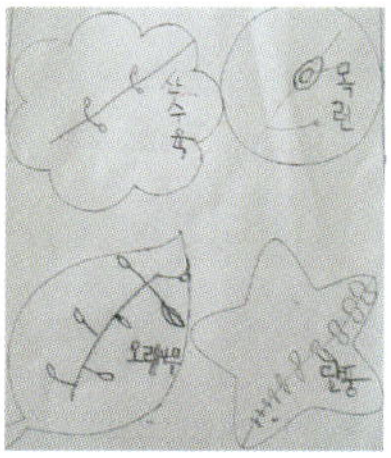</td></tr>
<tr><td>활동자료</td><td colspan="3">루페, 다양한 봄눈(목련, 산수유, 단풍나무, 오리나무 등)</td></tr>
</table>

<table>
<tr><td rowspan="2">활 동 명</td><td rowspan="2">색깔 팔레트 만들기</td><td>활동연령</td><td>2세</td></tr>
<tr><td>소요시간</td><td>10분</td></tr>
<tr><td>활동목표</td><td colspan="3">• 숲속의 나뭇잎에 관심을 가질 수 있다.
• 다양한 색깔에 흥미를 느낄 수 있다.
• 숲속에서 찾을 수 있는 다양한 자연물에 관심을 가질 수 있다.
</td></tr>
<tr><td>활동자료</td><td colspan="3">팔레트 모양의 도화지, 지끈, 집게, 숲속의 나뭇잎</td></tr>
</table>

<table>
<tr><td rowspan="2">활 동 명</td><td rowspan="2">겨울을 나는 곤충 찾기</td><td>활동연령</td><td>3~5세</td></tr>
<tr><td>소요시간</td><td>20분</td></tr>
<tr><td>활동목표</td><td colspan="3">• 숲속의 곤충들에 관심을 가질 수 있다.
• 계절에 맞는 곤충들의 겨울나기를 찾아 볼 수 있다.
• 곤충이 생활하는 곳을 알 수 있다.
• 곤충이 안전하게 생활할 수 있도록 도울 수 있다.
</td></tr>
<tr><td>활동자료</td><td colspan="3">루페, 따뜻한 옷차림, 장갑, 목도리, 나뭇가지</td></tr>
</table>

교육은 박제된 나비들에게

덧셈과 뺄셈을 가르치는 것이 아니라

나비의 날개에 꽂힌 핀을 뽑아

자유롭게 하늘을 나는 법을 알려주는 것이다.

-마리아 몬테소리-

「지폐, 꿈꾸는 자들의 초상」 중

참고문헌

가트맨, 최성애, 조벽(2012). 내아이를 위한 감정코칭. 한국경제신문 한경출판.

고재욱, 이주영, 김나원(2018). 정신건강론. 파주: 정민사.

곽민선(2013). NIE를 활용한 ARCS 수업이 중학생의 학업성취도, 과학 관련 태도, 과학 학습동기에 미치는 영향. 부산대학교 교육대학원 석사학위논문.

곽현주(2019). 아동음악. 경기: 정민사.

권정윤, 안혜준, 송승민, 권희경(2013). 유아생활지도. 서울: 학지사.

교육과학기술부(2012). 인간발달. 세종: 교육과학기술부.

교육부(2019b). 인성교육 5개년 종합 계획(2021-2025: 2020년 인성교육 시행계획).

교육부, 보건복지부(2019a). 2019 개정 누리과정 놀이이해자료. 세종: 교육부, 보건복지부.

교육부, 보건복지부(2019b). 2019 개정 누리과정 해설서.

구영롱(2016). 초등학생의 또래 관계의 질과 공감 능력이 관계적 공격성에 미치는 영향. 건국대학교 대학원 석사학위논문.

국가법령정보센터. http://www.law.go.kr

국민안전처 2016년 보도자료. 2015년 하반기 어린이놀이시설 안전사고 분석결과.

굿네이버스 아동학대 예방캠페인. http://watchers.gni.kr

권오선(2019). 영유아 음악교육. 경기: 어가.

권정윤, 안혜준, 송승민, 권희경(2013). 유아생활지도. 서울: 학지사.

김기현, 김미애, 김선숙, 전은화(2017). 영유아발달. 경기: 공동체.

김두범, 김미경, 양정희(2009). 방과후 아동지도. 경기: 공동체.

김매희, 유정은, 이남정, 조수연, 한국선(2014). 방과후 아동지도. 경기: 공동체.

김미경(2013). 자연생태 체험놀이 프로그램이 장애아동의 의사소통 및 자연친화적 태도에 미치는 영향. 이화여자대학교 석사학위논문.

김민경, 정영모(2018). 방과후학교 근거법 마련을 위한 정책결정과정에서의 정책네

트워크 분석. 고려대학교 교육문제연구소.

김민용, 김지유(2019). 건강하고 맛있는 창의융합 푸드표현예술치료. 서울: 창지사.

김성희(2002). 유아교사의 언어형태에 관한 연구. 원광대학교 교육대학원 석사학위논문.

김세광(2006). 창의적 독서 활동 단기프로그램이 청소년의 창의력 향상에 미치는 효과연구. 명지대학교 석사학위논문.

김수연(2017). 감사활동이 초등학생의 행복감 및 학교생활 적응에 미치는 영향. 고려대학교 교육대학원 석사학위논문.

김영옥(2018). 부모교육. 경기: 공동체.

김유정, 김정원(2011). 영유아 교육과정을 중심으로 한 교재 · 교구 연구 및 지도법. 경기: 양서원.

김은심(2016). 유아동작교육의 이론과 실제. 서울: 창지사.

김은영, 강재희, 문혜련(2018). 발현적 교육과정에 기초한 영유아 교재교구 연구 및 지도법. 경기: 공동체.

김장수(2002). 방과후 아동지도 프로그램의 실태와 그 개선방안 : 서울시내 사회복지관을 중심으로. 강남대학교 석사학위논문.

김정원, 김유정, 이정아(2013). 방과후 아동지도. 경기: 공동체.

김지인(2005). 경기도 지역 유아교육기관의 신문활용교육에 대한 교사와 학부모의 인식과 실태에 대한 조사 연구. 경기대학교 교육대학원 석사학위논문.

김지희(2015) 유아 생태교육 프로그램이 자연 친화적 태도와 인성에 미치는 영향. 국민대학교 교육대학원. 석사학위논문.

김창극(2006). 창의적 독서표현활동을 통한 감상능력 신장 방안 연구. 중부대학교 대학원 석사학위논문.

김현자, 조미영, 김기웅, 노희연, 서화니, 조득현(2020). 아동문학. 서울: 창지사.

김혜경(2019). 영유아 음악교육 2020. 서울: 창지사.

김희진, 박은혜, 이지현(2017). 영유아교육기관에서의 관찰. 서울: 창지사.

남기원, 김남연, 김명정(2017). 영유아음악교육. 경기: 공동체.

도현심, 이희선, 김상의, 최미경, 이사라, 김상원(2018). 인간발달과 가족. 경기: 교문사.

리틀마마. www.littemama.co.kr. 베이비 순환 마사지법.

문화체육관광부(2018). 온종일돌봄. korea.kr. 보건복지부.

박근주, 임현숙, 강영민, 이지현, 이혜원(2018). 영아 & 교사 상호작용 실제. 고양: 공동체.

박성연(2013). 아동발달. 경기: 교육과학사.

박애경(2010). 또래관계 증진 프로그램이 초등학생의 분노조절력 및 학교생활 적응력에 미치는 효과. 숙명여자대학교 교육대학원 석사학위논문.

박은종(2011). 창의적 체험활동: 교육과정의 실행. 경기: 한국학술정보.

박인현(2015). 인성교육진흥법상 핵심가치·덕목과 법교육. 법과인권교육연구, 제8권 제3호.

박정빈, 권영자, 문남희, 조미영, 최명숙, 황은희(2018). 아동안전관리. 경기: 정민사.

박주희(2017). 초등학교 고학년 아동의 또래관계와 유머스타일의 관계. 경인교육대학교 교육전문대학원 석사학위논문.

박찬옥, 서동미, 엄은나(2020). 2019 개정 누리과정을 반영한 유아사회교육. 경기: 양성원.

박찬옥, 정남미, 곽현주(2013). 놀이지도. 경기: 양성원.

박현진(2013). 공존지향 유아 인성교육 프로그램 모형 개발. 한국교원대학교 대학원 박사학위논문.

보건복지부(2018a). 2017년 말 기준 전국 지역아동센터 통계조사보고서.

보건복지부(2018b). 다함께 돌봄 4개년 계획수립을 위한 권역별 설명회 자료.

보건복지부(2019a). 3-5세 연령별누리과정고시.

보건복지부(2019b). 보육사업안내.

보건복지부(2019c). 아동학대 현황.

보건복지부(2020a). 제4차 어린이집 표준보육과정 해설서.

보건복지부(2020b). 지역아동센터지원사업 안내.

보건복지부, 아동권리보장원(2020). 제2차 아동정책기본계획.

보건복지부, 육아정책연구소(2013). 영유아 문제행동지도를 위한 어린이집 보육교사 지침서. 서울: 보건복지부.

보건복지부, 육아정책연구소 한국보육진흥원(2020). 개정 표준보육과정(안) 토론회.

보건복지부, 중앙보육정보센터(2013). 어린이집표준보육과정에 기초한 0~2세 영아보육프로그램.

서영숙, 서혜전, 이향란, 김현자, 노성향, 안소영, 양윤이, 김진숙(2014). 방과후 아동지도. 경기: 양서원.

서영숙, 서혜전, 이향란, 김현자, 노성향, 안소영, 양윤이, 김진숙(2017). 방과후 아동지도. 경기: 양서원.

서울아산병원 홈페이지. www.amc.seoul.kr. 건강정보/의료정보/인체정보(머리), 천문.

서울특별시 아동복지센터. http://child.seoul.go.kr

신동주, 김향숙, 김선희(2021). 유아음악교육. 서울: 창지사.

신혜영, 유민임(2017). 방과후 아동지도론. 서울: 창지사.

심도경(2014). 초등학생 또래관계가 학교생활적응 및 학습태도에 미치는 영향. 배재대학교 교육대학원 석사학위논문.

아동권리보장원. www.ncrc.or.kr

안도연(2019). 스토리텔링과 연계한 과학실험활동이 유아의 과학탐구능력과 언어이해능력에 미치는 영향. 중앙대학교 교육대학원 석사학위논문.

안경숙(2003). 유아과학활동과 통합된 과학능력 평가도구의 개발: 과학적 태도, 탐구능력, 과학적 개념에 대한 평가. 덕성여자대학교 박사학위논문.

안증애(2006). 유아들의 자연생태체험교육이 인격형성에 미치는 영향에 관한 연구. 가야대학교 행정대학원 석사학위논문.

양수영(2018). 효과적인 예비교사교육을 위한 뇌 기반 영유아 건강교육. 서울: 학지사.

양연숙, 김선아, 송진영(2018). 영유아교수학습방법. 경기: 양서원.

어린이집안전공제회(2019). http://www.csia.or.kr

여성가족부(2019). 2019년도 아이돌봄지원사업안내.

여성가족부(2020a). 2020년도 아이돌봄지원사업안내.

여성가족부(2020b). 아이돌봄서비스 아동학대 대처요령 안내.

여성가족부(2020c). 아이돌봄지원사업 모니터링 개선 안내.

여성가족부(2021). 아이돌봄서비스 아동학대 대처요령 안내.

여성가족부(2022). 2022년 아이돌봄지원사업안내.

여성가족부, 한국건강가정진흥원(2019). 아이돌봄 양성교재.

오새니(2016). 배려중심의 유아 인성교육 프로그램 개발 연구. 덕성여자대학교 박사학위논문.

왕탁(2018). 바둑교육이 아동의 인성에 미치는 효과. 명지대학교 대학원 박사학위논문.

우리아이뉴스(2018.02.27.). 부모! 추천 포스트, 베이비 맛사지 좋은이유 & 기초 상식 9가지.

우수경, 정원주, 박숙희, 신혜경, 이정미, 김호, 서윤희, 김기예(2013). 영아발달. 경기: 공동체.

유혜숙(2015). 자연친화적 생태유아교육 프로그램 개발연구. 중부대학교 대학원 박사학위논문.

유효순, 원혜경, 김정희, 문명희(2017). 영유아발달. 서울: 창지사.

윤명자(2013). 푸드아트(Food-Art)활동 경험 유무에 따른 유아의 미술표현능력과 창의성의 차이에 관한 연구. 경남대학교 대학원석사학위논문.

윤정한(2008). 영유아교수방법론. 서울: 형설출판사.

은연아(2018). 유아의 인기도에 따른 또래관계 이야기. 한국교원대학교 대학원 석사학위논문.

이경우, 이원화, 김영옥, 조부경(1994). 유아의 도덕성 함양을 위한 부모교육 프로그램. 교육부.

이기숙, 김순환, 조혜진(2017). 유아교육기관 운영관리. 경기: 양서원.

이병임(2020). 생태체험 유아교육프로그램이 유아의 정서 지능에 미치는 영향. 광주대학교 교육대학원. 석사학위논문.

이선애, 최윤정(2016). 누리과정에 기초한 유아미술교육. 경기: 정민사.

이선애, 한서연, 유은석, 한경애(2018). 교과교재 연구 및 지도법. 경기: 정민사.

이소은(2015). 아동미술. 경기: 양서원.

이수미(2011). 초등학생이 지각한 행복감과 학교생활 적응에 대한 연구. 경희대학교 교육대학원 석사학위논문.

이순형, 이성옥, 권기남, 김지현, 김진욱, 김정민, 민미희, 정현심, 김유미, 임여정, 김민경(2015). 어린이집운영관리. 경기: 양서원.

이영자, 이기숙, 이정욱(2012). 유아 교수・학습방법. 서울: 창지사.

이윤옥(2016). 표준보육과정과 누리과정에 기초한 아동미술. 경기: 정민사.

임선정(2003). 유치원교사의 신문활용교육에 대한 인식 및 실태 연구. 전남대학교 교육대학원 석사학위논문.

임지영, 도금혜, 류혜원, 문영경, 배기조, 송혜영, 이수원(2018). 영유아발달. 경기: 공동체.

전경원(2002). 창의력 계발을 위한 유아미술교육. 경기: 교문사.
정남미(2020). 2019 개정 누리과정을 반영한 유아언어교육. 서울: 창지사.
정연희(2011). 유아 교과교재 및 연구법. 서울: 창지사.
정연희(2018). 증보 유아 교과교재 및 연구법. 서울: 창지사.
정영모(2019). 초등돌봄서비스의 현황과 개선방안(참여연대 홈페이지). 참여연대.
정옥분(2016). 유아발달. 서울: 학지사.
정창우(2019). 21세기 인성교육 프레임. 경기: 교육과학사.
조셉 B. 코넬(2002). 아이들과 함께 나누는 자연체험 1, 2. 서울: 우리교육.
조형숙, 김선월, 김지혜, 김민정, 김남연(2014). 유아과학교육. 서울: 학지사.
조형숙, 남기원, 유효인(2016). 누리과정에 기초한 스토리텔링 유아수학교육. 고양: 공동체.
조형숙, 박선영, 김지혜(2015). 누리과정에 근거한 스토리텔링을 통한 유아과학교육. 경기: 공동체.
조혜진(2015). 푸드아트 활동을 통한 미술활동이 유아의 미술표상능력에 미치는 효과. 총신대학교 교육대학원 석사학위논문.
중앙아동보호기관(2019). 아동학대 신고의무자 교육 결과보고서.
중앙아동보호전문기관(2017). 아동학대 유형별 발생 현황. http://www.korea1391.go.kr/new/page/abs_repor
중앙육아종합지원센터(2021). 2021 보육교직원 안전교육.
중앙일보(2017.12.11.). 구멍 난 돌봄에…올 신학기만 초등생 엄마 1만 5천명 퇴직했다, 중앙일보.
질병관리청. www.cdc.go.kr
최성애, 조벽(2012). 청소년을 위한 감정코칭. 서울: 해냄출판.
최수연, 홍기경(2018). 영유아 발달. 경기: 어가.
프랜시스 윌리엄스(2013). 사진으로 한눈에 익히는 0~12개월 아기돌보기: 초보 엄마가 꼭 알아야 할 육아 매뉴얼. 서울: 리스컴.
한국건강가정진흥원(2013). 아이돌보미양성교육교재.
한국건강가정진흥원(2019). 아이돌보미양성교육교재.
한국교육개발원(2019). 2019 학교 인성교육 나눔 축제. 교육부. 충청북도교육청.
한국보육진흥원(2017). 부모를 위한 영유아 생활지도. 서울: 한국보육진흥원.
한국생활안전연합(2010). 영유아 부모대상 아동안전사고 예방 및 응급처치 교육 매뉴얼.

한국소비자원 2017년 6월 28일 보도자료

한국소비자원, 여성가족부, 한국가정진흥원(2019). 어린이 안전사고 예방 가이드.

한국심리학회(2014). 심리학용어사전. http://www.koreanpsychology.or.kr

한국여성개발원(2000). 방과후 아동지도사 국가기술 자격종목 개발연구. 서울: 한국여성개발원.

한미양(2012). 미술활동을 활용한 유아 인성교육 프로그램 개발. 강남대학교 대학원 박사학위논문.

한유미(2014). 개정증보 유아수학교육. 서울: 창지사.

한주연(2018). 스토리텔링을 활용한 자연탐구활동이 유아의 과학적 탐구능력과 자연친화적 태도에 미치는 영향. 침례신학대학교 대학원 석사학위논문.

허미애(2001). 유아의 사고력 신장을 위한 교사의 발문. 제25회 유아교육학술대회 논문집. 한국전문대학 유아교육과 교수협의회. 영유아교육학회.

홍길회, 한성희(2019). 영유아발달. 경기: 정민사.

홍애순(2013). 초등학생이 지각한 사회적지지, 학업적자기효능감, 학교생활적응이 학교행복감 및 학업성취도에 미치는 영향. 동아대학교 박사학위논문.

홍지연(2008). 활동중심 독서지도를 통한 독서흥미 증진 방안연구. 경기대학교 국제・문화대학원. 석사학위논문.

황은순, 김현정, 이보영, 오미경, 이지영(2013). 유아문학교육. 경기: 공동체.

황정숙(2015). 즐겁게 배우는 영유아 수학교육. 서울: 창지사.

황진구, 김희진(2013). 지역아동센터 이용아동의 만족도 변화에 관한 연구. 한국청소년정책연구원.

황해익, 최혜진, 정혜영, 권유선(2014). 아동관찰 및 행동연구. 경기: 공동체.

황현주(2017). 전생애발달적 관점에서의 영유아발달. 경기: 양서원.

Bowlby, J. (1969). *Attachment and loss (Vol. 1). Attachment*. New York: Basic Books.

Halpern, R. (1992). *The role of after-school program in the lives of inner city children*. N.Y.: Praeger.

Matterson, E. M. (1975). *Play with Purpose for Under-Sevens.* Great Britain, Penguin Books.

Schickedanz, J. (1986). *Morn than the ABCs*. NAEYC. 이영자 역(1995). 읽기

와 쓰기를 즐기는 어린이로 기르는 방법, 이화여자대학교 출판부.

Thoma, A., & Chess, S. (1977). *Temperament and development*. New York: Brunner/Mazel.

저자소개

■ **박정빈**

건국대학교 교육대학원 석사졸업(유아교육전공)
강릉원주대학교 일반대학원 박사졸업(유아교육전공)
전) 꾸러기유치원장, 국공립 이화어린이집원장
가천대학교 교육대학원, 강릉원주대학교 유아교육과 강사
동원대학교 사회복지학과 겸임교수
을지대학교 유아교육과 강사
현) 가나다교육개발원 원장, 동서울대학교 사회복지학과 강사
여성가족부 '아이돌보미 양성/보수교육' 전문 강사

■ **김나원**

그리스도대학교 대학원 사회복지학과 석사졸업(사회복지전공)
가톨릭관동대학교 일반대학원 박사졸업(사회복지전공)
전) 혜시의 사과나무어린이집 교사
가톨릭관동대학교 사회복지학과 겸임교수
현) 한국열린사이버대학교 사회복지학과 특임교수
강서구건강가정 · 다문화가족지원센터 아이돌봄사업팀 팀장
여성가족부 '아이돌보미 양성/보수교육 전문 강사

■ **김영주**

중앙대학교 일반대학원 석사졸업(유아교육전공)
중앙대학교 일반대학원 박사졸업(유아교육전공)
전) 새인예유치원 교사
리틀하버드 어린이집원장
동원대학교 아동보육복지과 강사
현) 한신대학교 심리아동학부 조교수

■ **정명자**

동국대학교 교육대학원 석사졸업(유아교육전공)
동국대학교 일반대학원 박사수료(유아심리전공)
가천대학교 일반대학원 박사졸업(유아교육전공)
전) 국공립 네이처힐3단지어린이집원장
동서울대학교 겸임교수
현) 중원대학교 아동보육상담학과 겸임교수

■ **황은희**

한양대학교 교육대학원 석사졸업(유아교육전공)
덕성여자대학교 일반대학원 박사수료(유아교육전공)
전) 다솜유치원 교사
한양여자대학교, 유아교육과 강사
현) 강원대학교 유아교육과 강사

현장중심의

방과후 아동교육과정

초판 1쇄 인쇄 / 2022년 7월 4일
초판 1쇄 발행 / 2022년 7월 8일

•

공저자 / 박정빈 · 김나원 · 김영주
정명자 · 황은희
발행인 / 이 중 수
발행처 / **동 문 사**

•

서울특별시 서대문구 홍제원 1길 12
(홍제동 137-8)
Tel: 02)736-3718(대), 736-3710, 3720
Fax: 02)736-3719

등록번호: 1974.04.27 제9-17호
가격: 24,000원

•

ISBN: 979-11-6328-330-0(93370)

E-mail: dong736@naver.com
www.dongmunsa.com